正義と境を接するもの

責任という原理とケアの倫理

品川哲彦 著
Tetsuhiko Shinagawa

ナカニシヤ出版

はしがき

本書はハンス・ヨナスの責任原理とキャロル・ギリガンに始まるケアの倫理を論じる。ヨナスの責任原理は、地球規模で進みつつある生態系破壊のもとで、未来にむけた人類の存続を説く倫理理論である。とはいえ人類は、二〇〇七年にＩＰＣＣ（気候変動に関する政府間パネル）第四次評価報告書があたかも引導をわたすかのようにあらためて指摘したことだが、この生態系破壊の原因にほかならない。だとすれば、地球全体の存在からみて人類の存続は善か悪か。現在世代には未来世代が生まれてくる環境に配慮する責任があるヨナスはそこまで問いつめて、それでも存続することが人類の責任だと主張する。

ケアの倫理は発達心理学から生まれ、（ギリガンの調査では）女性によくみられる、人間関係を気づかう倫理観が男性的な倫理観の支配するなかで正当に聞き届けられてこなかったと告発する。いかなる人間も自分に必要なことすべてを少なくとも人生の諸時期にあっては自分自身でまかなうことはできず、とりわけ幼児期ではそうである。他者によるケアなしには、人間は生きられない。

責任原理が倫理の根底におく責任、ケアの倫理が倫理の根底におくケアは、いずれも非対称的な力関係に由来している。本書はこの二つの倫理理論を「正義と境を接するもの」という表題のもとに論じてゆく。

倫理といえば、いったいどのようなものとして思い浮かべられるだろうか。たとえば、小学校高学年から中学生ぐらいの子どもなら、こう答えるかもしれない。「みんなが守らなくてはいけないルール」「こういうときにはこうしなくてはいけないという決まり」。それでは、なぜ、誰にもいつでもどこでも、同じルールがあてはまらなくてはならないのだろうか。「自分勝手やえこひいきはよくないから」「ちゃんとした理由もないのに分け隔てをしてはいけないから」。おとなの答えも本質的に変わらないかもしれない。ただし、言葉遣いは変わるにしても——。たとえば、「みんなが守らなくてはならないルール」のかわりに「原理」や「原則」。「えこひいきしない」のかわりに「公平」や「平等」。「理由もないのに分け隔てをしてはいけない」のかわりに「正義」、というふうに。

誰にもいつでもどこでもあてはまる普遍妥当的な性質が強調される傾向は、とりわけ近代以降の倫理理論に顕著である。その背景には、荒っぽく概括すれば、近代の人間観がある。どの個人も道徳的主体として平等に尊重される一方、その能力を現実に行使する自律的な行為者であることを要求されるわけである。しかし、社会の成員を原則としてそのようなものとして描き出すことは、そう思われているほどに適切なことだろうか。

一九七〇年代初頭にロールズが社会契約論とカント倫理学の系譜を継承して『正義論』を刊行して以降、正義と権利を基底とする倫理理論とそれに対抗する倫理理論とのあいだの緊張が倫理学の重要な争点のひとつになっている。後者の代表は友愛を基底とする共同体主義や個別の状況に対応しうる徳を基底とする徳倫理だが、本書がとりあげる責任原理とケアの倫理もまた、正義とは異なる観念——すなわち、前者においては責任、後者においてはケア——を倫理の基底におく点では、正義と権利を基底とする倫理理論への異議申し立てという意味を帯びている。本書が二つの理論を「正義と境を接するもの」という表題のもとに論じるゆえんである。

とはいえ、私は責任原理とケアの倫理を唱道するものではない。

ヨナスがしたように、人類の存続の是非を地球全体の存在をまえにして問うには、人類の存在をそのなかに位置づけるような存在論を要する。そこでヨナスは特異な形而上学、目的論的自然観を展開した。なぜ、ヨナスはこの反時代的な考察に踏み込んだか——それは私にとって謎であった。だからこそ、ヨナスについての考察を続けてきたといえる。

ケアの倫理の著者たちの多くは、母親として子育てをしながら人並み優れた職業上のキャリアを築いてきた女性である。私は男性で、子どもがない。著者たちの経験に裏打ちされたケアの倫理の文献は、同様の経験をもたない読者の理解をときとして拒絶するかのようにみえることがある。それでも私がその読解を進めてきたのは、彼女たちの著作が私のなかにいつのまにかしみついている男性中心的な価値観に気づかせるからだった。

そういうわけで、（ひょっとするとそれを期待する一般読者がおられるかもしれないが）本書はそこにとりあげる倫理理論を体現した著者が教えを垂れるような本ではなく、（ひょっとするとそれを予想する哲学・倫理学の研究者がいるかもしれないが）自分が研究している哲学者に成り代わってその論敵を論駁する代理戦争を買って出た本でもない。むしろ、なぜ、ヨナスが責任原理を、ギリガンらがケアの倫理を提言したのか、それらはいかなる思想か、それらにたいする反論はどのようなものか、その反論にもかかわらずそれらの異議申し立てに意義があるとすれば、それはどのような点か、について、私なりに明らかにしようとした歩みを記したものにほかならない。

責任原理とケアの倫理はともに非対称的な力関係に由来する規範を基底とするゆえに、生身の人間の傷つきやすさ、生の損なわれやすさに配慮する。乳飲み子への配慮が両者において倫理の範型となるのはそのためである。だからといって、ヨナスが生態系破壊における人間の罪を指摘して、人間の活動をたんに肯定しないのと同様に、ケアの倫理もまた女性がうけてきた抑圧の告発から出発するゆえに、子育てや家庭の機能を現状のままに肯定するものではない。ちなみに、近年、経済面ではグローバリゼーション、政治面ではパワーポリティクス、そして文化面では伝統的な家庭や共同体への礼賛を結びつけた政治的発言をしばしば見聞するが、そうした発言は往々にして公的領域ではひたすら強面《こわもて》、私的領域では異質なものを排除するひよわさを表裏一体に張り合わせているにすぎない。それに比べて、人間の傷つきやすさに焦点をあてた思想は、ケアの倫理がそうであるように、生のどの面にもそれを認め、したたかにそこに配慮しようとする強靭さをもっている。

個々の人間の生はうつろいやすく、人類レベルでも地球規模の生態系破壊や核戦争による自己破滅の可能性を考えると、人間の営みは、「過ぎ去ったのと、何もないのとは、全く同じだ。何のために永遠に物を造るのだ。……元から無かったのと同じじゃないか。……それよりか、己は永遠の「虚無」が好きだ」(ゲーテ：II,5,11597-11603)とつぶやくメフィストフェレスを満足させる方向にむかっているようにみえないこともない。しかしまた、働く者の貧しく苦しい生活を多くの版画に彫りつけたあのコルヴィッツが、乳飲み子を抱きとめようと両手をさしのべている母親の笑顔を輝かしくも絶対的な肯定をこめて描き出したように(Serie 121, Käthe Kollwitz Museum, Köln)、新たな人間が生まれ、人類が続くということは、いかなる将来が待ち受けていようとも、それでもやはり嘉《よ》みするべきことなのかもしれない。責任原理とケアの倫理はこれに応えて「嘉みするべきことなのかもしれない」ではなく、端的に「嘉みすることができる」と答える思想である。

正義と境を接するもの

——責任という原理とケアの倫理——

＊

目次

第三章　環境、所有、倫理……47

＊

正義と境を接するもの

――責任という原理とケアの倫理――

第一章　問題の位置づけ

以下の論考は「正義と境を接するもの」という主題のもとに、ハンス・ヨナスの責任原理（das Prinzip Verantwortung）と、キャロル・ギリガンに始まるケアの倫理（ethic of care）について論じるものである。責任原理とケアの倫理とは、たがいに触発しあって生まれてきた倫理理論ではない。実際、私の知るかぎり、ヨナスの責任原理をめぐる文献のなかにケアの倫理にたいする言及を見出したり、逆に、ケアの倫理をめぐる文献のなかにヨナスにたいする言及を見出したりすることはこれまでなかった。この疎遠な関係は、しかし、内的連関の欠如というよりも、おそらくは二つの倫理理論の出自の違いが招いてきたと思われる。

ヨナスは、一九〇三年、ドイツのユダヤ人の家庭に生まれた。フライブルクでフッサールに、マールブルクでハイデガーとブルトマンに教えをうけ、グノーシスの研究者として研究履歴を開始した。だが、ユダヤ人である彼がドイツで研究を続けることはとうてい望めなかった。ナチスが政権を掌握した一九三三年、ヨナスはドイツを出国する。ナチズムの進行とともにシオニズムに傾いていった彼がさしあたりの移住先にエルサレムではなくイギリスを選んだのは、翌年ドイツで公刊されることになる『グノーシスと後期古代の精神』の出版の準備と文献検索の便を考えてのことだった（Jonas 2003:131）。同書第一部刊行の翌年、エルサレムに移り、第二次世界大戦の勃発とともにイギリス軍に志願した。戦中、ドイツに残っていた彼の母はアウシュヴィッツの強制収容所で殺された。一九四六年、ヨナスはエルサレムのヘブライ大学講師に赴任したが、イスラエル独立戦争でふたたび軍役に就く。安定した研究職の地位を得たのは、ようやく一九四九年にカナダに移住してからのことである。一九五五年にアメリカに移住したのちは、六〇年代から有機体についての独自な存在論を発表し、人体実験の倫理性や脳死に関する発言で注目されるようになり、一九六九年にはアメリカの生命倫理学研究の一拠点であるヘイスティングスセンターの研究員に連なった。だが、患者の自己決定と功利主義的な資源配分を基軸とするアメリカの生命倫理学の主潮流に属していたとはいいがたい。ウォーリンが指摘するように、経験論的傾向の強い「北アメリカでは、悲しいことに、彼の哲学は広まることがなかった」（Wolin：107）。広まったのはドイツにおいてだった。一九七九年、ドイツ語の著作『責任という原理　科学技術文明のための倫理学の試み』によって、ヨナスは責任原理にもとづく未来倫理の提唱者として知られるようになり、とくに討議倫理学者からの批判的応答を呼び起こした。没後五年目の一九九八年にはベルリン自由大学のなかに、ハンス・ヨナス・ツェントルムが設置され、現在、テクスト・クリティークや学際的研究が進められている。

ギリガンは発達心理学者である。ギリガンはその著書『もうひとつの声　心理学理論と女性の発達』（一九八二年）のなかで、コールバーグに代表されるそれまでの発達モデルは男性の発達過程に適合するにすぎず、女性には男性とは異なる発達過程があると指摘した。ギリガンは前者を正義の倫理、後者をケアの倫理と命名した。当然、コールバーグ派から再反論が提出された。さらに、ギリガンの主張はフェミニストのあいだでも激しい論争をまきおこした。男性の価値観による女性にたいする抑圧を告発したと評価する論者もいれば、ステレオタイプな女性観の再生産に通じると批判する論者もいたからである。こうしてケアの倫理の評価をめぐって、ケア対正義論争と呼ばれる激しい論争が展開された。とりあげられる主題は女性の就業機会、夫婦間の家事の分業、公私の領域の区別など、女性の社会的地位を低くしているさまざまな要因に広がり、とくに英米圏の政治哲学の分野で議論が積み重ねられてきた。

このように、二つの倫理理論はそれを進んで受容した学問分野や文化圏が異なっている。そのためにこれまで結びつけて論じられることはほとんどなかった。しかし、ヨナスがその倫理理論の基礎においた責任の観念、ギリガンらがその倫理理論の基礎においたケアの観念はそれぞれ、正義――少なくともある種の正義――の観念と対比されるしかたで提示されており、したがって、どちらの理論も正義を基礎とする倫理理論とはそれぞれのしかたで際立った対照をなしている。その類似点にいったん気づけば、両者をあわせみる研究が乏しいことはいぶかしく思われるほどである。ケアの倫理が批判したコールバーグの発達理論は、討議倫理学者ハーバマスが肯定的に援用する議論だった（Habermas 1983: 130ff）。ヨナスは乳飲み子の世話を責任の原型と考え、ケアの倫理もまた母子関係をケアの原型と考える。こうした一致は表面的なものではない。正義に基礎づけられた倫理理論は対応能力のある自律した現存する成人間の関係をモデルにして構築されるのにたいして、二つの倫理理論はその関係から外れた存在者からの異議申し立てを根幹に据えているからである。このことが、本書が両者を「正義と境を接するもの」というひとつの主題のもとに論じる理由である。

本論考の意図は、責任原理とケアの倫理のそれぞれについてその理論の核となる部分をとりだし、それぞれがどのような背景のもとで成立してきたかについてその経緯を説明し、そこから逆照射した場合に、正義――少なくともある種の正義――の観念に基礎づけられた倫理理論がどのような不足や欠陥をもつものとして映し出されてくるかを明らかにし、また逆に、正義の観念に基礎づけられた理論からすると責任原理とケアの倫理とにたいしてどのような批判が展開されうるかを明らかにすることである。このように本論考は、責任原理とケアの倫理とに焦点をあてているが、とはいえ、両者を擁護してそれと対比される正義を基礎とする倫理理論を批判することが目的でもなければ、後者の立場に立って前者に再反論を加えることが目的でもない。本書の立場は、第五章に用いた表現を使えば、責任と正義とを、ケアと正義とを、いわば「合わせ鏡」のようにして、それらのあいだにどのような関係があるかをみてとろうとするものである。

「合わせ鏡」にして照らし出される本論考の第一の焦点は、倫理理論の基礎づけ問題にある。ケアの倫理がはっきりと指摘しているように、社会契約論、義務倫理学、功利主義といった、近代の倫理学において正統的と呼んでもよい強力な諸理論は正義によって基礎づけられている。このうち、義務倫理学と功利主義とはしばしば対峙するかのように扱われてきた。しかし、類似の状況、類似の立場のひとを一律に公平にあつかう正義の原理に立脚している点を共有している。正義と異なる観念によって倫理を基礎づけようとする試みは、こうした正統的なモデルとは別の選択肢を掲げることにほかならない。――だが、それは真に別の選択肢たりうるのか。二つの方向から異論が出される。一方には、責任原理やケアの倫理は、いっそう根底では、正義に立脚する倫理理論によって基礎づけられているのではないか、したがって、責任やケアはいっそう広い意味での正義を付加的に補完する機能しかもっていないのではないかという疑問がある。他方には、これと逆方向の基礎づけ関係、すなわち責任やケアこそが正義の根拠にあると主張する再反論がありうるし、また、補完機能はたんに付加的、一方的なのではなく双方向的である――つまり、正義なしに責任やケアが考えられないのと同様に、責任やケアなしに正義は考えられない――という再反論もありうる。本書はこのように、責任、ケア、正義のあいだの関係の考察をとおして、倫理の基礎は何であるか、倫理とはどのようなことであるかということを問う意図を含んでいる。責任やケアの観念が正義の観念と対比されるとしても、もちろん、責任やケアは不正義という意味で正義と相反するわけではない。責任、ケア、正義はともに倫理的な評価の観点であり、倫理的な価値である。私が「境を接する」という表現を用いたのは、両者の連続性を強調する議論も、異質性を強調する議論もあることを含意するためである。

本書はこのようなもくろみをもって着手された。だが、論考を始めるにあたってまず、その鍵となる観念である正義についてさしあたりの説明をしておかなくてはならないだろう。

一 正義について

正義の最も浩瀚《こうかん》な定義とは何だろうか。ここでは、「あるものがそれにふさわしいしかたで秩序づけられている状態」と定義しておく。秩序づけられる先を明示して、「あるものがそれにふさわしい者に帰している状態」といってもよい。この定義は出発点にすぎない。「ふさわしい」とは、何をもってその基準とするのか。「あるもの」とは、具体的にはどのような種類のものを念頭においているのか。それがそのもとに帰せられる「ある者」とは、どのような範囲の存在者を指しているのか。これらの項目のそれぞれについて特定の回答を用意することで、右の定義からいっそう限定的な正義の定義をいくつも引き出すことができるだろう。たとえば、『ユスティニアヌス学説彙纂』第一巻第一章第十に引用されているウルピアヌスの正義（iustitia）の定義はこうである。「正義とは、各人に彼の正当な分け前を与えようとする不変かつ不断の意思である」。ここでは「ある者」が人間に限定されている。「あるもの」すなわち「分け前」には、社会のなかで人為的に分け与えられるものが示唆されている。つまりここにいう正義とは人間社会のルールであり、その分配を行なう「不変かつ不断の意思」がローマ法なのだった（カメンカ:13；原田:2；川本 1994:155）。一方、シンプリキオスがアナクシマンドロスのことばとして伝えている断片にはこうある。「存在する諸事物の元のもの（arche）は、無限なるもの（to apeiron）である。

……存在する諸事物にとってそれからの生成がなされる源、その当のものへと、消滅もまた必然に従ってなされる。なぜなら、それらの諸事物は、交互に時の定めに従って、不正に対する罰を受け、償いをするからである」(Diels-Kranz:B1 訳文は内山:180による)。ここでは、「ある者」は人間を含む存在者全体という意味での自然の諸事物全般をさしている。その正義は自然それ自体が遂行するものである。それが分配する「あるもの」は人間が人為的に分配することのできないもの――時間――を示唆している。このように人間社会のみならず、人為を超えた自然についても不正(adikia)や正義という感覚をもつこともありうる。というのも、「諸々の人間や状況がつねにより大きな空間的・時間的状況の一部である」(カメンカ:9-10)ゆえに、正義は人間を超越する摂理とも考えられてきたからである。本書第三章にこの問題をとりあげる。

一・一　アリストテレスの正義論

正義をめぐる後世の議論を決定的に方向づける定式化を提供したのは、いうまでもなく、アリストテレスの『ニコマコス倫理学』第五巻だった。その議論を素描しておこう。

アリストテレスが最初に提示する正義の定義とはこうである。「正義とは、すなわち、人びとをして正しいものごとを行なうたちのひとたらしめるような「状態(hexis)」、つまり、人びとをして正しきを行なわしめ、正しきを願望せしめるようなそうした「状態」の謂いである」(アリストテレス:1129a 訳文は高田三郎訳をもととするが、訳語、表記を改めた箇所がある)。「正しい」とは「適法的」ならびに「均等的」すなわち「過多をむさぼらない」ことを意味している。ところで、法は政治的共同体に属する「万人共通の功益」をめざしている。法はそのために、勇敢、節制、穏和等のさまざまな徳にかなった行為を命じる。したがって、適法的なひととは、これらの徳を兼ね備えたひとのことにほかならない。ただし、法が万人共通の功益をめざしており、正しいとは過多をむさぼらないという意味であることからわかるように、ここにとりあげられる徳は「対他的な関係」(同上:1129b)において発揮されるものでなくてはならない。だから、正義にかなったひと、正しいひととは、自分が所有するさまざまな徳を「他に対しても働かせることのできるひとであって、たんに自分自身だけにとどまらない」(同上)性格の持ち主を指す。こうして、アリストテレスが最初に語る正義とは徳のひとつであって、それが正しい行為を行なう準備の整った状態、性格であるかぎりは徳と呼ばれ、その徳が他人と関連する行為のなかで発現されたときには正義と呼ばれる(同上:1130a)。

だが、アリストテレスはこうした一般的な意味での正義とは別に、特殊な意味での正義についても語っている。特殊的な正義には、ひとつは、「名誉とか財貨とかその他およそ国の公民の間に分かたれるところのもの」(同上:1130b)の分配に関わる正義(分配的正義)があげられ、もうひとつには人間同士の交渉のなかで生じた不正義を矯正する正義(矯正的正義)があげられる。これらの特殊的な正義が完全な徳としての一般的な正義と同様に正義と呼ばれるのは、アリストテレスによれば、対他的な関係に関わるという共通点のゆえである。すなわち、他人と関わり、かつ、特殊な行為の場面において、正しい行為を指示する正義が特殊的正義である。分配的正義、矯正的正義それぞれの説明をみておこう。

分配的正義[(1)]にしたがえば、分配における「「正しい」分け前は何らかの意味における真価(axia, merit)に相応のものでなくてはならない」(同上:1131a)。ある人間がもっている何らかの意味における真価Aと別の人間がもっている同様の視点からみた真価Bに応じて、前者の分け前aと後者の分け前bとが、A:B＝a:bというふうに(アリストテレスの用語では)幾何学的比例を成すように分けあたえられるのが正義にかなった分配である。ところで、アリストテレスが分配的正義の説明をするなかであげている具体例は、「真価なるものは万人において同じではなく、民主制論者にあっては自由人たることを、寡頭制論者にあっては富を、ないしはその一部の人びとにあっては生れのよさということを、貴族制論者にあっては卓越性を意味するという相違がある」(同上)という事例だった。ここには、前節に述べた正義の定義におけるふさわしさの基準が多様であることが語られているとともに、分けあたえられるべきあるもの——もはや、よきもの、財(goods)と呼んでもよいだろう——としてアリストテレスが念頭に置いているのは何よりも、政治ないし統治への関与であったということが示唆されている。これはのちの分配的正義の概念と比較するときに留意すべき点である。

矯正的正義に移ろう。アリストテレスの説明は、アリストテレス自身が「単純化して語らんがため」(同上:1132a)と付言しているように図式的である。加害者が不正行為によって得た利益を被害者に返すことで原状が回復し、正義が達成されるというのがその範型とされる。不正行為によって生じた配分結果から、加害者の得た利益を引き、被害者に足すという措置のために、矯正的正義の命じる再分配は算術的比例と呼ばれる。この説明は過去の不正の矯正一般について考えるにはあまりに単純すぎるモデルだといわざるをえない。アリストテレス自身も傷害事件を例にあげて、被害者の損失が加害者の利益と単純に同等であるわけではないことを指摘している。ところでこの付加された説明からもわかるように、矯正的正義はたんなる応報を意味しているわけではない。実際、アリストテレスは正義を応報によって定義するピュタゴラス学派の主張を批判している。他方でアリストテレスは、応報という概念を別の事例に適用する。社会生活の重要な要素である市場における交易は比例にもとづく応報——今の用語なら相互性と呼ぶほうがふさわしいだろうが——によって成り立つという指摘がそれである。靴屋が大工に一軒の家の建築を依頼する場合、靴屋は何足かの靴を売ることで一軒の家の価格に同等の金額を手に入れなくてはならない。このとき家一軒分の価格と靴何足分の利潤とは均等だから算術的比例が成り立っているが、一方、靴屋が家を入手するために売らなくてはならない靴の数は、靴一足の利潤で家一軒の購入価格を割って算出した値であり、ここには幾何学的比例が成り立っている。

それにしても、この市場での交易の例をみると、アリストテレスの区分にいささか当惑を感じざるをえない。この比例にもとづく応報は、なぜ、その幾何学的比例ゆえに分配的正義の範疇にくみこまれないのだろうか。あるいは少なくとも分配的正義と矯正的正義の中間領域とされないのだろうか。それを解く鍵は、「よいひとが悪いひとから詐取したにしても悪いひとがよいひとから詐取したにしても」（同上）算術的比例による原状回復の方針は変わらないという、矯正的正義の特徴づけにある。アリストテレスは矯正的正義をそのつどの行為の場面で、行為者の徳や性格とは独立に考えていた。市場における交易も、売買の相手が有徳であるか否かに関わりなく、一定の価格で行なわれる。それゆえ、市場における交易は矯正的正義に分類されるわけである。これにたいして、分配的正義については、政治に参加する資格として卓越性を援用する貴族制論者の主張が引用されていることからわかるように、本人の人柄や徳が捨象されているわけではない。分配される対象のなかに名誉が数えられていることからすれば、むしろ、本人の人柄や徳こそが分配の基準となる真価として主張されていた。この点ものちの分配的正義の概念と比較するときに留意すべき点である。

　アリストテレスは上述の正義の諸種類とは別に、衡平（宜 epieikeia, equity）について語っている。衡平は正義であるが、「しかし法に即してのそれではなく、かえって法的な「正」の補訂」（同上：1137b）である。つまり、法は一般的な規定だが、個々の行為や状況はつねに一般的な規定を適用できるものではない。こういう場合に文脈的な思考をすることで、「悪く杓子定規的でなく、むしろ、たとえ法が自分に有利であっても過少に取るというたちのひと、これが宜しきひと」（同上：1138a）であり、こうした状態を衡平（宜しさ）と呼ぶ。アリストテレスは一般規則を超えた措置を「「正」ではあっても、ある種の「正」よりもよりよい正」（同上：1137b）と位置づけている。アリストテレスのいう正義は必ずしも硬直した原則的思考であるとはかぎらない点に留意すべきである。

一・二　現代の正義論

さて、アリストテレスの正義の観念は、現代の正義論にそのままあてはまるだろうか。なるほど、分配的正義、矯正的正義、あるいは、市場における交換の正義という観念、ないし、それらの視点からの問題の捉え方をみれば、現代の正義論がアリストテレスの枠組みに決定的に負っていることは明らかだ。これらは現代において、順に、政治のシステム、司法のシステム、経済のシステムの根本的な原理である。

けれども、同じ概念を用いていても、その概念をめぐって生起する争点の比重の置き方、背景の隔たりから、現代の正義論がアリストテレスの正義論とはまったく異質とさえみえる場合もある。分配的正義をめぐる議論がそうである。

前述のように、アリストテレスが分配すべきものとして真っ先に例示したのは、政治ないし統治への関与だった。これに対して、近代以降の倫理理論では、社会契約論に含意されているように、政治への参加は人間がすでに人間であるかぎり有している基本的な権利である。アリストテレスの時代には、貴族制論者、寡頭制論者はもちろん、民主制論者であっても、人間が人間であるかぎり政治に参加する資格があるとは考えていなかった。

分配的正義は「公民の間に分かたれるもの」を対象とするというアリストテレスの定義に、人間が人間であるかぎりは公民たりうるという近代社会の発想とを結びつけるとどうなるか。すべての人間が政治のシステムをとおして何を分配するかについての規則の制定に寄与し、それによって分配されるものを獲得する権原があることになるだろう。しかも、政治に参加する資格はすでにすべての人間に分配されているとすれば、分配されるべきものは、政治に参加する資格ではなく、その他のものに広がることになる。基本的人権、たとえば生存権にしたがって要求される生存に必要な物資等がそれである。アリストテレスにはそのような発想はまったくなかった。「現代人は、富の受償資格は個人の必要にもとづいて決められるべきだと考えるかもしれないが、アリストテレスの議論のなかには、そのような考えは一切示唆されていない」（アームソン：127）。かくして分配的正義の概念は二種類――人びとの真価に着目する概念と「平等とニーズ」（Raphael：5）に着目する概念――に分岐し、前者から後者へと時代とともに比重が移っていった。

アリストテレスの分配的正義から現代の分配的正義に、いつ、どのようにして推移してきたのか。『分配的正義小史』を著したフライシャッカーは、「つい最近まで、社会のなかで資源を配分するための基本的な構造が正義の問題であるとはみなされてこなかった。いわんや、正義はすべての人間のニーズを満たすように資源を分配するように要求するとはみなされてこなかった」（Fleischacker：2）と述べている。その萌芽は十六世紀半ばの貧民法にあった（ibid.：48ff）。だがその時点では、その倫理的根拠は慈愛（charity）にあった。それが正義にくみいれられていった推移は、十八世紀の啓蒙時代――とりわけカント――における個々人にたいする平等な尊重を支えとし、十九世紀のマルクスや功利主義を経て徐々に醸成されてきたものであり、一九七一年に公刊されたロールズの『正義論』によって完成する。「人間の個別性の重要性を、したがって、社会が社会自身のさらなる利益に反しても個人を保護する必要を力強く断言することによって、ロールズは分配的正義の近代的概念を定義する適切な地点に立った。その概念はほとんど二世紀にわたる政治的論争のなかで際立ってはきたが不完全な役割しか果たしてこなかった。今やついにそれが明快に定式化されるにいたったのである」（ibid.：111）。フライシャッカーは現代の分配的正義の前提を五つにまとめている。「第一に、社会や人類全体だけではなく、個人各自が懐念しているある善はすでに尊重に値し、個人はその善を追求するための一定の権利と保護を与えられるべきである。第二に、物質的な財の一定の分け前はどの個人にも与えられるべきものの一部であり、誰もがそれに値する権利や保護の一部である。第三に、どの個人もそれに値するという事実は、なんら宗教に依拠しないことばで合理的に正当化されうる。第四に、財の上記の分け前の分配は実行可能である。意図してそれを達成しようとする試みは愚者の計画でもなければ、友愛を奨励する試みでもなく、ひとが達成しようとする目標を掘り崩すようなものでもない。第五に、たんに私人や私的な組織だけではなく、国家がこの分配を保証すべきである」(ibid.:7)。

それでは、人間が人間であるかぎり尊重されなくてはならないとする根拠は何か。この主張に決定的な力を与えたのは、いうまでもなく、カントである。カントは物件と人格の尊厳の不可侵とを対比して、物件の価値は相対的であり、それゆえ別の目的を実現するためのたんなる手段とみなしうるのにたいして、人格の尊厳は絶対的であり、たんなる手段だけではなくつねに目的として尊重されなくてはならないと説明する(Kant 1968a:428ff)。人格はみずから目的を設定する者であり、もし、人格がたんなる手段とみなされてよいならば、真に目的とみなされうるものが存在しなくなり、手段‐目的から成る系列全体が価値と意義を失うからである。たしかに、主観的な欲求をただちに肯定するホッブズの議論――「いかなる人間の意欲や欲求の対象であれ、それがいかなるものであっても、それはその人間がその本人としては善と呼ぶものである。そして、その人間の嫌悪と忌避の対象は悪と呼ばれる。(中略)善、悪、軽視しうるといったこれらのことばは、それを使う人格との関係で使われる。ただたんに、絶対的に、善、悪、軽視しうるものなどない。対象そのものの自然本性からひきだされうるような、善、悪についての規則もない」(Hobbes:41)――と異なり、カントでは、個々の人格が設定する目的がそれだけで肯定されるわけではなく、その人格が主観的に採用している方針、格率が、誰もが採択してもたがいに矛盾を生じないかどうかの吟味をとおして客観的普遍的法則に合致することで初めて肯定される。とはいえ、アリストテレスと対比した場合には、フライシャッカーが「選択能力それ自体は善でも悪でもない。選択能力は善や悪を可能にするものにすぎない。だから、人間の絶対的価値は選択能力にあるというカントの主張を、アリストテレスならばどのように解するかは想像しがたい」(Fleischacker:14-15)と指摘しているように、カントの議論は、善悪を人間の選択とは独立なものと考えるアリストテレスと異なり、人間を価値の基盤と考える近代の存在論ないし形而上学をホッブズと共有している。

万人の平等を反映して、基本的人権のような基本的な財は各人に平等に分配される。したがって、アリストテレスの説明した各人の真価に応じた幾何学的比例による分配はもはや分配的正義を特徴づけるものではなくなった。だが、すべての財が平等に分配されるわけではない。この意味で、アリストテレスが矯正的正義の文脈で語った市場における交換は、はるかに重要な意味を帯びてきた。この比例的な分配による応報の正義は、のちに交換的正義と呼ばれるようになった（ibid.:19）。ところで、市場で交易される商品の商品価値にたいしてその商品の売り手が権原をもつのは、売り手がその商品を所有しているからである。その所有権は他人との商品の交換や譲渡によってその売り手に移転されてきたものかもしれないが、その所有権の移転の過程をさかのぼれば、ロックが定式化したように、あるひとがまだ誰の所有物でもない自然物に労働によって価値を付与したことに帰着する。労働が所有の権原たりうるのは、身体が各人のものだからである。こうして、あるものがある者にふさわしく分配されるための基準となる真価は、人格や徳ではなく、労働に由来することになった。いっそう正確にいえば、交換価値を生み出す能力に由来することになった。だとすれば、各人に平等に想定されている選択能力と各人に平等に備わっているのではない諸能力とをあわせて、現代の正義の概念をこう描き出すこともできるだろう。「いかなる者も、処罰を受けるとか、無能力の扱いを受ける場合を除いては、どんな形態の望ましい活動への参加からも排除されるべきではない」（パスモア:54）。けれども、その活動をとおして得られる分け前をめぐる「競争が存在する場合には、より有能な者がそうでない者よりもつねに優先されるべきである」（同上）。パスモアはこれを市民的正義と呼んでいる。だが、能力を示せなかった者はもともと無能であったわけではなく、その境遇のためにそうなったのかもしれない。そのことへの配慮は社会的正義と呼ばれる。社会的正義が財を分配する基準におく真価とは、そのひとが「不利な状態に置かれている」（同上:72）ことである。ロールズとノージックのリバタリアニズムの対立は現代の正義論の争点のひとつだが、ロールズが社会的正義をとりこむのにたいして、ノージックは交換的正義による一貫した分配を主張する。[2] しかし、両者はその点で異なりながらその根本においては、各人は平等に尊重されるべきであり、そのためには人間であること以外に何の要件も必要としないという立論の基盤を共有している。

近代の存在論ないし形而上学は、すべての人間が人間であるかぎり尊重されるべきだとする自分自身の見解を、それ以外の特定の存在論や価値観による基礎づけを借りずに、かつまた、後者の見解さえも前者の提供する基盤のうえで初めて成り立つ（正統化される）ことを証明する理論装置に腐心してきた。ロールズの原初状態はまさにそうした装置のひとつである。そこでは、たがいに利己的な討議者がこれから築かれる社会のなかで自分が占める位置の有利および不利に通じるさまざまな要因について無知のヴェールをかけられた状態で、社会の基本的構造を決めるためにどのようなルールを採択すべきかを議論する。その結果、すべての成員の平等な自由を尊重する正義の第一原理が、ついで、第二原理として社会的経済的な有利な地位につくための公正な機会均等を保障する原理、地位の不平等は最も恵まれない状態にあるひとの生活環境の改善に役立てられなくてはならないとする格差原理が採択される。この合意にいたる根本的な動機は、のちの社会の成員たるべき討議者の自己利益にほかならない。討議者が利己的であることは前提に織り込まれている。討議者は、その懐念するだろう善がたがいに異なっていても、それを追求するのに有利な社会を築く上記の原理に合意するだろう。だから、この理論は別様の結論にいたる可能性を斥けて自己正当化することができる（内容的にも是認される）わけである。

討議倫理学もまた、かかる理論装置の一例である。その依拠する観念は遂行論的矛盾である。かりに、特定の形而上学ないし存在論とそれに付随する価値観にもとづいて、ある種の人間については、コミュニケーション能力をもっていても、発言する権利を認めないという提案をしようとする論者がいるとしよう。しかし、その提案を正統化するにはコミュニケーション共同体の論議にかけなくてはならない。ところが、この正統化の手続きはすでに共同体の成員の平等な発言権を前提としている。コミュニケーションへの参加を排除する議論は自己矛盾に陥る。したがって、コミュニケーション能力のある者はすべてコミュニケーションに参加する権利のあることがあらためて確認される。しかも、人間であるかぎりの人間は原則的にコミュニケーション能力をもっているという前提から、この理論は別様の結論にいたる可能性を斥けて自己正当化することができるわけである。

分配的正義をめぐるこうした歴史的推移は、一・一の冒頭に記した正義の概念そのものの変容ではない。類似の事例を同様に処遇する「画一的あるいは不変な特徴」（ハート：174）は一貫しており、ただ事例の異同を決める基準が変わってきたにすぎない。しかし、正義の内容の変化にともない、正義の観念は他の諸観念と密接に結びつき、ひとつの文脈を構成するにいたる。現代の正義の観念は、人間が人間であるかぎりは平等に尊重される権利をもっていることを最も根底の基盤としている。したがって、個人と個人とはたがいに対等な関係にあり、公平にあつかわれなくてはならない。それゆえ、道徳的な原理があるとすれば、それは個々人に等しく適用される普遍妥当性を充たしているものでなくてはならない。そうした普遍妥当的なルールに到達するためには、個々人の個別の状況は捨象して、個々人の主張にたいして公正で中立的な推論の手続きを経なくてはならない。この一連の推論のなかから鍵となる概念を拾えば、権利（right）、平等（equality）、公平（impartiality）、普遍化可能性（universalizability）、公正（fairness）、中立性（neutrality）、抽象的（abstract）、推論（reasoning）、手続き的（procedural）等々がそれにあたる。これらの鍵概念が相互にからみあって、現代の正義論はできあがっている。(3)

二　道徳とその外部

こうした正義の観念に基礎づけられた倫理理論に、責任原理とケアの倫理は異議を申し立てる。しかし、いったいどのような根拠からだろうか。

ある存在者をたんなる手段としてではなくそれ自身のために尊重する態度を倫理的（ethical）と呼んでみよう。いかなる倫理理論も、倫理的に尊重すべき存在者の範疇とそうではない存在者の範疇を何らかの基準にしたがって画定する。倫理的に尊重すべき存在者のあいだで妥当、通用している倫理を道徳（moral）と呼んでおこう。さて、尊重すべき存在者の範疇の内部の成員がその道徳の指示するとおりにたがいを処遇するのは正義にかなっている。と同時に、内部の成員が外部の存在者にたいしてこれとは異なる処遇をしても正義に反したことにはならない。なぜなら、正義とはその存在者にふさわしい処遇をすることにほかならないからだ。

しかし、尊重すべき範疇の境界はひきなおされることもありうる。となれば、外部にたいする態度は一変する。アリストテレスの時代の標準的な倫理理論では、一部の人間は奴隷として、尊重すべき範疇から排除されていた。したがって、自由人に認める権利を奴隷に認めないことはなんら正義に背馳するものではなかった。だが、人間が人間であるかぎり尊重される近代以降の倫理理論に照らしてみれば、これは不正義にほかならない。私たちは近代以降の社会の一員としてたやすくこのことをみてとることができる。けれども、紀元前四世紀のアテネの自由人たちはそれをみてとることはできなかった。しかも、紀元前四世紀のアテネの自由人たちは自分たちの倫理を作り出したか、少なくとも支持していたのであり、その道徳の埒外にいた奴隷等の意見をその正統化の過程で参照することはなかったにちがいない。

だとすれば、同様のことが、尊重すべき範囲を人間全体に広げる倫理理論についても生じることはあるまいか。すでにひとつの異議申し立てがベンサムによってなされている。「人間以外の動物が暴虐の手からその身を守ることのできる権利を獲得できる日が来るかもしれない。フランス人はすでに、肌が黒いという理由をもって、ある人間がその人間を苦しめる者のなすがままに救いもなく放置すべきではないということを発見した。同様に、足の数とか肌の毛深さとか仙骨の末端とかは、同じ運命にある感覚能力をもった存在を放置しておく充分な理由にはならないということが承認される日が来るかもしれないではないか。超えられない一線をほかのどこに引くべきか。理性の能力か。ひょっとして会話能力か。しかし、成長した馬や犬は、生後一日目の子ども、一週目の子ども、一か月目の子どもよりは理性的で、気持ちの通じる動物である。今の線引きがあたらないとすれば、しかし、何が役立つか。問題は、推論できるかでも、話すことができるかでもなく、苦しむことがありうるかなのである」(Bentham: 283)。ベンサムは快の増大と苦の減少を善、その逆を悪とみなしたゆえ、感覚能力をもつ存在者全体に尊重すべき範囲を広げた。動物が苦を感じる以上、苦は動物にふさわしくないのである。今ではベンサムの主張を受け継いだシンガーによって、人間だけを偏重する主張は種差別と命名されている。

ところで、人間が人間であるかぎり尊重される道徳における外部にいるのは動物だけではない。未来世代の人間の位置は両義的である。未来世代が人間である以上、理念的には尊重されるべき存在者である。だが、先に記した現代の正義観念の文脈では、人格間には対等の関係が成立し、平等な権利が認められていなくてはならない。現在世代と未来世代とのあいだには、そのような関係は、未来世代がまだ存在していないために、現実的には存立しえない。未来世代の利益を配慮する意見が現在世代の議論のなかで参照される保証は必ずしもない。ここに責任原理は、未来世代の人間と人間以外の自然物とにまなざしをむける。

人間が人間であるかぎり尊重される道徳は近代社会の価値観を反映している。だが、だからといって、近代にも続いた奴隷の存在、人種差別、性差別など、近代社会が一挙に万人の参政権を確立したわけでもなければ、現代でも、すべての社会でその住民全員に等しく政治への参加が現実に保証されているわけでもない。未来世代とは違い、現実に存在している人間にたいする差別が生じうるのは、現代の正義観念の文脈が要求する対等な関係が樹立されていないからである。その状態を放置しつつ、人間が人間であるかぎり尊重されることをすでに自明のように語るとすれば、その主張は不正義を隠蔽したものにならざるをえない。人間の範疇のなかに、十全には人間として認められていない外部があることになる。ここにケアの倫理は、女性、子ども、病人、老人など実質的には平等な処遇を受けてこなかった存在にまなざしをむける。

このように、尊重すべき範疇の内部での正義は、内部でいかに確立、実践されていようともそれと同時に、尊重すべき範疇から外れる存在との関係からすれば不当ではないかという問いにつねにさらされている。この問いが再検討を迫るのは、内部に流通する道徳ではないし、そこにすでに確立されている正義の基準でもない。道徳の外部との関係は、当該の道徳にしたがうかぎり、その道徳における正義の問題ではないからだ。だとすれば、その道徳の尊重すべき範疇の設定を否定し、克服する契機は何だろうか。既存の正義とは異質な倫理的観点が必要である。責任原理は責任を、ケアの倫理はケアをまさにそうした観点として主張する。したがって、責任原理とケアの倫理の問いかけは、正義に基礎づけられた倫理理論の倫理性に関する原理的で本質的な問いを成している。とはいえ、既存の基準の克服は一種の正義の感覚から促されるものではないだろうか。つまりは正義の拡大と適用であって、責任やケアという観点は正義と独立の観点ではないのではないだろうか。ここに二つの倫理理論と正義に基礎づけられた倫理理論とのあいだの論争が生じることになる。

かかる問いを孕んだ責任原理、ケアの倫理とは、どのような内容をもつ倫理理論だろうか。その生まれてきた時代的背景を含めて簡単に素描しておこう。

三　責任原理

ヨナスの責任原理は、その書の副題「科学技術文明のための倫理学の試み」が示唆するように、地球規模での生態系の破壊にたいする処方箋という意義を帯びていた。責任原理が現代の文脈のなかでこそ生まれたものであるのは明らかである。したがって、責任原理を環境倫理学の文脈のなかで理解しようという動向が働くのは自然だった。それは日本ではまず、加藤尚武によって、生態系の破壊された地球を未来世代に残してはならないと主張する世代間倫理として紹介された（加藤 1991:35）。だが、ヨナスのいう未来世代への配慮は、人間だけを尊重すべき存在と認める人間中心主義から導出されたものではない。その違いを明らかにするために、たとえば、ロールズの正義論の枠組みによるシュレーダー＝フレチェットの世代間倫理の議論と比較してみよう（シュレーダー＝フレチェット:132f）。無知のヴェールをかぶせられた原初状態では、自分がどの世代に属するか、わからない。だからこそ、世代間の公平を配慮せざるをえなくなる。どの世代に生まれるかは偶然であり、そのゆえにマクシミン戦略のもとでは現在世代に特権を認めるわけにはいかない。この論法で導かれるのは、未来世代もまた社会を構成する可能な一員としての権利を有するということである。ヨナスの立論はこれと異なる。ヨナスの世代間倫理は世代間の対等性には立脚しない。未来世代は現在世代にたいして無力な存在だから、つまり、現在世代は劣悪な環境を残して未来世代の生存を脅かす力をもっているから、現在世代は未来世代にたいして責任を負っているのである。ヨナスのいう責任を定式化すれば、xとyとは対等ではない関係にあり、かつyが滅びるおそれのある存在であって、そのyの存否はxの行為にかかっている、このような場合に、xはyにたいする責任を負っている。これがヨナスの最も根本的なテーゼである。

しかしまた、生態系の破壊は未来世代の人間のみならず、人類以外の生物種の存続も脅かしている。これにたいして、人間以外の自然物にまで権利を認めることで、倫理的に尊重すべき範疇を人類以外の生物種に広げる倫理理論がある。けれども、人間以外の存在に権利を認め、権利の主体とするなら、その主体の活動についても、倫理的な是非を問わねばなるまい。稀少なサンゴの絶滅を回避する責任が人間にあるのと同じように、稀少なサンゴを食する増殖したオニヒトデを処罰したり倫理的に非難できたりするだろうか。明らかにそれは不合理である。不合理に陥らないためには、人間の行為だけが倫理的に問うことができるとしておかなくてはならない。ヨナスもまた、倫理的に尊重すべき範疇を人類以外の生物種にまで拡張するが、しかし、その主張は人類が生態系におよぼす力にもとづく責任によって基礎づけられている。したがって、自然物に権利を授与する倫理理論とはちがい、ヨナスでは、他の生物とは異なる倫理的主体としての人間の位置が確保されるわけである。

だが、たんに私の手で破壊しうるものすべてに、私は責任を負うわけではあるまい。倫理的に尊重すべき対象とは、たんなる手段ではなくそれ自身のために尊重される存在者のことだからである。人類以外の生物種はそれにあたるだろうか。ヨナスはそう考える。というのも、生き物の営みをすべてある目的を実現する過程とみなす目的論的な生物観からなる自然哲学をもっているからである。善とは、一般に、目的が達成されることであり、したがって、悪とは目的を阻害することである。人類はどの生物種よりも他の生物種を絶滅させる原因となってきたのだから、最も悪辣な存在だといえる。それでは、人類の絶滅は倫理的に肯定されるのか。ところが、ヨナスによれば、人類の存続こそが第一に果たすべき責任である。というのも、責任をとりうる存在は人類のみであり、人類の絶滅は倫理を問う次元そのものの消滅にすぎず、したがって、倫理はまず倫理を問う次元の存続を要請しなくてはならないからだ。

ヨナスは自然のなかに目的や善を見出している点で、いわば近代以前の目的論的自然観に戻っているともいえる。討議倫理学者アーペルが批判するように、ヨナスの自然哲学は「カント以前」と評されてもやむをえない面がある（Apel 1994：389）。だが、だからこそ、ヨナスの思想は二十世紀後半の環境危機の文脈を超えて、近代の存在論への疑義を内包している。

環境破壊を無制限に推し進めていけば、尊重すべき対象である人間そのものの存続する基盤が掘り崩される。責任原理が提起する問題とは、人間同士のあいだで正義を確立、存続するためには、未来世代や自然といった、現在、確立されている正義の外部にいる存在者に配慮しなくてはならないということにほかならない。――しかし、それでもやはり、それを配慮できるのは現在世代の人間ではないか。とすれば、尊敬の対象を未来世代へ拡大し、人類存続のための手段として自然を保護すればすむではないか。こう反問したくなるかもしれない。実際、近代の存在論の嫡流である討議倫理学であれば、コミュニケーション共同体の成員である現在世代が外部の存在者の利益を代弁するというしかたで問題を回収するだろう。しかし責任原理はこう反論するだろう。未来世代や自然にたいする配慮を現実に促すなんらかの思想が必要である。責任の認識こそがはじめてそうした配慮を発火する、と。したがって、責任原理はすでに尊重すべき存在者と認められている範疇の外部へ目をむける点で、既存の正義とは異質な原理だが、それは既存の正義を否定するというよりもむしろ、既存の正義による保護から外れた外部にたいしても不当であるまいとする態度の表われなのである。この意味で、責任原理は正義と境を接している。

四　ケアの倫理

発達心理学者ギリガンは、コールバーグをはじめとするそれまでの道徳観の発達理論は男性の成長モデルとしては有効だが、女性の一部には適用できないと主張し、従来の発達理論を正義の倫理と呼び、女性の発達モデルであるケアの倫理をこれに対置した。簡潔にいえば、正義の倫理は、類似の状況、類似の立場にあるひとの誰にも等しく適用される原理原則として倫理を思い描くのにたいして、ケアの倫理は、正義の倫理は現実の人びとがおかれている文脈や状況を捨象していると批判する一方、身近な人間への気づかいを重視し、人間関係の良好な維持のために心を砕くことを倫理的と考える。

ケアの倫理による批判は、とりわけロールズの原初状態による思考実験を標的とした共同体主義、徳の倫理によるリベラリズム批判と似た内容をもっている。それゆえ、ケアの倫理は八〇年代以降のリベラリズムをめぐる論争の文脈のなかにとりこまれることになった。しかも、リベラリズムはまさに近代社会の価値観にほかならないから、その議論の射程は責任原理の場合と同じく、二十世紀後半だけではなく近代の価値観にたいする疑義を内包するにいたる。しかし他方で、ケアの倫理は性差別を撤廃しようとするリベラリズムの価値観を共有している。したがって、リベラリズムをめぐる論争の文脈のなかで、ケアの倫理は、共同体主義や徳の倫理の陣営との近さを指摘されるばかりでなく、リベラルな価値に比重をおく論者からリベラリズムに懐疑的な論者まで含んだ幅広いスペクトラムを呈している。

たしかに、ケアの倫理が主張するケア、関係の強調は、共同体主義や徳の倫理の基礎概念である友愛に重なる面がある。しかし、第七章、第九章等に述べるように、ケアの倫理を共同体主義や徳の倫理のなかに包摂しきることはできない。なぜなら、共同体主義が共同体内部の共有された価値観、徳の倫理が社会的役割と結びつきやすい美徳を強調するのにたいして、ケアの倫理は特定の内容の価値観や社会的役割と関わりなく、ただ、傷つきやすい、助けを必要とする人間観に立脚してケアの必要を説いているからである。

一方、ケアの倫理内部での対立は、正義の倫理がケアの倫理を統合する可能性を争点として展開されてきた。

ケアの倫理のいう成熟した人間は、誰もが誰かにケアされていることを理想とする。これは、一見、すべてのひとが等しくあつかわれるべしとする正義の倫理と同じ結論に達しているかにみえる。正義の倫理にもとづいてすべての人間が真に尊重されている事態とケアのネットワークが余すところなくすべての人間を網羅している事態とは、たしかに、重なり合う。しかし、それは、正義とケアとが同時に働いていることを意味しているにすぎない。つまり、正義という規範とケアという規範とが両立可能だということにほかならない。これにたいして、正義の倫理とケアの倫理とが統合できるかどうかという問題は、倫理の根底は自他を気づかう配慮なのか、それとも、一律の原則を自他に公平に適用することなのかという基礎づけの問題である。第七章に詳述するように、問題連関を切り分ける必要がある。

それでは、正義の倫理に包摂できないケアの倫理の特殊性はどこにあるのだろうか。どのひとの意見にも耳を傾けるべきであること、いわれなき苦しみに陥っているひとを手助けすべきこと、これはケアの倫理のみならず、正義の倫理も要請するだろう。しかし、現に目のまえにいるひとが困っていることに気づくこと、こちらの手助けがあればそのひとの状況を改善できることに気づくことは、正義という概念を知っているだけでは足らない。目の前の状況を敏感に感じ取る態度、気づかい、ケアを要する。社会には、なんらかの点で傷つけられやすい立場にある存在者、たとえば、子ども、病人、障害者などが存在している。たんに一律に平等な権利を認めるだけでは、この平等は現実の差異を隠蔽して、結果的に弱者にたいする不正義ともなりかねない。ケアの倫理は正義の倫理だけでは見過ごされうるこうした不正義に気づき、排除する点で正義の倫理を補完する。しかしそれだけではなく、ケアの倫理は、苦しんでいるひとを気づかうというその精神から、場合によっては、社会のなかで成り立っている既存の正義の観点からすれば、尊重すべき存在者の範疇から外れている存在（たとえば、犯罪者、敵国の人間など）へのケアをも要請する。この意味では、ケアの倫理はたんに正義を補完するだけでなく、正義の適用範囲を超えて適用される異質な原理だといえよう。したがって、ケアの倫理もまた正義と境を接するものにほかならない。すなわち、それは既存の正義を否定するというよりもむしろ、既存の正義による保護から外れた外部にたいしても不当であるまいとする態度の表われなのである。

五　本書の構成

本書は二部に分かれる。

第一部「責任という原理」は五つの章から成る。第二章「ヨナス『責任という原理』の問題提起――自然、環境、人間――」では、環境倫理学の代表的な倫理理論と対比したうえで、ヨナスの責任原理の基本構造とその特徴をとりだす。第三章と第四章は責任原理の問題提起を傍証的に意義づける。第三章「所有、環境、倫理」は、人間と人間以外の自然との関係を主題とし、ロックをとりあげる。周知のように、ロックは労働による所有権の発生を説いた。その議論は、一方では、人間と人間のあいだの正義の問題に、他方では、人間と自然との関係の問題に通じる要路に位置している。セールなどの主張するように、ロックが人間同士のあいだに想定したような契約を人間と人間以外の自然のあいだに拡大することで正義を確立することができるだろうか。第三章はこれについての検討を介して、責任原理の独自な位置を明らかにする。第四章「生命の神聖――その失効とその再考――」では、生命の神聖と人間の尊厳という観念を論じる。二つの観念は生命倫理学のなかで無効と評価される傾向にあった。だが、近年、人間の尊厳はふたたびしばしば言及されるようになった。着床前診断や人間のクローニングに反対する議論のなかで、この観念が論拠として援用されるからである。そのひとりハーバマスの議論にヨナスの触発を受けた討議倫理学の展開をみることができるだろう。二つの観念が失効を宣せられ、それでもなおふたたびとりあげられるにいたるその文脈の変化を第四章では追跡する。第五章「人間はいかなる意味で存続すべきか――ヨナス、アーペル、ハーバマス――」では、ヨナスと討議倫理学者のアーペルやハーバマスと対比しつつ、人間の存続を支持する倫理的根拠を論じる。ヨナスの責任原理の背景には独自の形而上学ないし存在論があるが、現代において、形而上学に関わるとはどういう意味だろうか。第六章「責任原理の一解釈――正義と境を接するもの――」では、責任原理の基礎づけをめぐる諸解釈を整理し、本書が主張する「正義と境を接するもの」という位置づけを明確にする。

第二部「ケアの倫理」は五つの章から成る。第七章「ケアの倫理の問題提起」では、ギリガンのケアの倫理の基本構造をとりだし、ケア対正義論争の問題連関の切り分けを提案する。第八章「ノディングスの倫理的自己の観念」では、正義の語り口を排除する姿勢をみせたノディングスの初期の著作をもとにして、正義の倫理とは独立にケアの倫理だけで立論を組み立てた場合にどのような内容となるかについて、一種の思考実験を行なう。第九章「ケアの倫理、ニーズ、法」は、フェミニズム内部でのケアの倫理の評価に留意し、その批判を媒介にして、ケアの倫理の社会政策論への拡大をみることとする。第十章「ケア対正義論争――統合から編み合わせへ――」では、ケア対正義論争の現時点での帰趨を明らかにする。論争は当初、正義の文脈を排除した初期のノディングスや、正義の倫理に立ってケアの観点の摂取同化を行なったオーキンにみるようにかなり対立的だったが、両者の統合を主張する議論を経て、さらにヘルドのように二つの倫理の新たな関係を提示する論者も現われてきた。第十一章「ケア関係における他者」では、ケアを人間存在に不可欠な特性として捉えるベナーの議論をもとに、ベナーもそこに属す現象学の他者論の系譜にさかのぼり、さらにレヴィナス、デリダの正義論に依拠するコーネルを介して、ケアの倫理と脱構築とを対比する。

以上のように進めてきた本書の成果は第十二章にまとめられる。

本書に他と異なる特徴があるとすれば、冒頭にも記したように、責任原理とケアの倫理とを「正義と境を接するもの」というひとつの主題のもとに論及する点である。こうした試みは、ヨナスの『責任という原理』が出版されたドイツでも、ヨナスが後半生を過ごし、また、ケアの倫理についての研究文献が多く出版されているアメリカでも、おそらくまだないのではないかと思われる。

「正義と境を接するもの」という視点を得たことで、本書は責任原理、ケアの倫理それぞれを正義にもとづく倫理と対比して論述を進め、その結果、第一部と第二部とは、ある程度、構造上の対称性を帯びている。

第一部、第二部の最初の論文、第二章と第七章はそれぞれの倫理理論の概要を示している。各部の二番目の論文、第三章と第八章はともに思考実験を含んでいる。前者では、人間と人間以外の自然とのあいだの正義の成立可能性を問い、後者では、正義を援用しないケアの倫理の像の描出を試みる。これらの思考実験は正義にもとづく倫理と対比する視点をえてはじめて可能である。

各部の三番目の論文、第四章と第九章はともに、正義の観念が強く影響する文脈のなかで、正義と異なる観念に立脚する主張がどのような意義をもつか、ないしは、文脈そのものの変更を示唆するかを論じたものである。

各部の四番目の論文、第五章と第十章は、前者で責任原理と討議倫理学、後者でケアの倫理と正義の倫理との対立関係の現時点での帰趨をまとめたものである。したがって、二つの章はそれぞれの部のそれまでの議論の一応の到達点を示している。討議倫理学と責任原理の関係については、日本ではあまり論じられていないが、ドイツでは多数の文献が発行されている。そのほとんどは討議倫理学者からのものである。本書はヨナスを擁護する意図をもって書かれたものではないが、冒頭に記した「合わせ鏡」という位置の取り方は、ドイツの類書とはいささか異なる視点をこの論争に提供しているのではないかと考える。ケア対正義論争については、第七章に示すように、本書は独自の切り口を提示している。ケアの倫理と正義の倫理との対立が、両者はたがいに独立の発達モデルなのか、一方が他方の変種として説明されるのかという発達理論レベルの争いなのか、正義とケアという規範が両立しないかどうかかという規範レベルの争いなのか、倫理理論の最も基礎にある観念が正義であるのかケアであるのかという基礎づけレベルの争いなのか。レベルの違いをはっきり分けるべきだという主張がそれである。私見によれば、統合を説いている論者の多くは二つの規範の両立可能性を示しているにすぎない。規範レベルでは、両者は相互排除的ではない。しかし、それをもって二つの倫理が統合可能であると主張するのは、基礎づけレベルにおける対立を充分に意識していない証拠にほかならない。

各部の五番目の論文、第六章と第十一章は、ともに二つの倫理理論の背景的文脈をとりあげている。第六章では、ヨナスの必ずしも一貫しているとはいいがたい経歴全体を一応の視野に入れ、その形而上学、存在論との関連のなかで責任原理の解釈を試みる。第十一章では、現象学の他者論を参照することで、ケアの倫理の他者概念の特徴を明らかにする。責任原理を環境倫理学の文脈だけで論じたり、ケアの倫理を政治哲学や看護・医療の職業倫理の文脈だけで論じたりする場合には、これらの章は不要と思われるかもしれない。この二つの章はそれぞれの倫理理論をいっそう広い文脈で理解するように努めたものである。二つの倫理理論が近代の正統的な倫理理論の根底にある存在論への異議申し立てを内包している点に留意すれば、それぞれの倫理理論の存在論的含意の検討は不可欠だろう。

以上が本書の特徴であるとしても、しかしその一方で、本書ではとうとう展開できなかった主題もある。たとえば、本書は、第六章にヨナスの哲学的閲歴全体に言及しているが、ヨナスという哲学者の思想を綿密に追ったものではない。ヨナスは、グノーシス研究、有機体の存在論、責任原理、アウシュヴィッツ以後の神の問題というふうに多岐にわたる主題を展開してきた。いくつかの主題に重点をおきながらもその統一像を形成する試みは、すでにいくつか生まれつつあるが（Wiese; Wille; Levy）、本書ではその課題を十分に共有することはできなかった。また、ケアの倫理は、看護、医療、福祉、教育などいわゆるケアと称されるさまざまな領域に関わっている。本書はこれらの領域における固有の問題をあつかうことはできなかった。これらの課題が本書で背景に退かざるをえなかったのは、本書がもともと倫理理論の基礎づけというメタ倫理学的な主題にたいする関心から出発しているためである。

第一部　責任という原理

第二章　ヨナス『責任という原理』の問題提起
——自然、環境、人間——

ハンス・ヨナスの『責任という原理』が提起した問題は、既存の倫理学の枠組みから大きく踏み出すものだった。近代の倫理理論のほとんどは対等な関係を基盤とし、そこに成り立つ正義や権利によって基礎づけられる。そのかぎりでは、倫理的に尊重すべき対象は人間の範囲を出ない。対等ではない関係には善意や恩恵といった倫理規範が適用されるが、それらは善意や恩恵をほどこす主体の側から自発的に発するものである。これにたいして、ヨナスの倫理理論は非対称的な力関係を範型とし、傷つけられうる対象の側から傷つけうる主体にむけてつきつけられる責任によって基礎づけられる。したがって、従来、倫理的に尊重すべき対象の範囲から見落とされていた未来世代の人間や人間以外の自然が、倫理的に配慮すべきものとなる。本章では、まず、ヨナスの責任原理を他の環境倫理理論と比較して際立たせたのち（一節）、未来世代と自然への責任を基軸に『責任という原理』のなかで展開された責任原理の論点を整理する（二節）。ついで、正義を基礎とする倫理理論である討議倫理学からの批判をとりあげ（三節）、その批判にたいする応答のひとつとして本書の独自な解釈である責任原理の遂行論的基礎づけを提示する。なお、『責任という原理』は倫理学的考察と自然哲学的考察から成り立っており、ヨナスの思想のほかの主題――グノーシス研究、形而上学、宇宙論、神の問題――とはさしあたり切り離してあつかいうるし、また、ヨナスもそうした態度をとっている。(2) これらの主題はのちに第五章、第六章にとりあげることとする。

一　環境としての自然

自然を環境とみなす――一見、問題がないようにみえるかもしれないが、この把握はある緊張を孕んでいる。というのは、自然という観念は相対性を超えた全体を意味するのに、環境はその中心となる存在、つまり環境の主体を前提とし、その主体からみたパースペクティヴのもとで初めて切り拓かれるからだ。主体の関心に応じて自然の一部を切り取ったものが環境である。環境という観念を生み出した生物学者ユクスキュルは、ダニの環境がいかにダニが生きていくために必要なだけにきりつめられた世界であるかを記している。すなわち、ダニは、哺乳類の皮膚が発する酪酸のにおいを知覚し、この刺激に誘発されて、樹上から哺乳類の体の上に落下する。哺乳類の体毛と衝突するや、それに刺激されてはいまわりだし、むきだしの皮膚の温かさを知覚すると、そこに穴をあけはじめる。こうして「ダニを取りかこむ豊かな全世界は収縮して、大ざっぱに言えば、三つの知覚標識［酪酸、接触、温かさ］と三つの作用標識［衝突、這いまわる、穴をほる］とからなるみすぼらしい姿に、つまりダニの環境世界に変化する」（ユクスキュル／クリサート：22）。生き物としての人間にとっての環境も、程度の差はあれ、縮減された自然であることに変わりない。

しかしまた、人間は自然全体を環境として捉える可能性も手に入れた。生き物としての人間についての科学の知識を哲学のなかでふたたび捉えなおそうと試みた、一九二〇年代にはじまる哲学的人間学は、環境の観念をも生物学から哲学の文脈へ移植した。哲学的人間学を企図したひとり、プレスナーによれば、人間の特性は自己から距離をおく能力、離心性にある。すなわち、動物がその体そのものであり、環境に束縛されているのにたいして、人間は体も、体をとりまく環境も、環境と自己の関係も対象化することができる(3)。同じ事態を、シェーラーもまた、人間は世界に開かれていると表現している(4)。

自分の環境を対象化する能力は環境を意図的に操作し改変する能力を生み出した。現在、科学技術と科学技術を享受する生活様式とによって、人間による環境の改変は地球全体にわたる規模で、かつ不可逆ともなりうるまでに進んでいる。まさに自然全体を人間の活動と相互作用の関係にある環境として捉えることが現実的な意味を帯びてきている。

ところが、人間にとっての環境は、ひとつの自然全体の一部であるゆえに、他の存在にとっての環境と重なり合っている。だから、人間による環境の改変は、他の環境主体の生存に影響を及ぼさずにはいない。したがって、その環境主体が倫理的に尊重されなくてはならない存在であるなら、問題は倫理の次元にひきうつされる。では、何を倫理的に尊重すべき存在として考えるのか。話をつきつめれば、環境破壊は人間に害を及ぼすから悪なのか、それとも、人間以外の環境主体、人間以外の生き物の利益を損なうためにも悪なのか。それに応じて、人間中心主義か、非人間中心主義——生命中心主義ないしは生態系中心主義かという立脚点の根本的な違いが生じてくる。

非人間中心主義を主張するレオポルドの土地倫理(5)やネスのディープ・エコロジー（Naess 1973:95ff）によれば、生態系（ecosystem）は多様な種類の生き物の相互依存によって成り立っており、したがって、人間も含めてどの種の生き物も生態系の不可欠の構成員として平等に尊重されなくてはならず、その多様性の保持と共生が守られなくてはならない。

これにたいして人間中心主義は、人間は反自然的存在だと反論する。[6] もう少し穏健な論者なら、人間は人間にとっての長い目での利益をはかることでかえって多様な種の生き物とその環境を守ることができると反論する。[7] 人間は神から自然を委託された管理者だと考えるスチュワードシップの環境倫理もここに属す。[8] これらは非人間中心主義を超越的に批判する反論だが、非人間中心主義の内部矛盾をつく内在的批判もある。たとえ、人間と人間以外の存在を平等に道徳共同体の一員と認めたところで、実際に道徳の責めを果たすのは人間でしかないから、平等主義は破綻せざるをえない、という批判がそれである。[9]

けれども、この内在的批判が見落としている点がある。利益主体としての人間と道徳的主体としての人間を分けて考える可能性である。道徳的主体としての人間が人間自身にとって不利益な行動規範を選ぶことは原理的にありえないことではない。[10] だとすれば、むしろ非人間中心主義の問題点は、人間以外の生き物を人間と等しく倫理的に配慮すべき対象とみなすことによって、道徳的主体としての人間の特殊性を見失っている点にある。[11] 環境を改変する力をもった人類はその他の生き物とはもはや対称的な位置を占めることができず、その力に応じたしかたでその行為が問われなくてはならないのだ。

それでは、人間中心主義に与するべきだろうか。しかし、人間にとっての利益や欲求がそのまま倫理の根拠になりうるだろうか。この点は非人間中心主義が批判する点である。けれども、非人間中心主義にしても、たんに利益の主体を人間以外の生き物に広げるだけなら、やはり利益と欲求を倫理の根拠とすることに変わりない。たしかにどの生き物も存続したいかもしれない。だが、生存したいなら生態系を守るべしというだけでは、カントふうにいえば道徳の命令ではなく利口の命令にとどまっている。それゆえ、人類の存続、あるいはまた、生命ないし自然の存在が真に倫理的な次元で尊重されるべきなら、人間中心主義や生命中心主義が論拠としている人間や生き物の欲求とは別の根拠が必要である。

文化的な地域主義（regionalism）による根拠づけはどうか。地域という視点は環境を考えるときに重要である。というのも、環境という観念はもともと身の回りという意味なので地域的な特殊性に結びついているからだ。ディープ・エコロジーの主張のひとつは、特定の地域ごとの生態系を維持して、そのことをつうじて、自然全体の生態系の多様性を確保することだった。しかも、地域の自然はまた、その地域の人間の暮らしに密接に関わっている。その関わりから地域の自然と文化をともども擁護する試みとして、和辻哲郎の風土論を読むこともできよう。さて、その和辻は、日本の風土上の制約を語りつづけたのち、一転して日本の風土への愛を説いている。[12]戸坂潤はそこに昭和初年のマルクス主義の流行にたいする和辻の反発を読みとっているが（戸坂：156）、特定の風土に適した規範を説く和辻が風土への愛に行き着くのはみやすい道理である。とはいえ、和辻は文化相対主義を主張したわけではない。和辻は特殊な風土を人類性という普遍の現われとみるからだ。だが、それによって不問の前提として残されているものがある。自然全体の存続、人類の存続がそれである。けれども、この前提こそがまず根拠づけられなくてはならないのではあるまいか。

人類の存続すべき根拠、自然の存続すべき根拠——この二つは途方もない問いであり、しかも一見たがいに無縁な問いにみえる。しかし、人間が環境としての自然を対象化できる以上、環境としての自然の破壊も保持も、そしてまたそこから帰結する人類が存続するか否かも、人間の自由に委ねられている。したがって、人類の存続と自然・生命の存在の根拠づけは最も根本的な問題で、しかもひとつのくびきに結びつけられている。ちなみに、哲学にとっては人類の自殺の可否さえすでに目新しい問題ではない。たとえば、格率と普遍的道徳法則との合致を審査するカントの問題系のなかに自殺がとりあげられたとき、すでにその問題は視野に入っている。

人類の存続の根拠と生命を尊重すべき根拠——以下、まさにこの問いを問いつめたハンス・ヨナスの著作『責任という原理』をとりあげよう。

二　ハンス・ヨナスの『責任という原理』

従来、倫理は対面関係を基本にして行為を考えてきた。また、現在の人間にとっての善が未来の人間にとっても善であると予想してきた。そのもとで普遍妥当性を獲得しても、したがって、その射程は現在を出ない。ところが、科学技術をとおして人間の活動は遠い未来まで影響するようになり、しかも地球環境を不可逆なしかたで変えるおそれももっている。それゆえ、時間を配慮に入れなくてはならない。「存在論は変わってしまった。われわれの存在論は永遠の存在論ではなく、時間の存在論である。もはや、永久に続くことは完全さの基準ではない。（中略）超越的存在を追放したあと、生成にゆだねられたわれわれにあっては、生成のなかに、つまり過ぎ去るもののなかに本来のものを求めざるをえない。したがって、責任が支配的な道徳原理になるのである」（Jonas 1984 : 226）。「汝の行為が地上における真に人間的な生の永続と合致するように行為せよ」（ibid. : 36）。人間の活動が未来と自然全体に及ぼす影響を考慮する新たな倫理——それが責任原理である。

責任がむけられるのは次の三つの条件を満たす存在者である。第一に、それは時間とともに消滅しかねない存在者である。「責任の対象は過ぎ去りゆくものとしての過ぎ去りゆくものである」（ibid. : 166）。第二に、責任がむけられるのは私以外の存在者である。「他者（ein Anderes）は、「私より」はるかによいからというのではなく、端的にそれ自身である点で、その根源的に固有な権利をもっている。そして、この他性は、私が他者に似たものになったり、また他者が私に似たものになったりすることで架橋されるはずがない。まさに、他であることが、私の責任を獲得するのであって、ここでは、けっして我が物にしよう（Aneignung）とは志向されない」（ibid.）。ヨナスが形容詞を中性名詞化して「他者」を表現していることに注意しなくてはならない。このことから明らかなように、責任の対象は人間に限定されない。そしてまた、その存在者は価値とも関連づけられていない。ただそれはその存在が脅かされていることにおいて私を動かす。「完全性からかけ離れ、その事実性においてまったく偶然的であるこの対象は、そのうつろいやすさ、乏しさ、不確かさにおいて知覚されるのであって、そのようにして知覚される対象がその対象のただあるということをつうじて（つまり、特殊な性質によってではなくて）、我が物にしようという欲求を離れて、私の人格をその対象の自由に供することへと私を動かす力をもっている」(ibid.)。だが、その存続がどうして私の肩にかかってくるのか。その存在者は私にとって無縁なものではあるまいか。ここに第三の条件が付加される。それは、その存在者が存続するか消滅するかは私の力にかかっているということである。責任がむけられる「先は、私の外にあるが、私の力の及ぶ範囲にあり、私の力に依存しているか、あるいは、私の力によって脅かされている。そのものは、私の力にたいして、そのものがあるゆえに、ないしは、ありうるゆえにその存在する権利を対置し、［責任感情を触発された私の］道徳的意志をつうじて、私の力に［その存在を守る］義務を負わせる。その力は私の力であって、［そのもののありつづけるための］原因として関係しているのだから、これは私の問題である」(ibid.:175)。以上から銘記すべき点は、ひとつは、責任という観念は、通常、過去の行為にむけられるが、ヨナスでは、存在を維持する責任、したがって未来にむけられているということであり、もうひとつは、責任は力の不均衡から生じるので、正義や権利と違い、もともと対等・互酬的ではない関係のあいだに成り立つということである。

責任の原型としてヨナスがあげたのは乳飲み子の例だった。「乳飲み子は、ただ息をしているだけで、回りの世界にたいして異論をはさめないしかたで、その世話をするようにという当為をつきつけている」(ibid.:235)。なぜ世話すべきか。乳飲み子を必ずしも愛しているとはかぎらない。乳飲み子が人格となる潜在能力があるからでもない。まさに、乳飲み子が存在を脅かされている存在者だからにほかならない。(13) 生命倫理学には、トゥーリーをはじめ嬰児の生存権を認めない議論があった（トゥーリー：107）。しかし、ヨナスによれば、乳飲み子をたんなる細胞の塊とみるのはすでに乳飲み子をみていない。「数学的物理学者の分析的なまなざしでみられているのは乳飲み子ではなくて、［細胞の塊、分子の塊といった］ほかの点もみえなくされているような現実の最も表面的な周縁である。（中略）［乳飲み子を］みよ、君には［世話すべきことが］わかっている」（Jonas 1984：235-236）。私が乳飲み子のことを心にかけないなら、乳飲み子の身に「どういうことがふりかかるだろうかという問いによって、責任は現実に表象されはじめる」（ibid.：391）。この思いから、乳飲み子への責任が迫ってくるのである。

だが、私は世話をしないこともできる。ヨナスは慎重にも「抵抗できない」といわず、「異論をはさめない」と記した。人間はたしかに責任を感じうる。けれども、責任を放棄する可能性もある。しかし、たとえそうだとしても、ヨナスによれば、責任を感じるだけでもう人間はすでに潜在的に倫理的な存在である。そして、倫理の成り立つ可能性はそこにしかない。だとすれば、人間が存在すべき根拠は、人間の欲求でも、生存権でも、理性でもなく、ひとえに倫理の基盤としての人間の理念をおいてほかにない。いつの時代でも、人間は責任をひきうける存在ですでにある。とともに、実際に責任をひきうけるかどうかはつねにまだ決まっていない。この「すでにあり、まだない」という時間的性格は、人間の理念に永久にともなっている。それを超えた理想の人間の到来を約束するユートピア思想は、ヨナスの峻拒するものである。実際、『責任という原理』というその書名は、ブロッホの『希望という原理』と対蹠的な位置を示すためにつけられたのだった。

ところが、この守られるべき人類自身の存続もまた、他の生き物の生存とともに、人間による環境破壊によって脅かされている。ヨナスはこう述べる。人類が存在することが全世界にとって喜ばしいことか、恐るべきことか、その帳尻を考えれば、人類が存在することを支持するのはかなりむずかしい。しかし、そのような帳尻とは別に、人類は存続すべきである。なぜなら、責任が存在する可能性が、なにより先行する責任だからだ、と。(14)

環境破壊にどのような行動をとるかは現在世代にかかっており、したがって、未来の人類の存在を手中にしている現在世代は、未来世代にたいして責任を負っている。

こうして、ヨナスは新たな倫理の配慮すべき要件のひとつ、未来への配慮を導き出した。だが、新たな倫理には自然への配慮というもうひとつの要件がある。以上の叙述では、自然は人類の存続の手段としてのみ尊重されるかにみえる。そこには、自然はそれ自体で尊重されるべきだというヨナスの、以下に記す自然哲学を補わなくてはならない。

人間の行為には意識的な目的がともなっている。目的は、しかし、意識的な存在のみならず、生き物の体のどの部分の機能にも——たとえば消化器官には消化という目的が——認められる。体の各部分の目的はその生き物が生きるという目的に仕えている。[15] こうした合目的性はいつ出現したのか。それ自身は目的なき物質から突然変異と自然淘汰によって創発したのか。ヨナスはこの説明をとらない。目的なき物質への還元はすでに自然に目的なしという前提を先取りしているからだ。低次で単純なものから高次で複雑なものを説明するのが通常の自然科学的方法にたいして、ヨナスは高次な領域は低次の領域の原理では説明できないと主張する。[16] その結果、ヨナスは、自然の連続性からすれば、生き物を生み出した自然のなかにすでに目的は潜在的に含まれているという推論を展開するのである。[17]

さて、善とは、目的をもつものが目的を達成することにほかならない。[18] 目的とはそのものが目的を達成したあり方であるべきだという当為を含んでいる。その存在がかくあるべきだという目的は、その存在を脅かすものに、目的を妨げてはならないという行為の当為をつきつける。[19] たしかに、ある生き物の目的は他の生き物にとっては手段として価値があったり、自分の目的と対立して負の価値をもっていたり、端的に無価値であったりする。ただし、価値とはある特定の存在にとっての相対的な評価であるのにたいして、善はそうではない。[20] もしも人間にとっての価値がそのまま善であるなら、善は人間の意志の産物であって人間の意志を拘束できない放恣なものにすぎない。したがって、ヨナスはこう結論する。自然のなかには人間にとっての価値とは独立の善が存在する。その自然の目的が人間の意志と力によって脅かされている。それゆえ、人間の欲求とは独立に、その自然の目的を阻んではならないという責任が人間には課せられる(21)。

以上、ヨナスの責任原理と自然哲学の骨子を述べてきた(22)(ibid.:245-246)。それは人間中心主義と違い、人間の欲求をそのまま正当化するものではない。また、非人間中心主義と違い、人間が自然に属しながら道徳的主体として占めている特殊な地位を明らかにしている。それでは、責任という原理による基礎づけは十分なものといってよいか。だが、とりわけ基礎づけの問題に鋭敏な討議倫理学からヨナスに批判がよせられている。最後にこの点をみておこう。

三　討議倫理学におけるヨナス批判

討議倫理学によると、ヨナスによる責任の基礎づけは直観に訴える点で不十分である。ヨナスは責任の原型に乳飲み子の例をあげ、「みよ。君にはわかっている」と訴える。だが、それでも、乳飲み子を世話する責任を感じないひとがいたならどうか。ちょうど共感を否定するひとにヒュームがしたように、反論を打ち切るという対応しかヨナスには残されていまい。ところが、討議倫理学者は同じ事態に対処できると自負している。まず、それ以上さかのぼりえぬ、かつ不可避の前提として、責任を担うべき主体によってコミュニケーション共同体が形成されている。そしてその共同体のなかで、乳飲み子を世話する責任があるかどうかが討議されるだろう。人間以外の自然への配慮も討議にもちだされてよい。なぜなら、討議はどのような主張にも開かれているからだ。討議をへて乳飲み子の世話が責任として確定されたあとでは、その責任を放棄する者は自分が参加したコミュニケーションとの、したがって自分自身との矛盾に陥らざるをえない。自分の主張と実際の態度とのあいだのこの遂行論的な矛盾によって、責任の主体は責任を履行するように拘束されることとなる。これにたいして、ヨナスの基礎づけでは、乳飲み子に世話する責任をそもそもみてとれない者は世話するように拘束されもしない。ヴェルナーが指摘するように、責任をむけるべき対象を直観することのほかに、責任を担うべき行為主体が責任を問われる審議の場はないからだ(23)。

しかしながら、ヨナスの基礎づけはたんに直観主義的であるだけとはいえまい。というのもヨナスが人類の存続を説いたのは、すでにみたように、責任を存続せしめることこそを第一の責任と考えるからである。この論理はどのように解釈できるのだろうか。

先に、人類の自殺の可否はすでにカントの問題系のなかで視野に入っていたと記した。カントが『人倫の形而上学の基礎づけ』のなかで自殺に言及したのは、まず、ある格率が普遍的自然法則に合致するかどうかを吟味することによってその普遍妥当性の有無を審査するくだりにおいてだった。そこでのカントの回答は、生命を促進すべき感覚と生存の苦痛を回避したいという感覚との感覚相互の矛盾が自殺には含まれているゆえに、自殺を選ぶ格率は普遍妥当性をもたないというものだった（Kant 1968a: 422）。しかし、この自然法則に照らした普遍妥当性の吟味を経ずにいっそう直接的に、誰もが自殺を格率として採用する事態、すなわちその格率を普遍的道徳法則とみなす事態を想定したならば、どうなるだろうか。それがたとえいかに現実離れした荒唐無稽な想定に思われるとしても、論理的には、人類の絶滅が結果するだろう。そうなれば、道徳ないし倫理について考える存在者はいなくなり、自殺が普遍的道徳法則に合致する格率であるかどうかという今問うている道徳的な問いそのものが問えなくなってしまう。それゆえ、道徳ないし倫理的な思考ならびに行為の成り立つ基盤を確保するためには、自殺は普遍妥当性をもつかという問いに否と答えなくてはなるまい。そう推論できる。[24]

ヨナスの議論についてはどうだろうか。ヨナスの立てた問いは、人類が存続できるかという事実問題ではなく、存続すべきかという倫理の問題だった。人類がこの倫理的問いを問うことにみずから関与しているかぎり、つまり倫理的態度をとっているかぎり、「存続すべきではない」という答えを選ぶならば、自分自身が今問うている倫理的な問いそのものを否定してしまうことになる。「存続すべきではない」という主張と現にしている「べき」を問う態度とのあいだには自己矛盾――人類全体をひとりの判断主体として考えるならば、人類は遂行論的矛盾を犯していることになろう。したがって、人類は存続すべきだという答えしかない。だからこそ、責任が存在することが第一の責任として不可避に導き出されるのである。何よりもまず、責任が存在する可能性を維持する責任が先行するから人類は存続しなくてはならないというヨナスの主張は、このように、人類の存続なしには倫理的問いを問う基盤そのものが成立しえないという意味で理解することができる。ただし、以上はヨナスが表明している見解ではない。本書の解釈として提示しておく。[25]

とはいえ、自己矛盾に訴えるこの論理が妥当するのは人類の存続についてだけである。個々の行為の責任はそうではない。個々の行為の倫理性は討議倫理学ならコミュニケーション共同体のなかで討議され、討議者は討議によって拘束される。先に述べたように、ヨナスの基礎づけはそうした拘束力に欠けている。だから、ヨナスでは、具体的に何をすべきかを示唆できない。この実効性なきところがまた、討議倫理学の批判を招いている。

けれども、責任という原理における人類の存続が討議倫理学におけるコミュニケーション共同体の存続に対応している点を見落としてはなるまい。責任という原理は、討議倫理学でいえば倫理が成り立つ基盤であるコミュニケーション共同体そのものを作ろうとする意志、したがってそもそも根本的な出発点において、倫理的な態度、倫理的であろうとすることそのものを切り拓いてもいるのである。はたして、倫理的であろうとすることにおいて、討議倫理学が拠って立つ正義の原理とヨナスの責任の原理のどちらが先にあるか――その答えはおそらく両者によって異なるだろう。両者の仮想的問答は第六章に試みる。ただ、確認すべき点は、討議倫理学は、コミュニケーション共同体のなかで、コミュニケーションできる理性があるという意味で等しき相手に要求し呼びかけ（Anspruch）、応答し責任（Verantwortung）を果たすのにたいして、ヨナスのいう責任は力の不均衡から生じていることだ。それゆえ、討議倫理学からすれば、ヨナスのいう責任は、ときに応える必要のない場合にも求められ、露骨にいえば、やらずもがなの努力ではないかとも疑われる。(26) しかし、だからこそ、責任は、私と異なる存在者からの呼びかけにも端的に応えうるのである。

さて、討議倫理学によるヨナス批判にたいして私がこれまで行なってきた擁護論――ヨナスを支持するというよりもヨナスの独自性を確認するという意味での擁護論だが――はもっぱら人類の存続だけをとりあげてきた。そのため、討議倫理学と同様、問題を人間だけに回収してしまうおそれがある。ここでふたたび、ヨナスの別の側面、自然哲学を顧みる必要があるだろう。

ところが、ヨナスを支持しようとする人びともヨナスの自然哲学には躊躇せざるをえない。はたして、ヨナスの主張するように、生命が目的なしに考えられないからといって、目的は客観的に存在すると判断できるのか。ヨナスの自然哲学はカント以前の独断論にすぎないというアーペルの批評は近代以降の哲学の通念からは正当である。(27) 一方、ヨナスにしたがってカントをみれば、カントは生き物が身体によって自然に帰属しているという紛れもない事実をそのことを認識する能力の問題のなかに回収しているようにみえる。また、存在と当為を結びつけるヨナスには自然主義的誤謬だという批判もしばしば浴びせられてきた。しかし逆に、ヨナスからすれば、自然から目的、価値、当為を捨象する近代の哲学もひとつの存在論、形而上学にすぎない。(28) けれども、これを反論とするかぎり、ヨナスの自然哲学もまたもうひとつの選択肢、もうひとつの形而上学にとどまらざるをえない。

新たな倫理の要件のひとつ、人間以外の自然への配慮はまさにこの自然哲学から導き出されている。環境危機にあたって、自然への配慮を倫理的に根拠づけなくてはならないと主張する論者は数多い。だが同時に、自然への配慮は従来の倫理では受け容れにくい。人間中心主義では、自然は手段にすぎない。討議倫理学では、自然への配慮を主張するには、コミュニケーション可能な人間の媒介を要する。それを積極的に促す要素は討議倫理学のなかにはない。あたりまえのことだが、人間以外の自然はコミュニケーション共同体にとってさしあたりは外部だからである。これにたいして、自然のなかに当為を見出すヨナスの自然哲学は、この外部を討議のなかに招き入れる契機たりうる。

とはいえ、それだけでは、生命中心主義ないし生態系中心主義もまた同じように契機たりうるといわれよう。たとえば、レオポルドの土地倫理では、どの種の生き物も生態系を維持する不可欠の構成員として尊重されている。この尊重を支える原理は、その生き物は本来それが占める領分を侵してはならないという正義の原理である。だから、ある生態系のなかに鹿が何頭生息するのが適切かは、土地倫理では原理的には答えられるはずである。だが、そのためには、その生態系自体のあるべきあり方が前提されていなくてはならない。これにたいして、ヨナスの自然哲学はさらにさかのぼって、自然にもあるべきあり方が考えられうるということをまず根拠づけようとしているにほかならない。

四　結　語

責任のむけられる対象とは、私と異なる存在で、時間とともにうつろいゆくものであり、しかもその存亡が私の力にかかっている点で私の力の内部にあるというものだった。倫理に新たに求められているのは、未来世代への配慮と自然への配慮だった。責任原理では、私と異なる存在が存在すること、ひいては存在しうることから未来と自然への配慮が導き出される。それゆえ、未来世代の生きる権利に基礎づける議論のように、存在しない者に権利があるかという難点を直接は抱えていない。また、責任という原理のもとで語りうる自然は、環境主体にとって外部であるとともに、その活動によって影響しうる環境としての自然である。たしかに、討議倫理学の批判するように、責任は正義を超えた過剰な努力に陥ることなしとはいえない。しかし同時に、責任はそもそも倫理的な態度を用意し、だからこそ、ヨナスは未来の人類と自然という外部にたいして倫理を開くことができたわけである。その意味で、ヨナスは少なくともひとつのアプローチを指し示すことができたのである。

第三章　環境、所有、倫理

前章にみたように、ヨナスの責任原理は、未来世代にたいする現在世代の責任とともに、人間以外の自然にたいする人間の責任を問うている。これをうけて本章では、人間と自然の関係を根本にさかのぼって考察してみたい。ヨナスは生き物のありようを「質料の必需をともなう自由」（Jonas 1997: 150）と表現した。生きていくのに必要な物質（質料）を体内にとりいれ、不要な物質を体外に排出し、それをつうじて同一のかたち（形相）を保持し、外界からの独立、したがって外界からの自由を獲得しているという意味である。生はこの内と外との交わりに成り立つ（一節）。だが、人間は内に必要なものを外にあらかじめ確保することができる。この労働によって人間は人間仲間に所有を宣言し、ここに人間同士における正義が成り立つ。外のなかに、倫理的な意味を帯びた内と外との線引きが新たに引かれるわけである（二節）。しかし、それは人間と自然の関係にとって何を意味するのだろうか。環境倫理学とはこの線引きの意味の再検討にほかならない（三節）。本章では、このことをロックにさかのぼって考察する（四－七節）。ついで、自然と人間とのあいだに正義の観念を適用しようとするセールらの議論の問題点を剔出し（八節）、これと対比して、ヨナスの責任原理の特殊な位置を際立たせ（九節）、本書を貫く主題である「正義と境を接するもの」という観点を示唆する。以上が本章の目的である。

一　生の享受

環境ということばが意味をなすには、それを環境として生きている生き物——したがって、それがあって初めて、その環境のよしあしをその存在にとってのよしあしとして区別することを可能にする存在——つまり、環境の主体がその中心になくてはならない。そこで、主体と環境の関係を単純に思い浮かべるなら、主体を円で表わすと、環境は円の周りをぐるりととりまいてその外側に広がっている。むろん、この表象は素朴にすぎる。この図のなかで円の内側として示された環境の主体の内部もまた、その主体にとっての環境を形成しているからだ。内分泌系という内部環境を最初に発見したのはベルナールだった。ベルナールはこう記している。有機体とは「すべての部分作用が相互に連帯し、相互に他の原因となっている」（ベルナール：147）。「調和的に秩序づけられたデテルミニスムである」（同上：149）。ところが、現在では、もともと主体の外部にありながら主体の体内に入り込んでこの内分泌による調和を攪乱してしまう物質（いわゆる環境ホルモン）があることも知られている。そもそも、たんに外をとりまいているだけでは環境たりえない。主体の内部に影響しうるからこそ環境なのにほかならない。だから、内部を純然たる内部としてとりだすことはできない。たとえそうしたところで、あたかも、自分の口から手を入れて痛む胃をつかんでぐいぐいひっぱったあげくのはてに胃壁を体表にして裏返しになってしまった、島尾敏雄の小説に登場する男のように、内と外とを反転させる結果に終わるほかあるまい（島尾：174）。主体は環境からその身を画しつつ、しかも、環境との相互作用をとおしてのみ存続する。

ここで私は、ある哲学者のノートに書きつけられた、これまで述べてきたこととは一見関わりのなさそうな断想を思い出す。西田幾多郎の断想である。「斯の如き世に何を楽《たのし》んで生《いく》るか。呼吸するも一の快楽なり」[1]（西田：439）。このことばについて、上田閑照は、まず、「生き得るためには、生きること自身に何か肯定的なことがないと、生きぬくことはできません」と指摘する。そのうえで、呼吸という「原初的な生」「生が生自らを直接に享受するところ」に生の肯定を見出したこの断想こそ「西田幾多郎の境涯があらわれている最も単純な言葉」だと評している。西田がこの断想に思いいたった背景には、上田によれば、呼吸を死と蘇りの象徴として捉える禅の経験があるという（上田：173-174）。だが、このことばはそれだけをとってみても、ひとりの人間が一個の生き物として生存の根本的な条件である環境との交わりのなかに自分の生を確かめているようすを鮮やかに伝えている。

なにか特定できる障害に出会って挫折したから世を嘆くのではない。それなら、障害をとりのぞく努力をするまでのことであり、また、そうするほかない。そうではなくて、自分の身にふりかかるあれやこれやの出来事、自分をとりまいているもろもろの事情全般のためにくずおれ、うちひしがれている。逃れようもなく、逼塞する思いである。しかし、逃れるすべがないなら、しばらくは嘆いている自分に身をそわせてみよう。息を吸い、そして、息を吐く。ただそれだけをくりかえす。息をするのはあたりまえのことであり、嘆きのもとを解消しはしない。けれども、自分をおしひしいでしまいそうな嘆きの底に、ひそやかに息づきつつ嘆きをうけとめている自分がいる。それに気づくとき、私は自分が生きているという感覚をとりもどし、快さすら感じはじめる。

息を吸い、息を吐く。それは、私の外にあって私をとりまいているもの、したがって、さしあたりは私にとって他なるものを私の内にとりいれ、私に同化し、私の内にあるものを私の外に出すことである。私の生、私が「ある」ことは私の外にあるものと私の内にあるものとのこうした交わりにおいて成り立っている。呼吸が快楽なのは、その交わりそのものを端的に享受することだからにほかならない。そう考えるなら、呼吸ばかりではない。生きていることそれ自体を成り立たせているそのほかの行為についても、同じことがいえるはずだ。たとえば、食べること、ふれること、体を動かすこと、そして、外にある何かを変えることなどもまた同じ理由から快楽なのである。

二　内と外との境界設定

ところが、人間は、内にとりいれるべきものでありながら必ずしもただちに手に入るとはかぎらないものがあるときに、それを手に入れる偶然の機会をたんに待ちうけているだけではなく、いずれは内にとりいれられるようにすでに用意しておくこと、つまり計画的に生産する手段を身につけた。いいかえれば、人間は「ある」ために必要なものを「もつ」ことができる。私が確保したものは、現在は私の外にありながら、いずれは私の内にとりいれることが決まっているものとしてすでに私のものである。こうして、私という主体とその環境とを分かつ内外の区別に加えて、私をとりまいている環境のなかに、新たに、内と外とを分かつ第二の線がひかれる。私の所有の内と外とを区切る境界である。

二つの境界は別の意味の次元に属している。

主体と環境の関係は物理学的、化学的、生理学的に決定されている。ただし、ある主体の環境のなかには、他の環境の主体が属している。後者はそれ自身の環境をもっており、そのなかにもまた別の主体が属している。したがって、理念的には、すべての主体のそのそれぞれの環境はたがいに部分的に重なり合い、交わり合い、織り上げられて、ついにはひとつの全体、ひとつの自然を築き上げていることになろう。ある主体の活動の所産は他の主体の環境を構成する要素として、他の主体になにがしかの影響をおよぼしている。どのひとつの主体が失われても、その影響は他に波及せざるをえない。その相互作用はきわめて錯綜としていて、それについての研究は生態学という新たな学問を要請した。このような自然の捉え方を生態学的自然観と呼んでおく。しかし、ある主体と（他の主体および環境を内包している）その環境とのあいだの関係は、いかに複雑であろうとも、物理学的、化学的、生理学的、そして生態学的に確定されうるはずの事実である。

これにたいして、私が私の環境の一部を所有できるのは、さしあたりは、私とそれ以外の主体のあいだの力関係によってであり、それが維持されるのも力関係によってだが、そこにあるのは事実としての力関係だけではない。所有するとは支配し、消費することにほかならない。私は私の所有のなかにとりこむことによって、また、私の所有を思いのままに利用することによって、他の主体を支配し、消費してしまう。このことをどのようにうけとめるのか。それは許されることか。許されないことか。許されるとすれば、なぜか。この問いは事実ではなく、倫理に属す。したがって、私の所有の維持は、たんに力関係のみならず、私と他の主体とのあいだの権利や正義の関係にかかっている。

所有は私が生を、生きていることの快楽を確実にするためのものである。倫理はなんらかの尊重すべき存在を前提とする。尊重すべき存在の存続とその快楽、幸福の擁護――倫理はそれを志向する。だから、私が生きぬくことが倫理的に許されることならば、私の所有もまた原則として倫理的に許されているにちがいない。たんなる自己犠牲は倫理的ではない。私の生、私の快楽を視野に入れない倫理があるとすれば、それは、おそらく、血の気の失せた無力な倫理にほかなるまい。ところで、倫理の基本的な価値のひとつ、正義が成り立つためには、尊重されるべき存在はかならず複数であり、しかもその複数の存在のどれについても公平に配慮しなくてはならない。その複数の存在のなかに、通常、少なくとも、人間は数え入れられる。だとすれば、私がもち、囲い込んだものは、たしかに、私の環境のなかにあったものではあるが、それは同様に、私以外の人間の環境にも属していたものである。それなのに、私以外の人間ではなく、この私がそれをもち、私のものにすることが許されるのはなぜか。さらには、人間以外の環境の主体もまた倫理的に尊重されるべき主体のなかに数えられるのであればどうであろう。私が私のうちにとりいれ、私と同化すべく用意しているもの、たとえば、一片の肉、一匹の魚、一個の野菜はもともとそれ自身の環境をもって生きていた。なるほど、すべての生き物が共存するということは事実としてありえない。事実として不可能なことを要請するのは倫理ではない。けれども、ほかの生き物の活動では、それぞれの生物種の取り分は環境の制約によって調整されている。人間の活動はそうではない。だとすれば、正義の秤がほかの生き物ではなく、人間の生存の確保を擁護するほうに傾くと安んじて決めてかかることができるのはどうしてか。

むろん、答えはたやすく差し出される。そのために、第三の線がひかれる。倫理の内側と外側とをわける線引き、倫理的に尊重されるべき存在と、その存在にたいして何をしようともその行為がその存在それ自身のためには倫理的な意味でよいとも悪いとも評価されない存在、つまり、それにおよぶ行為が倫理上の問題とされることのない存在との区別である。

この第三の境界には、ほかのいくつかの区別が付随していて、それを強化している。まず、人格と物件の区別がある。つぎに、人格と物件の区別に根拠づけられて、人格の活動はたんなる物理的な運動ではなく労働と呼ばれ、労働をとおして、人格と物件は所有する者と所有される物とに分けられる。しかし、労働は働きかける対象、労働を混入すべき物件なしにはありえない。しかも、人格は生きるために今必要としているものやさまざまな快楽といった特定の目的のために労働するわけで、したがって、労働によって作り出される物はそのつどの目的にかなった物、いいかえれば、特定の内容の使用価値をもった物である。このように物が特定の使用に耐える性質をもつようになるのは、たしかに労働によってだが、しかしそれだけではなく、労働を加える材料としての自然物がすでにその目的に適した特有の性質をもっているからでもある。だから、使用価値は労働と自然物の両方から由来しているはずである。さて、そうして作られた物が市場のなかで商品として交換されれば、使用価値は交換価値に転化する。この過程のなかで、労働する人格が労働手段を所有していないで、それを別の人格に依存しているなら、後者の人格、つまり資本家は商品の交換価値からその一部を割いて労働にたいする賃金として前者の人格、つまり労働者に支払うだろう。周知のように、商品の価値と賃金とのこの落差のなかに、資本家による労働者の搾取という事態がひそんでいる。けれども、搾取がとりざたされるのは人格と人格のあいだのことにかぎられている。使用価値を生み出すのに、どれほどかははっきり確定できないにしても、かならず寄与していたはずの自然物は搾取される存在とは認められない。

したがって、誰がどこまで所有してよいかということは、他の人間に先んじてその労働をしたのはどの人間か、他の人間にくらべて相対的にどれほど労働したかによって定められる。場合によっては、配分された結果が搾取を根拠に矯正されることもあろう。しかし、人間以外の——いっそう正確にいえば、自然的人格および法的人格ではない——環境の主体は、そもそも、倫理的に尊重されるべき範囲から排除されているのだから、それが所有されることはなんら倫理的に問題ではない。人格と物件、労働と所有、搾取といった観念を援用することで、このことはまったく自明のこととしてうち立てられている。

三　環境倫理の触発

まさにこの自明性を揺り動かすこと、そのことに、環境という観念が倫理学において注目される所以はある。ひとりひとりの人間は依然として小さい存在であり、その個別の活動がおよぼす影響は微々たるものかもしれない。だが、生態学的自然観が教えるように、人間の活動を集合的に捉えたなら、それがおよぼす影響は時間的な射程においても（たとえば温室効果ガス）、空間的な射程においても（たとえば酸性雨）、従来とは比較を絶して拡大している。その影響を受けるほかの生き物の、ときには種としての絶滅までをも含めた反応は、あらかじめ明確には洞見しえないかたちでふたたび人間の身に返ってこざるをえない。ここに人間にとっての環境の危機、ヒトを含めた全生物種にとっての生態学的危機が生じてくる。

この危機に対処しようとする倫理を環境倫理と呼び、種々の環境倫理を論じる場を環境倫理学と呼ぶなら、環境倫理とは、つまるところ、先に記した第二、第三の境界をあらためてひきなおす提案にほかならない。

たしかに、人間だけを尊重し、第三の線を動かさないしかたで事態に対応しようという環境倫理もある。だが、この立場でも、個人の選好のままに自然から経済上の利益をひきだすことは許されない。この立場はそうした態度を強い意味での人間中心主義と呼んで批判し、かわりに、自然物からうけとる美、雄大さなどの精神的価値を含めて人類の長期的な利益を考える弱い意味での人間中心主義を推奨する（Norton: 135）。ところが、そのためには第二、第三の境界に保留条件を付け加えざるをえない。というのも、人類の長期的な利益には未来世代の利益が含まれており、現在世代がたんに先に生まれたという偶然の要因によって未来世代が自然を所有し利用する権利を蹂躙することは許されないからだ。

さらには、第二、第三の境界そのものを動かそうとする立場がある。

そのひとつは、動物福祉の倫理である。そのなかには、快と苦を感じる能力をもつ存在を道徳的に尊重すべき対象とする功利主義にもとづく立場[2]と、哺乳類のように知的能力の優れた動物には自分自身の生を生きている主体性を認め、したがってほかの存在にとってのたんなる手段としてみなされてはならないという立場[3]とがある。いずれの立場も、一部の動物に人格を認めるように第二の境界をひきなおし、したがってまた、それらの動物を倫理の内部に入れるように第三の境界をひきなおすことを主張している。

もうひとつは、生態系中心主義ないし生命中心主義である。レオポルドの土地倫理をみてみよう。レオポルドによれば、倫理とは共生するためのルールである。したがって、生態学的観点から共生を考えるなら、倫理が適用される範囲は、共生を可能にしているひとつのまとまり全体をおおわなくてはいけない。レオポルドはこのまとまりを土地と呼んだ（レオポルド：314）。土地とは、そのなかでさまざまな種の生き物が共生しているひとまとまりの生態系を包括するエネルギー回路をさしている。食物連鎖は生きるためのエネルギーが循環している回路のひとつである。しかし、レオポルドのいう土地はさらに広く、無生物をも含んでいる。呼吸や光合成などに明らかなように、生き物は無生物からもエネルギーをとりいれているからだ。したがって、水、日光、土壌成分なども土地に属している。この回路のどの要素が欠けても回路全体は維持されない。生態系内部の共生こそが土地倫理では尊重されるから、生態系の安定に貢献することが倫理的に善であり、その逆が倫理的に悪である。生態系が安定するには、土地の構成員である生物種がそれぞれ適正な個体数を保つ必要がある。したがって、適正な個体数とは、土地という全体のなかでそれぞれの種が占める割り当てについての分配的正義にほかならない。人間もまた土地の一構成員である。その意味で人類の存続は善である。しかしまた、同じ理由から、人間の活動もまた土地倫理によって制約されなくてはならない。なぜなら、人間が人間だけの利益を追求して他の共生者を征服すれば、人間を含んだ生態系全体の崩壊と破滅に通じているからである。

動物福祉の倫理は個体としての特定種の動物を尊重し、生態系中心主義はすべての生物種と生態系を尊重する。両者は根本的に異なり、対立してもいる（Callicott 1980：318ff）。ただし、ここでは、人間以外の自然物を道徳的に尊重すべきものとする両者の共通点に注目して、人間中心主義と対比して非人間中心主義と呼んでおこう。非人間中心主義によれば、人間以外の自然物（の一部）は人間にとっての手段となるからのみ価値があるのではなくて、それ自身として固有な価値（intrinsic value）をもっている。ロールストンはこう記す。「固有な自然の価値とは、人間に貢献することとは関わりなく、自然のできごとのなかに認められる価値である。アビは、人間に聞かれていても聞かれていなくても、鳴きつづけるべきである。アビは人間ではないけれども、それ自身、自然の主体である。アビであるということはおろそかなことではない。アビの苦と快はその鳴き声のなかに表現されている」（Rolston : 145）。

およそ、ある倫理にむけられる批判のなかで、第三の境界を誤ったしかたでひいているという批判ほど苛烈な批判はあるまい。もし批判のとおりなら、その倫理は排除してはならないものを排除することによって成り立っているからだ。それゆえ、その倫理それ自体が反倫理なのである。その倫理はそれが尊重すべきとしているものの内部では正義を貫徹しているかもしれない。けれども、その正義はそれ自体、その倫理の外部とのあいだの不正義によって支えられていることになろう。

生態系中心主義における自然全体、動物福祉の倫理における動物は、第三の境界の外に位置づけられてきたものである。人間中心主義における未来世代の人間は、理念上は第三の境界の内側に収められていたはずだが、顕在化されてはこなかった。だとすれば、環境倫理とはこれらを排除してきた倫理にたいする外部からの異議申し立てにほかならない。なるほど、環境危機は、まずは、この私の、また、子や孫といった私に連なる人びとの生にたいする脅威とうけとられる。このとき、環境倫理は人類の存続と環境の保護というそれがもたらすはずの実利的な効果からのみ評価されよう。だが、環境倫理が既得の利益の確保ではなく、利益の根拠を問いなおすものなら、環境倫理の本質はこれまでの倫理の反倫理性を摘出するところにあるはずだ。その意味でこそ、環境倫理は新たな倫理と称しうる。しかし、それは実際にそういうものたりえているだろうか。このことは、環境倫理が従来の倫理の外部におかれてきたものへの正義をいかに克明に主張できるかにかかっている。

四　ロックの所有論
――その問題構成――

以下、ロックの所有論を参照する。というのも、ロックの『統治論』は所有論にとって最も基本的な二つの問い――なぜ、ほかの人間ではなく、特定の人間に所有権が認められるのか、また、なぜ、人間には人間以外の自然物を所有する権利が認められるのか、という問い――に真っ向からとりくんで答えている卓抜した先例だからである。しかも現在、ロックの説いているような社会契約は、非人間中心主義の立場をとる論者、たとえば、セールからすると、「自己閉鎖的であって、諸物の巨大な集団たる世界は蚊帳の外に置かれ、所有の受動的対象という地位に貶められてしまった」[4]（セール：58）と批判されてもいる。だが、ここで行なおうとしているのは、環境危機の遠因を短絡的に探すことではない[5]。所有を正当化し、正義を人間同士に限定する論拠にさかのぼろうとする作業である。

『統治論』では、およそ次のような論理が展開されている。

（一）**神は人類に自然を共有物としてゆだねた**　『創世記』第一章二八節において、神はアダムに「地を治めよ」と命じている。この命令はアダムに他の人間を支配する権利を授けたものではない。人間以外の被造物を支配する権利を授けたものである。しかも、授けられたのは、私的に支配する権利ではなくて、全人類が人間以外の自然物を「共有する権利」[6]（Locke：229）である（『統治論』第一篇第四章二四節）。

（二）**私的所有の権原**　だが、自然が人類に共有物として与えられただけなら、だれも自然の一部を自分の体のなかにとりいれ、身の養いとすることは許されない。それでは、つきつめていけば、だれも生命を維持することは正当化できなくなる。けれども、①人間はすべて神によって創造され、「神の所有物（property）」であり、「ほかの者ではなくて神の嘉みするかぎり（during his, not another's pleasure）、永らえるように造られている」（ibid.:241）（第二篇第二章六節。以下、引用は第二篇第五章から）。人間の存続も神の命じるところである。生存しつづけるべきなのは、人類全体のみならず、ひとりひとりの人間である点に注意しておきたい。それゆえ、個人が生存するために自然の一部を自分のものにすることがなんらかのしかたで正当化されなくてはならない。②「人間はだれしも自分自身の身（person）を所有している」（二七節）（ibid.:353）。③だから、身体の動き、働き、労働も本人の所有に属している（同）。④したがって、「自然が供給し、残しておいた状態から、人間がとりだしたものは何であれ、人間が自分の労働を混入し、自分自身のものである何かをそれに付け加えたのであり、そのことによって、それを彼の所有にする」（同）（ibid.:354）。以上から、ある特定の個人が、すでに他の個人の所有物にはなっていない自然の一部を自分だけのものにする権原が保証された。

（三）**所有の制約**　ただし、①所有物を腐敗させてしまうようなしかたで所有することは許されない。というのも、腐敗させるということは自分の使用する範囲、本人の分け前を超えて、他人に属すはずのものを所有し、自然の法に違背することだからである（三一節、三七節）。②また、ロックは、ある人間が自然の一部を所有しても、他の人間にも「なお十分に、同じようによいものが残されている」（三三節）（ibid.:356）なら、他の人間に損害を与えることはないということを何度か述べている（二七節、三三節、三六節、三七節）。この指摘は、自然がそれだけ豊かだという事実を示唆しているとも、他の人間にも十分に残しておかないかぎり、所有は正当化されないという制約を示唆しているとも読める。後者で読むこととする。というのも、特定の人間だけが生きるのに必要なものを専有してしまい、他の人間が生存できないようにするなら、たとえ、その可能性はロックにとっては反事実的仮定にすぎなかったとしても、それを許せば（二）①に記した、神に命じられた個人の生存の維持に抵触するからである。

以上の論理のなかで、所有の権原が発生する節目に、自然物に対する労働の混入があることはたしかである。だが、混入という表現はきわめて素朴に表象しやすいとともに、その実、わかりにくい。というのも、たんに体を動かした結果が自然の一部におよんだだけで所有権が確立するなら、ノージックが指摘したように、トマトジュースの缶を海にあけただけでジュースが広がった範囲の海の一部を所有できそうにも思われるからだ(Nozick:175)。ここでは、森村進の解釈にしたがい、所有を実質的に正当化する要件として、たんなる労働の混入だけではなく、その労働によって価値が創造されるということを数えることとする（森村 1997:63-67;105-106;116-131)。そのほうが少なくとも腐敗の制約といっそう整合的であり、また、のちにみるように、ロックはしばしば労働による自然物の価値の増加について語っているからである。

五　ロックの所有論
――神学的前提――

さて、まず、（一）に注目しよう。人間は自然を支配する権利を神の命令によって授けられている。これが出発点である。このことはロックの生きた政治状況ではぬきがたい意味をもっていた。[7] しかし、現在、この神学的前提にそのまま与することはできない。かりに、この前提が無効だとしてみよう。すると、どのようなことが帰結するだろうか。まず、人間は自然物を共有する権利を失う。その条件のもとで、人間が労働によって他の人間から自分を差異化し、入手したものを私的に所有しようとしたところで、もともと自然物が共有されていない以上、私的所有の権原は失われている。したがって、人間が自然物を所有し、利用し、消費することはなんら正当なことではないといわざるをえない。

それでは、人間による自然物の所有は神学的前提なしに正当化できるだろうか。どの人間も神の被造物ではないとしても、自分の生命を維持する権利をもっている。このことが——ロックの表現を借りれば、啓示と対比された「自然な理性」(Locke:352) には——明らかだとしてみよう。だとすれば、まだほかの人間が所有していない自然物を所有し、利用し、消費する権利も保証されなくてはならない。人間がおかれている自然状態と自然法をこのように描くことはできるだろうし、この見解は自分の生と快楽を視野に入れた血の通った実効性をもつ倫理に通じうる。ところが、非人間中心主義の主張者はこれを支持しない。というのも、この論者によれば、自然物（の一部）にも同じ論法はあてはまり、したがって同様の権利が保証されなくてはならないからだ。自然の法が真に自然全体を公平に支配する法であるならば、そう指示するだろう。だから、人間だけに自己保存の権利を認めて所有を正当化する主張は、この論者からすれば、論点先取の虚偽にほかならない。

ちなみに、ロックが引用した『創世記』の一節は、ホワイトが「生態学的危機の歴史的根源」(ホワイト:76;87-92) と評して以来、しばしば否定的に言及されてきた。だが、右の神学的前提から環境倫理を展開することはできる。それによれば、神がアダムに「地を治めよ」と命じたのは楽園追放以前のことであり、神の命令はその文脈で理解されなくてはいけない。人間が楽園で果たすべき役割は楽園の秩序の維持にあったはずである。したがって、神は、人間が人間以外の自然にたいして専制君主のようにふるまうのではなく、自然を神から信託されたとおりに管理する者《スチュワード》としてふるまうように命じている（間瀬：29-44）。ここから、公共的な価値をもつ自然物を公共信託によって守ることが推奨される。

同じ結論には、人間中心主義の環境倫理からもいたりうる。自然からできるかぎり長期的な利益をひきだすためにも、賢明な管理は推奨されるからである。もちろん、神学的前提の立場は神中心であって、人間中心ではない。しかし、この立場が人間中心主義と同じ結論にいたるのは、管理者という謙抑した態度を勧めながらも、人間が被造物のなかで特権的な地位を占めていることをやはり認めているからである。(8) いずれにしても、公共信託による環境維持は、自然のどれほどの部分を共有財産として残し、どれほどの部分を私的所有にゆだねるのかという具体的な配分によって裏づけられなくてはなるまい。ロックの観念でいいかえれば、十分性の制約による私的所有の限度の設定である。十分性の制約についてはのちにふれる。

六　ロックの所有論
——労働による価値の賦与——

（二）に進む。ロックによれば、労働を自然物に混入すると、その物は価値を増す。それでは、労働が加えられる以前はどうだったのだろうか。自然は端的に無価値なのだろうか。それとも、価値をもっているのだろうか。非人間中心主義の環境倫理は自然に固有な価値を認めている。同じような観念はロックの議論のなかにも見出されうるのか。また、もし、自然物が労働を混入されるまえに価値をもっているとすれば、その価値と労働を混入されたあとの価値とはどのようにして秤量、比較されるのだろうか。

労働した人間にとって、労働が自然物に価値を賦与することは明らかである。最も単純な労働として採集、狩猟・漁労を考えてみよう。ロックはアメリカ先住民の食べる果実や鹿肉を所有物の例にあげている（二六節）。果実・鹿は自然にあった。その状態では、たんに食べうるものだった。採集・狩猟することで実際にそれを食べることができた。だから、労働が増加した価値とは、採集・狩猟した本人が直接使用する価値である。

興味深いことに、ロックはしばしば労働混入以前と以後の価値の変化について数値をあげて論じている。とりわけ農耕による土地の価値の増加についてである。「自分の労働によって土地を専有する者は、人類の共有財産を減らすのではなくて増やしている。というのも、囲い込まれて耕された一エーカーの土地がもたらす人間生活を支えるのに役立つ食糧は（きわめて控え目にいっても）同じくらい肥沃ではあるが共有されている荒地の産み出すものの十倍はあるからである」（三七節）（Locke:359）。ここで、労働が私有財産だけではなくて共有財産を増やすといえるのは、土地の売買、つまり交換がすでに視野に入っているからだ。だから、よく開墾されているが通商の便のないアメリカの奥地を囲い込む気にならないとも論じられる（四七節）。労働が増やした価値と自然のままの状態での価値との比率はここでは十倍と算出されているが、もちろん比喩であろうが一定せず、百対一ともいわれている（三七節）。いずれにせよ、「自然と土地とは、それ自身としてはほとんど無価値」（四三節）だというのがロックの趣旨である。

それでは、自然と土地のそれ自身としての価値とは何を意味しているのだろうか。一見、労働を混入する以前の価値のことがいわれているようにみえる。しかし、右の引用でもわかるように、ロックが実際に比較しているのは、労働を混入して使用（交換）が可能になった状態の価値と労働混入以前の状態での使用価値（交換価値）である。ところが、後者は、先の採集・狩猟の例でいえば、食べうる価値であって、つまりは人間にとっての価値でしかない。同様にまた、労働を加えていないまったくの荒地を売買すること（交換価値をつけること）はできるけれども、そこでつけられている価値とは、明らかに、その荒地に労働を混入したあとにそこから得られるだろうと見込まれている価値からその労働の対価をひいて算出されたものにほかならない。したがって、労働と関わりなく、自然と土地がそれ自身としてもっている価値などというものはけっして算出されてはいないのだ。

もっとも、自然に固有な価値（natural intrinsic value）という表現は、ロックにも見出される（四三節）。だが、その語義は先に引用したロールストンのそれと対蹠する。「この国で二〇ブッシェルの小麦を産出する一エーカーの土地と、同じ経営をすれば同じほど産出するだろうアメリカの一エーカーの土地とは、疑いもなく、同じ自然に固有な価値をもっている」(ibid.:365)。ここにいわれている自然に固有な価値とは、人間が労働を加えたあとで自然からひきだせる価値のことにほかならない。非人間中心主義者では、自然に固有な価値とは人間にとっての手段としての価値ならざる価値である。これにたいして、ロックの考察は、あくまで人間にとっての手段としての価値の範囲を出ない。ロックのいう自然に固有な価値は非人間中心主義者のそれではない。

人間は労働によって賦与した価値だけではなくて、労働を混入した自然物そのものを所有する。もちろん、物を食べるときには、労働によって増えた価値だけではなく、物そのものを所有し、消費するほかない。だが、こうした物理＝身体的（physical）な理由が、なぜ、そのまま、倫理的にも正当化されうるのか。そのわけも以上のことから理解できる。労働によって賦与された価値を除けば、自然物は無だからである。この点で、森村進が次のように述べているのは、ロックの解釈としてまことにまっとうな見方だと思われる。「『無からの資源の創造』は決して神秘的な奇跡ではなく、ごくありふれた活動である。海の魚をとった猟師はその魚を人間にとって利用できるものにした。荒地を開墾したロックの農夫はその土地を肥沃な農地に変えた。これらの資源は猟師や農夫の労働によって無から創造されたのである」(森村 1997:66)。

ところが、それにもかかわらず、注目すべきことに、ロックは労働が混入される以前の自然を無価値だとはいいきらない。価値の極小部分をもっているというにとどめる（四二節）。なぜロックはそう記すのか。ロックがそれを意識していたかどうかはどうであれ、考えられる理由はただひとつ、人間はいかにしても自然物そのもの、つまり労働によって価値を混入すべき素材を創造することはできないからである。しかし、だとすれば、自然はやはりもともと価値をもっているのではあるまいか。人間がそこから人間にとっての価値をひきだすことを可能にする、いわば、基盤としての価値をもっているのではないだろうか。しかも、この基盤としての価値は、人間には創造できず、しかも人間にとって不可欠なのだから、極小どころか、無限に大きく見積もることもできるのではないか。けれども、極小部分といおうが、計り知れぬほど大きいといおうが、そうした比率はいずれにしても決定できない。というのも、人間にとっての価値と自然そのものの価値とは、比較しうるための共通の約数をもっていないからである。ロックの分析はまさにそのことを示している。だから、ロックが労働によって引きだされうる価値と労働が賦与した価値とを比較し、その増加分をもとにして、誰がどれほど労働したかを比較し、したがってそれにもとづいて、誰がどれほど所有すべきか、すなわち正義を論じているのは、もっぱら人間にとっての価値の内部でのことである。それでも、ロックは自然の寄与する「極小部分」にふれないわけにはいかなかった。なぜなら、人間にとっての価値と正義とはとうとうそこでは論じられることのない自然物の存在によってはじめて成り立つからだ。ロックはおそらくそのことを意識せずに書いていたにちがいない。労働の混入以前の自然の価値は彼の主題ではけっしてなかった。しかし、私たちがその意味での自然の価値を念頭においてロックのテクストを読み込むとき、視野から外れ、背景に溶け込んでいるこの外部としての自然の存在をぬぐいさろうにもぬぐいさることができないしかたで意識せざるをえない。それをまともにうけとめるなら、自然に負うているという負債の意識である。

七　ロックの所有論
——ロック的但し書き——

所有は、（三）に記したように、所有物を腐敗させたり、他の人間の利用に供するために十分に残さなかったりする場合には正当化されない。

十分性の制約に違反することは、ロックの時代では、反事実的な仮定であったかもしれない。しかし、未来世代をも視野に入れれば、ありうることである。再生不能なエネルギー資源を例にとると、現在世代が資源の一部を使えば、未来世代はそれだけ減った分しか使えない。他の者にも同じ量だけ残しておかないというふうに十分性の制約を厳格にとるなら、再生不能な資源についてはいかなる所有も正当ではなくなる。再生可能な資源のみ利用するまったくの単純再生産を主張するほかあるまい。しかし、ロックの議論からすると、そうならない。というのも、先に引用した箇所で土地の耕作についていわれたように、労働が人類の共有財産を増やしていくのなら、十分性の制約は生産とともに緩められていくはずだからである。だとすれば、現在世代は自分たちが創造した価値の一部を未来世代が利用できるように残しておくことで十分性の制約に違反しないですむだろう。ここにロールズの社会契約論を援用するなら、無知のヴェールのもとでは、自分がどの世代に属しているかは隠されている。したがって、最も不利な世代に属する場合を考慮して、不利な世代の利益を配慮するように動機づけられる。[9] 同時代の社会のなかで不利な状況にある構成員の生活を向上させるために格差原理が適用されるように、世代間においては貯蓄原理が適用される。

しかし、この論法はあまりに楽観的にすぎよう。というのも、価値の創造が価値の破壊に転化することこそ環境危機にほかならないからだ。

当然、ロックはそうした可能性を知らなかった。ただし、ロックも労働が負の価値に結果する場合を考えていた。それが、もうひとつの制約、すなわち、所有物を腐敗させてしまうときには、所有権は認められないという制約である。ここにいう腐敗とは、もちろん、人間からみた価値づけである。ところが、腐敗ということを生態学的自然観のなかにおいてみると、まったく別のしかたで考えられるだろう。というのは、腐敗したものは他の生き物の活動をとおしてふたたび人間にとっての価値をもつものに変わりうるからだ。しかしながら、生態学的危機では、多様な生き物の共生が脅かされているので、この機能もまた低下している。その結果、現在、ロックが指摘したのとは別の、再生しがたいという新たな意味で、資源はむだに使われている。プラスチックのように、腐敗しないことが問題である場合さえある。したがって、腐敗の制約にあたるものを現代にあわせて考えなおすとすれば、生態系に還元しがたいような物質を作らないという規範をも含むべきである。

十分性の制約と腐敗の制約は、ロックでは人間のあいだの正義を意味していた。だが、これらの制約は人間以外の生き物の活動や無生物の機能によって影響されている。たんに、人間の労働は労働を加える対象を要するというだけではない。人間以外の自然は、たとえば腐敗をはじめとする複雑な生態系の反応をとおして、人間にとっての負の価値を人間にとっての潜在的な正の価値に転化し、あるいは、その逆の方向に転化している。だから、人間と人間以外の自然とのあいだには、価値のやりとりがあるわけである。この意味で、非人間中心主義者の「われわれは世界に何を返さなくてはならないのだろうか」（セール：66）という問いをまともにうけとめることができよう。すなわち、人間と人間以外の自然とのあいだの正義を問う問いである。とはいえ、非人間中心主義の環境倫理が主張するように、実際、人間と人間以外の自然とのあいだに正義は成立するのか。また、成立するとすればいかなるしかたで説明できるのか。次に、非人間中心主義の議論をみてみよう。

八　自然契約の不可能性

非人間中心主義にたいしては、それ自体の内部に矛盾を含んでいるという批判が加えられてきた。すでに第二章にみたように、二つの種類の批判がある。

第一に、環境倫理にいう環境とは人間にとっての環境を意味している。だから、環境倫理の目的は人間にとっての利益の回復にある。それゆえ、人間以外の自然物の利益と人間の利益とが競合する場合には、人間は後者を優先せざるをえない（Watson：252）。この点で、非人間中心主義は破綻するという批判である。しかし、この批判が、人間はなによりも人間自身の利益を優先するという心理上の事実に訴えているなら、非人間中心主義者はまさに自分たちが人間を超えた正義を現実に考えていることを示して反論できるだろう。ディープ・エコロジスト、ネスはこう記す。「人間は、人間だけがものさしをもつという意味で万物の尺度かもしれないが、人間が測るものは人間自身や人間の存在より大きいかもしれない」（Naess 1984：270）。また、功利主義に立脚する動物福祉論者ならば、人間と動物（の一部）とからなる全体の幸福量を基準にすることで両者の矛盾を排除できるというだろう。

第二の批判は、非人間中心主義は倫理的に尊重すべき対象を画定する第三の境界をひきなおすと同時に、倫理的な観点から評価されるような行為主体の範囲をも拡張しているのではないかという批判である（Callicott 1994：22；ベルク：71）。たとえば、土地倫理は生態系の安定に貢献することを善、その逆を悪と考える。その主張を文字どおりにうけとれば、ある生物種が繁殖しすぎたときにその個体数を減らしにかかるその生物種の天敵は善い行為をしていることになろう。しかし、これはどうみても比喩でしかあるまい。他の生物種を尊重すべしという倫理的義務を要請され、また、果たしうるのは人間でしかない。だとすれば、意図して生態系の安定に貢献する倫理的な意味での善と生態系の安定という自然的な意味での善とを分けなくてはならない[10]。同様に、動物の権利や自然物の権利といった観念も、義務を欠いた非対称的な権利にとどめなくてはならない。こうした留保によって、非人間中心主義は第二の批判を切りぬけることができる。

以上で、非人間中心主義は自家撞着をまぬかれたとしよう。しかし、それだけでは、自然に固有な価値を認める立場が存立する可能性を確保しただけである。さらに進んで、人間と人間以外の自然物とのあいだの正義を主張しうるには、自然物と人間とのあいだにそれぞれの正当な取り分を確定しなくてはならない。というのも、正義とはその存在に属すべきものをその存在に帰することだからだ。動物福祉論では、固有な価値をもつのは特定の種の動物だけである。したがって、尊重すべき動物種の一個体が生きるのに必要なものを、尊重すべき対象ではない生物種から摂取することは正義にかなっていることになろう。生態系中心主義では、先にも述べたように、ある生態系のなかでそこに属するそれぞれの生物種ごとに生態系の安定に資するだけの個体数を割り当てることが正義である。

けれども、これは自然物のあいだの正義である。問題が人間と人間以外の自然物とのあいだにひきうつされるなら、両者のあいだの互恵性や交換こそが問題である。すなわち、人間が人間以外の自然物にもたらした利益および損害と、それに応じて、人間が人間以外の自然物から正当に得ることのできる報酬と支払わなくてはならない賠償とを論じなくてはいけない。この提案は荒唐無稽に聞こえるかもしれない。しかし、人間と人間以外の自然とのあいだの正義への問いを真摯にうけとるなら、それを愚直に考えるほかない。たとえば、人間が家畜の生活の便宜をはかるとき、人間は家畜から何をどれほど手に入れる権利をもつのだろうか。宮沢賢治のある小説では、家畜を殺すときには家畜自身の同意を得なくてはならない。そこで、農学校長は豚から死亡承諾書をとりつけようと、「その身体は全体みんな、学校のお陰で出来たんだ」と豚を脅しにかかる（宮沢：146）。いうまでもなく、動物福祉論者なら豚の屠殺それ自体を否定する。植物であれば、動物福祉論者には支障がない。しかし、動物であれ植物であれ、六節に記したように、人間は自然物を無から創造できない。それゆえ、人間の労働は豚の「全体みんな」を作り出したわけではないのだから、人間が世話した報酬として豚の全身をとりかえす権利があるという農学校長の論理は成り立たない。ただし、これは個体レベルで考えた場合である。生物種レベルでは、同じ問題を土地倫理にしたがって考えることになろう。豚の個体数は人間の手で増やされた。だから、人間はその増加分だけ間引くことが許されるはずである。だが、まさにこの豚という例が示しているように、人間は畜産業、農業、漁業をとおして特定の種の生き物を生態系のなかにもちこみ、保護し、さらには種の改良に励んできたし、これからもそうするにちがいない。そのもとで、土地倫理の指令するように個体数を調整して生態系の安定をはかったとしよう。しかし、それによって守られるのは、原生自然を除けば、人間の活動の影響下で成立してきた均衡状態にほかならない。しかも、生態学的自然観からすると、原生自然さえも人間の活動に影響されないわけではない。だとすれば、人間と人間以外の自然とをともども支配してそれぞれの正当な取り分を定めるはずの正義にかなった配分結果そのものもまた、すでに人間の活動が作り出してしまっていることになろう。

ロックの議論では、正義は人間だけに限定されていた。それでも、自然に負うているという負債の意識は残る。だが、負債は、ロック自身がそうしたように、あたかもないかのように見積もられ、それによって、正義は人間同士のあいだで完結される。というのも、自然そのものの価値と人間にとっての価値とを比量する共通の約数がないからである。これにたいして、非人間中心主義は自然という外部からの異議申立てをとりつごうと試みる。それゆえ、共通の約数を模索する。しかし、今みたように、その約数はすでに人間の活動を含んだうえで算出されるほかない。セールは「われわれは世界に何を返さなくてはならないのだろうか」と問い、みずから答えて

「われわれの働きの地球規模の力と全体としての地球とのあいだの新しい均衡」（セール：75）という基準を示したが、この基準もまた同様のしかたでしか算出されない。そのようにして定められた正義を、あたかも、人間の上位にあって人間も服すべき正義のように語るとしたら、自己欺瞞に陥るほかあるまい。たしかに、生態系の急速な破壊の進むなかでは、現状の維持を提言することすらすでに実利的な意味をもっている。そのことは疑いない。非人間中心主義にもそうした実利的効果があるだろう。だが、人間と人間以外の自然とのあいだの正義によってそれを根拠づけることはできない。その正統性が疑わしいからだ。そのもとで語られる正義は修辞としてのみ力をもつにすぎない。

九　責任原理の特殊な位置

正義を人間と人間のあいだだけに限定する議論は、自然にたいする負債の意識をよびおこす（四－七節）。この意識をまともにうけとめて、人間と人間以外の自然とのあいだの正義を語ろうとする試みは、しかし、適切な説明を与えることができない（八節）。だが、それでもやはり、自然に負うているという指摘には、否定できない説得力があるように思われる。アナクシマンドロスはこう述べている。「存在する諸事物にとってそれから生成がなされる源、その当のものへと、消滅もまた必然に従ってなされる。なぜなら、それらの諸事物は、交互に時の定めに従って、不正に対する罰を受け、償いをするからである」（内山：180；Diels-Kranz：B1）。ここで語られているのは、人間でも特定の生物種でも生態系一般でもない。時の支配を受けるもの、かぎられた時間しか存在しえないものについてである。だとすれば、話は冒頭に――第二、第三の境界ではなくて第一の境界にもどる。私たちの生は内と外との交わりにおいて成り立っている。かつて私ではなかった外のものをとりいれ、今、私の内にあるものを外に解き放って続いていく。所有できるのは、とりいれて、ないしは、とりいれる用意をして、解き放つまでのあいだだけである。だから、「もつということは時間の函数である」(マルセル:176)。所有は一過的であるがゆえに、所有する者にさしあたりの安堵と恵みを受けることの快楽と、それとともに、いずれ返さねばならない負目と失うことへの不安とをもたらす。しかし、返す先は永久不変の自然ではない。ほかの環境の主体もまた、私と同様に、時間のなかで移ろいゆく存在だからだ。それゆえ、所有についての倫理がありうるとすれば、それは、所有する側も所有される側も衰滅しうる、また、現に衰滅しつつある存在であるという意識に根ざした倫理でなくてはなるまい。

その候補のひとつとして、ヨナスの議論をひくことができよう。第二章に記したように、ヨナスの議論は二つの要素から組み立てられている。ひとつは、善は自然のうちに内在しているという自然哲学であり、もうひとつは、責任にもとづく倫理である。ヨナスの議論と生態系中心主義は前者の点を共有し、後者の点で異なる。というのは、責任を担いうる倫理的な行為主体は人間だけであり、ここに人間に倫理上の特別な地位を帰することになるからだ。責任は、交換による互恵的な関係における正義と違って、不均衡な力関係に由来する。ある存在が消滅の危機に瀕しており、それを存続させる力が私にあるとき、その存在にたいする責任が私にかかってくる(Jonas 1984:166;175)。さて、ヨナスによれば、善とは、目的をもつ存在が目的を達成することにほかならない(ibid.:154)。すでに生物の体の各部分はその部分に固有の目的をもち、それらの目的はその生物が生きるという目的に統合されている(ibid.:185;232;245-246)。ところが、人間のもたらした環境破壊は、他の生物種の存続も人類自身の存続も脅かしている。人間が存在することが全世界にとって喜ばしいことか、恐るべきことか、その帳尻を考えれば、人類の存続を支持するのはかなりむずかしい。しかし、そのような帳尻とは別に、人類は存続すべきである。なぜなら、責任をひきうける主体は人間しかいないからだ。人類が存在しなければ、倫理そのものを問うことができない。したがって、人類の存続こそがなによりも果たされるべき責任である（ibid.:185）。

だが、この議論にはいくつか疑問が出されよう。たんに危機を察知するたびごとに応答（Antwort）し、責任（Verantwortung）を担わなくてはならないのでは、ときに、やらずもがなの努力を強いることにならないか。責任の遂行が行為者の応答次第だとすれば、責任を遂行させる拘束力を欠くのではないか（Werner:311）。近代の哲学の常識からすれば、善と存在とを結びつける自然哲学は独断論にすぎない（Apel:389）。こうした疑問を抱きつつ、しかし、人類の存続と自然への配慮という提言には賛同する論者は、ヨナスとは別の根拠を求めることになる。討議倫理学者であれば、コミュニケーション共同体での討議を通じた正当化を要請するだろう。たとえば、ヨナスの議論に触発された論者が、環境を維持するために経済活動を制限したり、稀少な生態系を含んだ土地の私有を禁じたりするような政策を提案するとしよう。人びとはそれを討議する。そして、合意が形成されたならば、その政策は推進されなくてはならない。こうして、責任の遂行は実効性をもつにいたる。

ヨナスの議論とそれに対する討議倫理学の批判は、これまで論じてきたことを整理するのに役立つ。コミュニケーション共同体への参加者は人間だけにかぎられている。だから、それが具現するのは、人間と人間のあいだの正義にほかならない。ただし、この正義が保証しようとしているのは、いかなる意見をも発表できる権利である。したがって、人間にとっての利益よりも人間以外の自然に配慮した提案も排除されるわけではない。そうした提案を促すのは、むろん、討議される内容から中立なコミュニケーション共同体そのものではない。ヨナスのいう責任はそれである。六節に記した、自然に負うているという負債の意識もまたそれである。したがって、これらの発想は人間以外の自然という外部からの異議申立てをコミュニケーション共同体という人間同士の正義の次元にとりつぐ役割を果たしている。しかし、ヨナスのいう責任や、自然に負うているという意識は、それがとりついだ内容が討議をへて承認されることではじめて正義に関わるようになるわけではない。排除してはならないものを排除してしまってはいけないかという、外部への意識こそ、倫理を反倫理に、正義を不正義におとしめない唯一の歯止めである。したがって、外部を意識する態度は、不正義を阻もうとするその意図ゆえにすでに「正義」と呼んでもよいのかもしれない。だが、それはあくまで外部を意識せよということを意味しているにすぎない。この「正義」はすぐさま人間同士の正義のなかで具体的な指令、つまりはそれぞれの人間の正しい分け前を指示するような実質をもっていない。そしてまた、この「正義」は、八節にその誤りを指摘した非人間中心主義者の主張するような、人間と自然のあいだでのそれぞれの正しい分け前を指示するものでもない。この「正義」は分配に役立たない。しかし、外部への意識は内部のなかで実質的な意味をもたないからといって抹消することはできない。それを示したのが四－七節である。

以上、本章では、環境と所有という観念が人間だけを視野におさめた倫理と正義にたいしてその外部からあらためて問いなおす契機であることを認めつつ、外部を意識するというそのこと自体が帯びている「正義」についてその意味と限界とを示したわけである。ヨナスの責任原理は、正義に基礎づけられる倫理理論にたいして、そのような特殊な位置に立つ。ただし、それはたんに外部の示唆に尽きているのか。その点については、第五章でヨナスの形而上学について立ち入ったあと、第六章に主題としてとりあげることにしよう。

第四章　生命の神聖
――その失効とその再考――

第三章では、人間と人間にとっての外的環境である自然との関係について論じた。本章では、人間自身の自然、すなわち身体に焦点をあてる。身体への人為的技術的介入をめぐる倫理的考察では、しばしば生命の神聖（sanctity of life）が争点となってきた。神聖という表現から明らかなように、この観念は宗教的背景に支えられたものだが、その内実は宗教に依拠しない観念、人間の尊厳（human dignity）にも受け継がれている。これらの観念は、生命倫理学の議論のなかで、しばしば不毛な概念と宣せられてきた。しかしまた、近年、ふたたびとりあげられつつある。本章では、これらの観念が無効を宣せられる文脈と、その意義を発効する文脈とを指摘する。なお、本章の後半にとりあげるハーバマスの人間の尊厳論には、ヨナスへの接近が見出される。以上、本章は第三章と同じく、ヨナスの問題提起の文脈を理解するための足場を築き、本書の主題「正義と境を接するもの」に傍証的に寄与する章である。

一　生命の神聖と人間の尊厳の問題系

今も新たな分野が増えつつある応用倫理学のなかで、一九六〇年代に成立した生命倫理学《バイオエシックス》はその嚆矢だった。そうなった経緯には、あつかう事態の性質と事実の成立時期からして相応の理由があったと考えられる。振り返ってみよう。五〇年代、人工呼吸器が普及すると、それによって多くの命が救われるようになった反面、不可逆的昏睡を続ける患者もまた増加した。その治療停止の可否を契機として六〇年代に死の定義の再検討が始まる。自発呼吸の有無によって永久的植物状態と脳死とが区別され、脳死状態の患者は死者とみなされ、臓器移植が可能になるとともに臓器摘出の対象という意味を帯びていく。延命治療の進展する陰で安楽死の要望が高まり、九〇年代、オランダでは医師による自殺幇助の訴追を免じる手続きを定めた。人工妊娠中絶の可否は、七〇年代来、米国の国論を二分している。その後に開発された出生前診断の技術は中絶の誘因ともなった。七八年には最初の体外受精児が誕生した。体外受精はまた、代理妊娠、卵細胞提供、着床前診断、体外受精に使われない胚を用いた研究、クローニングに道を拓いた。代理妊娠、卵細胞提供については、代理母や卵細胞提供者が搾取されるおそれ、金銭の授受がからむ可能性、生まれてくる子どもの法的地位の不安定が問題点として数えられる。着床前診断は出生前診断と異なり、中絶を減らす効果がある一方、生まれてくる子どもを受精前に選別することの倫理的可否が問われている。遺伝的性質が同一の個体であるひとりの人間を作る、すなわち生殖を目的としたクローニングについては、今のところ圧倒的に多くの人びとが反対しており、擁護者は少ない（ドーキンス：42ff）。だが、クローニングによって作られた細胞には、治療上の効果が見込まれる。しかるべき措置をとれば成人に成長する可能性のある胚を実験材料とすることへの抵抗感と、胚を用いた研究、ヒト・クローン細胞の培養から見込まれる臨床上の利益とのあいだで、議論が積み重ねられつつある[1]。ここに記したさまざまな新たな可能性は、開発された技術の転用によって進んできた。まさにヨナスの指摘する現代のテクノロジーの特徴が歴然としている分野である[2]。生命にたいする人為的介入は人びとを鋭く刺激し、驚嘆、賞讃、危惧の念を呼び起こす。生命倫理学がいち早く形成し展開した根底には、こうした広範な関心がある。

倫理学史の文脈のなかに応用倫理学をおいてみると、応用倫理学は、メタ倫理学に傾倒していた二十世紀前半の倫理学、そしてまた形而上学を否定してメタ倫理学のみを倫理学として認める情緒説《エモーティヴィズム》にたいする反動でもある。情緒説は実証主義的な科学観に依拠し、事実との一致か、そうでなければ、論理的整合性をもって、真理たる規準とみなした。したがって、価値や規範を含む倫理的判断は真偽が一義的に決定されえないゆえに科学の範疇に入らず、かわりに倫理的判断に用いられる諸概念の語義分析を行なうメタ倫理学のみが科学としての倫理学の役割とされたのだった。だが、神学者や神学的背景に支えられた哲学者は、自分たちの立場にたいする確信を情緒説によって揺るがされることはあまりなかった。というのも、これらの人びとは情緒説が否定する形而上学を、まさに真理を認識する学問として前提するからである。そこで彼らは医療問題についても規範倫理学的な指針を示すことに積極的だった。たとえば、ローマ教皇の示した「通常の治療」と「通常ならざる治療」の区別によって延命の可否が解釈され、中世哲学に遡源する概念（「意図」「予見」「直接的（死を意図する）」「間接的（死を予見しつつも真の意図は苦痛緩和にある）」）によって安楽死の問題が解釈された一因はそこにある。生死にたいする人為的介入はキリスト教の伝統的価値観に抵触する。生死は神の決することであり、生命は神からの贈物だからだ。ここに、生命への人為的介入に歯止めをかける根拠として、生命の神聖という観念が援用されてくる。

この観念は一義的な意味をもってキリスト教神学のなかに流通しているわけではないが（Keenan : 2ff）、他方、キリスト教以外の多くの宗教も生命を尊重する発想を共有している。おそらくは、誕生と死は（創造主の専権事項だとは考えなくても）人間の意のままにならぬものだということを、どの人間社会も痛烈に意識してきたからである。伝統的に培われてきた生命にたいする直観的な畏れから、生命への技術的人為的介入については、疑念と危惧が抱かれるのだろう。たしかに戦争、自己防衛など、殺人が許容される例外的状況は昔から認められており、二十一世紀はテロと報復とともに始まってしまったが、いま問題にしているのはそのような（場合によっては詐称された）応報的正義ではない。

だが、伝統がどこまで有効か。神学者や神学的背景をもった哲学者による初期の取り組みに続いて、宗教に依拠しない生命倫理学を標榜する論者が現われてきた。彼らは生命の神聖性に訴えず、さらにはこの観念を伝統の残滓とみなしてその失効を宣言する（Singer: 215ff; Engelhardt: 201ff）。

しかし、少なくとも人命の価値が多くの文化に共有されている以上、それに対応する観念は宗教に依拠しない社会的枠組みのなかにも組み込まれている。たとえば、世界人権宣言（一九四六年）第一条の万人の平等の宣言や生命倫理に関するヨーロッパ人権協定（一九九六年）に記された人間の尊厳がそれにあたる。人間の尊厳はたしかに生命の神聖とは異なる。後者は人間を超越した存在に由来し、前者は人間が定めた約定に支えられている。また、後者が人間以外の生命の尊重も含意する場合には、尊重すべき対象の範囲でも両者は異なる。しかし、この二つの観念はともに、生死の人為的コントロールにたいして異議を唱えるときの切り札として用いられている。だとすれば、生命を神聖としない論者は、少なくとも同じ文脈では部分的に同じ論拠から、人間の尊厳についても否定的な評価を下すことになるだろう。

以下、生命の神聖と人間の尊厳の二つの観念にたいしてその失効が宣言される文脈を確認する（二節）。ついで、この二つの観念がなお援用される理由を探り（三節）、さらに、この二つの観念がもっている積極的な意義について再考する（四節）ことにしよう。

二　生命の神聖
――その失効――

批判は、この観念の論理、その根拠の出自、問題を解決する効力の乏しさにむけられる。

二・一　生命を神聖とみる主張は論理的に破綻せざるをえないという批判

われわれはすべての生命を神聖視して等しく尊重することはできず、また、実際にそうしてもいない。それゆえ、生命の神聖という観念は論理的に破綻せざるをえない。まず、こういう批判がある。その例としてシンガーの議論をみてみよう。

シンガーは二つのケースを対比する。不治の重い障害をもった新生児の救命手術を親の意向に反して法廷が命じた例と、サルを長時間苦しめたあげく殺してしまう実験の例である。シンガーによれば、新生児は成長したサルより感覚能力、意図して行為する能力、自他への関心、いずれの点でも劣っている。それでも新生児の生命が実験動物より優遇されるのは、新生児がわれわれと同じヒトという生物種の一員だからである。「人間の生命を神聖とする教説は種にもとづく差別をその核に含んでいる」（Singer : 221）。もっとも、人間は自己意識をもつゆえに特別な価値をもっているという主張もある。その見解によれば、新生児は自己意識の規準を満たしていないが、将来自己意識をもつ潜在性を帯びているゆえに尊重されねばならない。ところが、シンガーによれば、ここにも種差別（speciesism）による予断が働いている。というのも、新生児が潜在能力を保有しているからといって、現時点にかぎれば、自己意識を有する健常に成長した人間と新生児とを平等にあつかう根拠にはならないからだ[3]。

論理的破綻を衝くこうした批判が最も効果をあげるのは、生命を神聖視する論者が生命の質による区別を隠蔽しているか、あるいは自覚していない場合である。ところが、キリスト教の伝統における生命の神聖とはもともと人間のそれだった。なぜなら、生命が神聖である根拠は人間が神の像であることによるからだ。だから、人間以外の生命まで畏敬の対象とするシュヴァイツァーは論駁の対象ですらあった（Barry 2002:4）。生命の質による区別はもともと隠蔽されるどころか表明されていたわけである。だが、それならますます、種差別という批判があたらないか。神の像こそまさに人間の特権化の印なのではあるまいか。しかし、人間が神の像であるといわれる意味は、稲垣良典によれば、他の被造物との関係ではなく神との関係で捉えるべきである（稲垣：63）。すなわち、神の像とは神の像たるべく自分自身を完成させていく人間の使命を表わしている[4]。

潜在性という観点からすれば、健常に成長した人間は、シンガーの議論ではすでに自己意識の保有者という意味での十全な人間であるのにたいして、人間を神の像とみる観点からすればそれだけでは依然として潜在的な意味での人間でしかない。後者の文脈はむしろ人間を十全な意味での人間にむかう過程として捉え、生をその過程とみているのである。人間の生命が神聖とされるのは、この過程を実際に歩む可能性ゆえである。だとすれば、神聖なのは個々の人間ではなく、個々の人間に宿る右の意味での人間の本質、したがって人類という種に共通の性質である。これにたいして、シンガーの議論は、新生児と成長したサル、新生児と成人というふうに個体間の比較に立脚している。種よりも個体が先行している点で、その存在論は唯名論的である。種に言及するとすれば、それは個体の集合を意味していることになろう。しかも、ここにいう種とは自然科学の意味での生物種、それゆえ一般に価値中立的とみなされている観念であるにすぎない。つまり、その批判は生命の価値をはじめから捨象した議論なのである。

二・二　根拠の出自にむけられる批判

しかし、畢竟、その価値とは特定の宗教に由来するものではないか――批判する側はこう切り返すだろう。これが批判の第二点である。ある宗教のもとで人間と人間の生命とがきわめて貴くみえてこようとも、その宗教を信仰しない者はその価値観を受け容れることはできない。だから、宗教に依拠しない現代の価値多元社会では、生命を神聖とする価値観は普遍性を獲得できない。たとえば、シンガーは、キリスト教圏で伝統的に中絶や新生児殺しが戒められていた理由は、受洗していない死者は地獄に落ちるとされていたからだと指摘している（Singer：229）。たしかに、こうした根拠は特定の信者以外に共有できない。

けれども、前述したように、宗教に依拠しない現代の価値多元社会でも、人間の尊厳という価値観は認められている。尊重すべき範囲を人間に限定し、個々人の平等を説く点で、人間の尊厳という観念はキリスト教の伝統における生命の神聖の観念に連続している。神の像である人間は神の三位一体を表わすのと同じ語でペルソナと呼ばれたが、ペルソナ概念は近代以降、とくにカントにおいて物件と対比され、人間の尊厳を表わす人格の概念となった。むろん、そこには断絶もある。個々人の選好から独立の客観的価値を認める思想と個々の人格に相対的な主観的価値しか認めない思想――たとえばトマス・アクィナスとホッブズのあいだにその懸隔をみることもできよう。だが、バイエルツも指摘するように、近代以降も個々人の選好はそのまま肯定されるわけではなく、それが是認されるには、たとえばカントの道徳法則のように、普遍性を介さなくてはならない（Bayertz：81）。ここに、「自他の人格のなかにある人間性をたんなる手段としてではなくつねに同時に目的として扱え」というカントの要請を結びつければ、人間の尊厳とは個々の人間ではなく、個々の人間のなかに宿るもの、したがって人類という種に共通の性質についていわれており、しかも人間が達成すべき目標として説かれている。この論理構造は神の像としての人間の生命の神聖のそれと相似である。

それでは、生命の神聖を否定する論者は人間の尊厳をどう評価するのだろうか。人間の尊厳は個々人の平等を支える論拠であり、したがって、特定の世界観による圧制の排除に通じている。宗教に依存しない、価値の多元性を支持する論者はこの意味で人間の尊厳を肯定する。だが一方、価値多元主義を奉じる以上、特定の宗教やそれと連携した特定の形而上学に与することはできない。価値多元主義者は、倫理的に尊重されるべき存在を意味する人格の概念を人間の概念から切り離すことで、この隘路をすり抜ける。人格とは自己意識を保有しており、それにもとづいて自分の行為や生き方を自己決定できる存在である。それゆえ、他の人格はその決定が他の人格の同等の自由を侵害しないかぎり尊重しなくてはならない。一方、人間という概念から特定の宗教や形而上学の負荷を捨象すれば、価値中立的な、自然科学的な意味での生物種という意味しか残らない。したがって、「人間の生命は、それがその生命を有する人格にとって価値のある性質をもっているときにのみ価値がある」(Kuhse/Singer:266)。こうして、人格の同意があれば人間の生命にたいする人為的介入は許容されるという人格中心主義が、生命を神聖視する価値観から論理的に独立して存立してくるわけである。

二・三　生命の神聖や人間の尊厳という観念では、「課題」は解決できないという批判

人格中心主義の図式のもとでは、対処の悩ましい事例について一定の指針が得られやすい。まず、現実に人格である存在と現時点で人格ではない存在との利害が矛盾するようにみえる事例では、前者の意志が優先されなくてはならない。たとえば人工妊娠中絶に、この原則は適用しうる。つぎに、人格であるか否かが決定しがたい存在については、その存在の利害と現実に人格である存在の意志とに配慮しなくてはならない。たとえば、重度障害新生児の救命手術は、その子自身にとって益をしのぐ苦しか残らず、その親も望んでいないなら、すべきでは

ない。さらに、かつて人格であって現時点ではもはや人格ではなくなった存在については、本人が人格であった時点で抱いていた意志を尊重しなくてはならない。こうして、たとえば、本人の事前指示による臓器提供、延命停止、自発的安楽死を（場合によっては近親者の同意を条件として）容認しうる論拠が得られることになる。

永久的植物状態の患者もまた、自己意識を喪失しているゆえに厳密な意味での人格だとはみなされない。患者本人は自分の生存に価値をもはや見出せないのだから、治療の継続は患者自身にとっては無意味だとされる。ただし、永久的植物状態患者の治療停止は重度障害新生児の事例と違い、苦痛を打ち切るという積極的な論拠がない。それでも、治療を停止すべきだという結論が採択されやすい。なぜなら、治療の継続は他の人格の負担となるからであり、医療資源が有限である以上、それにかかる医療資源を転用すれば他の人格にとっての益に資するからである。シンガーはこの理由から脳死概念を全脳死から大脳皮質の機能の喪失に移すように提唱している(Singer: 260)。すると、臓器摘出の対象は永久的植物状態患者にまで拡大する。だが、それは、まさに伝統的な直観に真っ向から逆らって、まだ自発呼吸をしている人間を死者とすることにほかならない。[5]

ここで注意すべきは、医療資源の有限性は「人格であるか否か」とは独立の論点だということである。だから、明らかに人格と認められる存在のあいだでも、医療資源の効率的運用は「課題」となる。たとえば、年齢や病状の異なる複数の患者のなかから誰を優先するのが適切なのか。このとき採用される判断基準のひとつに、生活の質に余命の年数をかけた「質を考慮した生存年数」（QALY：quality adjusted life years）がある。クーゼとシンガーは、QALYは余命の長い患者、概して年少者に有利な傾向となるので、その一律の適用をやめて、ハリスの提案する「公正なイニングス」の採用を勧めている（Kuhse/Singer: 276）。ある年齢（七十歳を想定）までの患者のあいだでは予後の生活の質のよい治療を優先するが、ちょうど野球の試合が九回で終わるように、設定年齢を超えた患者への高額の治療には公的保険の補塡を打ち切るという提案である。通常の治療には公的な保険からの補塡が続くし、また、高額の治療でも個人的に加入している保険からの補塡はできるものの、患者個々人の状況と関わりなく年齢で一律に線を引く点で粗い提案だといわざるをえない。だが、保険非加入者が多く公的保険からの補塡が充分に期待できないアメリカでは、医療費節減を理由とする治療の手控え（rationing）はもはや不可避といわれている（Veatch : 127ff）。

こうした「課題」の解決にとって、生命を神聖とする主張は障害となる。というのも、この観念は、治療の効果や費用を顧みず、すべての人間に等しくできるかぎりの治療をすべきだという実現不能なことを要請するように理解されるからだ。批判の第三点はここにある。その点では人間の尊厳も同断である（Engelhardt : 202）。ところが、人格の尊厳といいかえても、同じ批判はあてはまる。だから、もはや争点は、尊厳を有するのが人格か、それとも生命ないし人間かという点にはない。何を「課題」とすべきか、優先「課題」の選択が対立点なのである。それでは、何が「課題」なのだろうか。有限な資源をどのように分けるのが適切かという分配的正義がそれである。すなわち、生命の神聖と人間の尊厳が失効を宣せられるのは、分配的正義を問う文脈においてである。

三　文脈と背景の転換

はたして分配的正義だけが問題なのだろうか——当然、こうした疑念が浮かんでくる。この問いへの答えは、応用倫理学の任務をどのように理解するかにかかっている。

医療費の高騰は先進国に通有の問題で、経済成長の鈍化と少子化のもとで急な改善は見込めない。医療以外にも公共の利益を追求すべき分野は多数あり、そこにも資本を供給しなくてはならない。資本の醸出者は健常な成人を核とする現存している人格である。だから、その多くが満足する政策を採択するのは不当とはいえない。このように、応用倫理学とは社会生活のなかに現われた新たな葛藤を社会の所与のしくみのなかで解決する営みだと考えるなら、分配的正義は応用倫理学が最も優先すべき事項である。

しかしまた新たな葛藤は価値観を発掘し見直す契機でもある。生命への人為的技術的介入にたいして生命の神聖という観念から異議が申し立てられるのであれば、それはなぜか。その観念によって何が言い表わされようとしているのか。それを適切に理解できる文脈を探さなくてはならない。こうした営みは応用倫理学ではないという反論があるかもしれない。けれども、問題を発見し、的確に定式化し、それに対処する指針を探究するには、たんに既存の倫理理論を適用するだけではすまない。そこには、現実の理解と理論の解釈とのあいだを往復しつつ両者を変容させていく創造的な作業が必要である。(6)

生命の神聖を訴えることで、何が伝えられようとしているのか。生命を正義の文脈で論じることに違和感があるとすれば、それはいったいなぜか。前述の「公正なイニングス」を例にとろう。クーゼとシンガーはこの提案が無知のヴェール——この場合には自分の年齢に関する——のもとで採択されうると論じている(Kuhse/Singer:276)。ロールズの『正義論』にいう無知のヴェールのもとで分配されるのは社会財であって、生得の体質や才能といった、人為によっては直接に分配できない自然財ではない(Rawls:54)。医療資源はたしかに社会財である。ところが、この社会財はあまりにも寿命という自然財に直結している。先の提案に違和感を抱くとすれば、それは、人為的に分配可能なものについての議論がそのまま生命ないし時間という人為的に調達も分配もできないものをめぐる議論に転化していくためであろう。医療資源が有限である以上、なんらかのしかたで分配せざるをえない。それはつまり医療資源を醸出することが事実上「できない」事態があるということである。ところが、分配的正義という文脈のもとでは、同じ事態が医療資源を醸出す「べきではない」もの、供給される「権利がない」ものへと変容されてしまう。「生きるのが正当である」「生きる権利がない」「延命すべき/延命する必要のない」――こうした言い回しに不遜、おぞましさを感じるとき、生命の神聖という観念が援用されてくるのではあるまいか。この観念は生命や時間を人間の自由を超えたものとしてあつかうように文脈を転換することを促しているのである。

生命をもっぱら操作可能なものとしてあつかうなら、生命倫理学の議論は生命から疎外されてしまう。ある程度までこれは日本語の問題である。バイオエシックスにいう「バイオ」は生物医学《バイオメディシン》に対応しており、もともと生物体を操作可能な研究対象とみる発想に通じていた。けれども、研究対象が人間であるゆえに倫理学が要請されたのであり、だから、生命倫理学は人体実験を容認しうる条件の考察から出発したのだった。その最大の成果が、被験者と研究者を対等な人格間関係と捉え、被験者本人の意志を尊重するインフォームド・コンセントの精神である。ところが、生命倫理学の論じる事例のすべてが人格間関係の図式のもとで適切に解釈されるとはかぎらない。まだ人格ではない胎児を対象とする人工妊娠中絶はその古典的な事例のひとつである。しかも、人格間関係を適用しにくい事例はますます増えている。着床前診断、胚を対象とした研究、クローニング、遺伝情報の調査、組織や器官の医療工学的な利用などがそれである。部分的にはこれらについても人格の自己決定で裁可することはできそうにみえる。たとえば、胚の研究利用はその胚を体外受精によって作るときの卵と精子を提供したふたりの人格の同意が、また、遺伝情報の調査はその人格本人の同意が第一の条件である。というのも、最も被害の及びやすい当事者はこれらの人格であるようにみえるからだ。だが、子どもに成長しうる胚や子孫に伝わる遺伝情報は、はたして、現存している特定の人格が裁量しうる範疇におさまるものだろうか。これらの事例にたいして、ドイツの胚保護法（一九九〇年）、フランスの生命倫理法（一九九四年）、生命倫理に関するヨーロッパ人権協定などは人間の尊厳を根拠とした規制を課している（秋葉：111f；西野：262ff；シュライバー：761ff）。新たな医療技術の開発を背景に、人間の生命全体を包括的に保護する論拠が要請されているわけである。

四　生命の神聖
――その再考――

だが、それでは、生命の神聖や人間の尊厳をもちだすことで積極的に何がいえるのか。前者についてドゥオーキン、後者についてハーバマスの議論をとりあげよう。

四・一　ドゥオーキンの生命の神聖論

人格中心主義のもとでは、人工妊娠中絶の可否は「胎児は人格か」という問題に収斂する。人格は憲法の定める基本的人権の主体をも意味するので、もし、胎児が人格なら、中絶は違法となる。胎児が人格でなければ、中絶を妨げる根拠はないようにみえる。ところが、ドゥオーキンはまさにこうした定式化を批判する。なぜなら、大半の人びとは、中絶は違法とすべきではないが、道徳的に無条件に許される行為ではないとも考えているからである。そこには、ドゥオーキンによれば、「人間の生命はいったん始まったら、破壊されず、成長することが大切な」(Dworkin:74) 神聖不可侵なものだという信念がある。こうしてドゥオーキンは法と道徳の次元を分けるとともに、道徳の次元で生命の神聖という観念の理解を図り、国民の多数がもっている道徳観と法の関係を考察していく。それでは、神聖なものとはどのようなものだろうか。ドゥオーキンは芸術作品と生物種を例にとる。それらがそのようにできあがる過程には、前者では人間によって、後者では自然によって多大な投資がなされてきた。人間の生命は人為と自然の双方の投資に負っている。芸術作品の破壊、生物種の絶滅、人間の死にあって、私たちは投資が無に帰し、営々たる過程が途絶して二度と復すことがないのを悲しむ。この悲劇という観念はドゥオーキンの議論を読み解く鍵である。たとえば、限られた医療資源を心身に重い障害をもった患者ではなく健常な若者を救うために使うとすれば、それは前者に生きる権利がないからではなく、両者の功績に応じた分配的正義のためでもない。実らぬままで霧消するこれまでの投資の大きさから、後者の死のほうがさらなる悲劇だからだ（ibid.:85-89）。ここでの主題は「人間の生命がなぜ、あるいは、どのように大切なのか」であって、「人びとの競合する利益にどのように寄与し、それらをどのように調整し、妥協を図るべきか」を論じる正義ではない（ibid.:156）。

だが、投資とその結実を論拠とすれば、本人が余生をもはや投資しても実りのないものと受けとめる場合も考えられよう。たとえば、老人性痴呆が進んだ状態で何かしらの快楽は残されているにしても、そのような人生を大切と思うかどうかは別である。ドゥオーキンは前者を経験的利益、後者の視点を批判的利益と呼ぶ。人生を一個のまとまりをもつ作品とみるとき、自分が自分でわからなくなるほどの老耄は作品の完成を損なうものなのかもしれない。それゆえ彼は、治療停止、自発的安楽死にも理解を示したのだった。

ドゥオーキンの議論を貫いているのは、生命、時間の不可逆性の意識にほかならない。そして、これはたんなる人格中心主義でははくみとれないものなのである。

ただし、ドゥオーキンの分析に不足があるとすれば、私は次の二点をつけくわえたい。

第一に、その分析が投資という着想に立脚しているために過去にむきがちな点である。しかし、たとえ投資が期待したとおりには実らぬにしても、それに耐え、新たに自らを立てなおす力のなかに生命に固有な価値をみることもあるのではないか。自分の未来や子どもの未来にたいして、私たちは不安に彩られた期待を抱き、しかもまた、期待が挫折しても何らかのしかたできりぬけていくだろうという（たぶんさしたる根拠のない）信頼を寄せる。重い障害のある子どもの中絶や治療停止を決断する親は、もはや期待のおよばぬことを悲しみ、諦める。

だが、子どもの可能性とそれを支えるべき自分たちを信じきれなかったことをあとから悔いる場合もある。障害の重さや社会の受け入れ態勢に比して、その悔いはときに苛酷に過ぎる。ひとは合理的に見込まれうる成果を超えた可能性を生命に託しがちなものだからである。だが、私たちはその親の不合理を咎めはしない。むしろ、それを親の自然な思いとして受けとめ、その親が悲嘆のあまり自分の人生にたいする期待と信頼までをも失わないように気づかうのだ。逆に、重い障害をもった人生のなかから何かを得た話に接するとき、私たちは当事者への称賛だけにとどまらない喜ばしさを感じる。そうした事例は——自分自身のも含めた——生命それ自体を肯定するものだからであろう。

第二に、本人の操作を超えた運・不運が人生にはつきまとっている。それに比べれば、投資と回収から成るドゥオーキンの図式は意志決定する主体である人格にこそふさわしい。だが、どのような人生を望むのかという批判的利益の内容すら、思いがけない人生の推移のなかで変わりうる。もし、私が私の生命を神聖とみなすことが許されるとすれば、それは、私の生命がこの私ひとりの意志や意図的な設計を超えているからである。

四・二　ハーバマスの人間の尊厳論

着床前診断では、体外受精によって胚を作り、異常があれば廃棄し、異常がなければ子宮に移植する。着床前診断は胎児への遺伝子治療や生殖目的のクローニングとともに、特定の遺伝的条件の子どもを選別して誕生させる技術といえる。こうした条件づきの出生は倫理的に容認されうるか。これがハーバマスの問いである。ただし、生命を神聖視する特定の世界観や形而上学の復活、命の「再聖別化」(Habermas 2001:48) は彼の意図ではない。ハーバマスは価値多元社会のなかで答えを見出そうとする。そのうえでハーバマスは、遺伝的理由による選別や遺伝子の改変について、親をはじめとする現存する人格の選好の自由に委ねるべきではないと結論する。というのは、その行為は子どもを自分の選好を実現するための道具とし、その主体性、人格性を剥奪して客体、物件にすることにほかならず、つまり人間の尊厳を侵しているからだ。ただし、遺伝子治療を否定するわけではない。臨床的態度ないし治療的態度におけるそれは許される。これらの態度が道具主義的態度と異なるのは、胚や胎児を第二の人格、つまり成長後に人格となる存在としてあつかい、胚や胎児が将来同意するだろうと思われる介入のみを行なう点にある。けれども、胚や胎児はまだ人格ではないから、その同意は仮定にすぎない。さてそれなら、いかなる介入であれ、事後の承認を得られると仮定できれば許容されるのか。

これにたいするハーバマスの反論は二点にまとめられよう。第一に、文化と自然の区別である。遺伝子への介入は子どもがそれをもとにして生きていくほかない身体への介入であり、将来子どもの手で直すことができない。偏った教育による親の選好の押しつけとはここが異なる。教育には反抗する可能性が残されている。この可能性を欠くゆえに、第二に、子どもへの遺伝子の介入を経た親子関係は子どもの成長後に人格間関係に移ったあとでも平等な関係にはならない。どの個人もたがいに平等で、それぞれがそれぞれの人生の創造者であるという従来の人間の自己理解を、現存する人格の選好だけを根拠とした遺伝的介入は掘り崩してしまう。だから許されない。ハーバマスはこの第二の観点を類倫理（Gattungsethik）と呼んでいる。子どもが成長後に親のした介入を支持するか、自分が誰かのクローンとして作られたと知った場合に、子どもが受ける抑圧を防ぐためにその情報を子どもに開示しないのがよいのか――真の問題はそういうところにあるわけではない。介入によって生じる非対称的な関係はすべての人格によって普遍的に合意されうるものではないという点が、ハーバマスの反対する根拠なのである。この背景には、どの人格も自己目的としてその人格のなかにある人間性を尊重されねばならないというカントの理念がある（ibid.: 97-98）。人間性（Menschheit）が人類とも訳しうることから明らかなように、それは、本章一節に記した、人間という種に共通の性質に尊厳を付与する思想である。ちなみに、エンゲルハートは「生命の神聖や人間の尊厳に訴えたところで、せいぜい、人間の生命に関わる価値に配慮しつつ、当該人格の同意を得て人格を利用するように当事者に思い出させる程度のことである」(Engelhardt: 209) と説いている。こうした個人主義的な人格間関係を射程とする議論と、ハーバマスの議論は対蹠する。ハーバマスでは、人格たる基準は本人の自己意識にあるのではなく、その存在に語りかけ、人格として遇する他者による承認にあるからだ。それゆえ、ハーバマスは尊重すべき範囲をこれから人格になりうる存在やかつて人格であった存在にまで拡大することができた。

しかし、本書の脈絡からいっそう重要なのは、ハーバマスの議論の根底には、人格は身体をもって生きており、したがって傷つきやすく、それゆえ相互依存しなくては生きていけない存在だという把握があるという点である (Habermas 2001: 62-63)。そのまなざしは人格の自然的基礎にむけられている。そのために彼は「人間の生命の尊厳」(ibid.: 62,130) という微妙な言い回しを用意した。微妙というのは、討議倫理学の立場の核となる観念である人間の尊厳を保持しながらも、しかしその立場からはもともと尊厳を帰することのできない生命にまで議論を拡大する一歩だからである。それでは、なぜ、そこに配慮しなくてはならないのか。ハーバマスの討議倫理学の内部にその理由を求めるなら、現実に人格である存在間の規範 (道徳) は人格共同体によって根拠づけられるが、人格共同体それ自体の存続 (倫理) は人格共同体の自然的基礎の確保、すなわち人類としての同一性を保持した未来世代の継続なしにはありえないからであろう。(7) ここに私たちは、「責任を担いうる存在である人類の存続こそが第一の責任である」と説いたヨナスの責任原理と討議倫理学との交錯をみることとなる。(8) いずれにしても、ここから本章の主題にたいする示唆を求めるならば、人格を尊重することが人格共同体の存続を要請する以上、人格の自然的基礎に配慮せねばならず、したがって、何らかのかたちで人間の生命それ自身を価値づけねばならないという結論にいたるのである。

五　付論　人間性と人格
――和辻哲郎の「人類性と人格性」――

本章二・二と四・二にもふれたように、カントの定言命法は「汝の人格のなかにある、また、あらゆる他の人格のなかにある人間性（Menschheit）を、たんなる手段としてではなく、つねに同時に目的として扱うように行為せよ」（Kant 1968a: 429）と言い表わされる。もし、この定式化が「汝と他者を人格として、つまりたんに手段として扱ってはならず、本人の定めた目的を尊重するように行為せよ」というのであれば、個々の人格は人間性という普遍的な性質の媒介なしに尊重されることになるだろう。人間性という語をこのように捨象することが許されるだろうか。和辻哲郎の解釈を参照しよう。

『純粋理性批判』のなかで語られるあらゆる表象にともなう「我思う」の我、すなわち超越論的主体はけっして対象化されない。しかし、この我が数的に同一であることは意識される。超越論的「我思う」は超越論的人格性と呼ばれ、数的同一性を意識しているものは人格と呼ばれる。人格とは、表象を含めてある時点の我と他の時点の我とを時間のなかに現われる同一の客体として捉え、そのようなものとして自己を意識するものである。時間においては、内官をとおして把握される心理的連続性をもった自己として客体化され、空間においては、自己は肉体をもって客体化される(9)。さて、このように客体化されるとは、人格が物としての性格も帯びており、したがって、個的なものであるを意味している。一方、超越論的人格性のほうはそれ自身ではけっして客体化されず、自他の区別も存在しない。以上を確認したうえで和辻は、カントが道徳哲学の著作のなかで人格性を「彼自身の人格における道徳的主体」「彼の人格における人類性」（和辻はMenschheitをこう訳している）「本体人」（本体としての人間）と言い換えている点を指摘する（和辻 1962：351）。この対応関係からすれば、人類性（人間性）とは個々の人格が人格であるために共通して有する性質であって、たんなる人類のことではない。「それは人（Mensch）の総計としての人類（Menschheit）ではなくして、人を人たらしめ、人格を人格たらしめるところの、人の本性である」（同上：377）。個々の人格は物である以上、手段化されることを免れるわけではない。「個々の人格がそのままに自己目的のみであるならば、すなわち手段的性格を全然持たないものであるならば、カントはこの人格の規定からして人類性の原理を導き出すことはできなかったであろう」（同上：376）。人類性（人間性）というその共通の性格ゆえに、個々の人格は尊重されなくてはならない。具体的には、それはどういうことだろうか。和辻はこの事態を、他者の人格を目的として尊重するために私の人格を他者の目的のための手段として奉仕し、他者もまた私の人格を目的として尊重するためにその人格を私の目的のための手段として奉仕する「共同態」（同上：385）として解釈する。目的の王国とはこの共同態の謂いである。

さて、和辻の解釈を介してみれば、本章が人格中心主義と呼んできた倫理理論とは、人格を人間性（人類性）から切り離し、個々の人格の目的をそのまま尊重する立場にほかならない。したがって、人格そのものはけっして物とみなされてはならない。そのかわりに生命や身体は物としてあつかわれる。人格は自分の生命や身体を「もつ」者としてそれを処遇する権原を獲得するのである。一方、人類という概念は人格と切り離されることで自然化し、生物種の一員としてのヒトの集合を意味するにすぎなくなる。この解釈のもとで、カントのテキストはどう読めるだろうか。人格と人間を峻別する論者のひとり、エンゲルハートにその答えが見出せる。エンゲルハートからみれば、カントが人間性に言及しているのは伝統的価値観に対する拘泥を表わしているにすぎない（Engelhardt：208）。

舌足らずな表現をあえてすれば、人格中心主義には驚きがない。マルセルは「神秘的なことと問題的なこととの区別」（マルセル:102）を指摘した。問題とは障害であり、「分解」（同上:122）でき、解決されうるものだが、神秘とは「私自身がかかわりをもつものであり、従って、その本質が全部私の前にさらされるようなことのないもの」（同上:202）であり、それゆえ、思索がそのなかに巻き込まれ、最初から最後まで直面せざるをえないものである。マルセルはこの「神秘に向けられた反省」（同上）を形而上学と呼んだ。たとえば、カントの道徳哲学では、神聖な人間性が神聖とはいえない人間に宿ることは神秘であったろう[10]（Kant 1968b:102）。自然科学的に説明される生命組織の連続的変化のなかのある時点に、哲学倫理学的概念であって自然科学的には説明できない人格が出現することは驚嘆に値する。しかし、人格中心主義はそれに驚くことなく、どの時点で人格と認めるべきかという線引き問題の解決、したがってまた、それにたいする技術的操作の是非の問題の決着にむかう。ところがその結果、この理論は個々の人格にたいする無媒介な尊重に帰着する。このことは、人間が個々の人間を超えるものとの関わりなしに自己を肯定するとき、その肯定は無根拠に陥り、いずれ、自然資源の有限性に阻まれるか、あるいは、それを予見して資源利用の権限について人為的なとりきめを設定するまでは、際限なき肯定に陥ることを示している。

六　結　語

以上、本章は、生命の神聖と人間の尊厳という二つの観念が失効を宣せられながらも、なお考慮するに足る意義をもつ理由を示した。ただし、それは、二つの観念を分配的正義の文脈にふたたび戻してそのまま適用できることを意味しない。たとえば、医療資源の分配については、やはり、現時点で現実に人格である人びとの合意によって決定されなくてはならない。しかし、二つの観念を考慮するとき、政策の採択はそれによってなにがしかの影響を受けるだろう。というのも、二つの観念は現存する人格に、自分自身が傷つきやすい身体をもった一過的な存在であることを意識し、これから人格になる存在やかつて人格であった存在に配慮して、それらの存在にたいする自分の態度をみなおすように促すからだ。自分自身の傷つきやすさと一過性とを意識しない人格の自己理解は抽象的である。現存する人格が自分自身の自然的基礎に敏感ではないまま分配についての政策決定を図るとすれば、その人格＝仮面《ペルソナ》の裏に控えているのは、現時点で社会的活動の中核を担っている健常な壮年・青年層の利害だけではあるまいか。こうして生命の神聖と人間の尊厳は、現存する人格が異なる存在の利害に配慮し、ときにはその代弁をするまで想像力を広げる契機でありうる。その意味で、この二つの観念は、分配的正義が第一義的におよぶ範囲の外側にまなざしを転換する契機であり、正義と境を接するものという本書を一貫する主題を示唆するものである。そして、その射程は、ハーバマスがある箇所で言及しているように、身体の傷つきやすさに根ざした他の生き物との「一致」（Habermas 2001:83-84）にまで達する。[11] たしかに、生命の神聖は、まずは、尊重すべき存在としての人格の自然的基礎として再発見される。しかし、この認識はそこを出発点として、さらにドゥオーキンの指摘する自然による投資、あるいは、本章に指摘したみずからを立てなおす力といった生命に共通の性質を介して、人間以外の生命まで意識せしめるものだろう。だとすれば、本章はもっぱら人間の生命の神聖に限定して考察を進めてきたが、この観念の地平は「人間の」という限定をはずした生命一般の価値の認識に広がるものなのである。

第五章　人間はいかなる意味で存続すべきか
――ヨナス、アーペル、ハーバマス――

これまでヨナスの責任原理について、まず第二章で『責任という原理』という著作にしぼってその問題構成をとりだしたのち、第三章、第四章では、順に自然と人間の関係、人間の身体と生命それ自体を尊重する生命の神聖の観念について考察し、ヨナスの主題と論点が占めるだろう特殊な位置と意義について傍証的に補強してきた。ヨナスを批判する論者がとくに異議を唱えるのはその形而上学的言説である。ヨナスは、なぜ、形而上学を語るのか。本章(1)では、「人間は特異な存在者か」という問いのもとにヨナスの問題提起を捉えなおす。この問いが人間の存在を位置づける形而上学的な思索を誘発するからである。本章では、『責任という原理』以外の著作に視野を広げ、責任原理の種々の基礎づけを整理する。そののち、第二章に言及したヨナスの徹底的な批判者であるアーペルの未来倫理、第四章に言及したハーバマスとヨナスの三者の比較をとおして、ヨナスが形而上学を語る理由、そしてまた、その形而上学的言説について本書が適切と考える位置づけについて論じる。

一　人間は特異な存在者か

人間は特異な存在者か――この問いは、さしあたり、人間と他の存在者とのあいだにある客観的な差異を示す答えを要求しているかにみえる。たとえば、人類は他の動物に比べていかに特異かというふうに。だが、その違いであれば、哲学者よりも生物学者が明確に指摘するだろう。生物学者に明確な答えが出せるのは、生物学が人類と他の生物とを等しく対象としてあつかう客観的・実証的な科学だからである。あるいはまた、冒頭の問いには、神ならぬ人間にまつわる制約をもって答えることもできるだろう。だが、その違いであれば、哲学者よりも神学者が明確に指摘するにちがいない。少なくともその神学者がその違いを客観的に論定しうると称するかぎりはそうである。これにたいして、哲学の思索の本質は、問う者に問いを投げ返すことにある。こうした内側からの反省的な問いかけは、厳密には、人間自身にしかむけることができない。哲学には人間と比較の対象とを並べてみることはできないのだ。したがって、哲学は人間の特異性を客観的に説明する権限をもたない。たしかに哲学は、その研究対象を自己関係的にではなく客観的にとりあつかう学問の知見をとりいれることもできる。しかし、哲学であるかぎりは、哲学はまさにその知見を足場として哲学的な問いを組み立てなおさなくてはならない。そうでなければ、それはたんなる受け売りとなり、哲学的態度を掘り崩してしまうだろう。

それにもかかわらず、哲学はこの種の問いをつねに発してきた。たとえば、古代や中世のテクストにしばしばみられる「われわれからみて」と「それ自身において」との対比。カントのテクストのなかの「理性的存在者」という概念に注意深く付けられた「意志が感覚によって触発される」という限定。ゲーレンの哲学的人間学による、本能を制度によって補完している「欠陥動物」（ゲーレン：181ff）という人間の捉え方。近年しばしば行なわれているロボットやコンピュータと人間との対比。人間以外の存在者はこうした問いを発しないだろうから、「人間は特異な存在者か」という問いにたいする答えのひとつは、「人間だけが自分の存在の特異性を知りたがる」というものだろう。それでは、こうした問いが哲学の問いたりうるのは、何によって保証されるのか。

二点、考えられる。第一に、いかなる点での特異性を求めていかなる存在者と対比して、それが問われているのか、まさにその点に、問う者それ自身を問う哲学のそのつどの状況認識や問題意識を反映している場合である。人間を認識能力の点で全知の存在者と比較するとしよう。問う者の関心は、時間をかけ、感覚を介して認識する人間の認識能力の特性にある。人間をコンピュータと比較するとしよう。問う者の関心は、コンピュータほどに多量の情報を短時間のうちに処理できないにもかかわらず、たとえば顔なら顔の全体的特徴を認知してしまう人間の認識能力の特性にある。第二に(このほうがいっそう重要だが)、その問いそのものが哲学の思索のあり方を示している。先に指摘したように、哲学は反省的なアプローチしかとりえない。それにもかかわらず、哲学は、人間について考えようとすれば、人間とは異なる存在者へとむかわなくてはならない。内からの問いが内からの問いを超越した存在者へむけられるのである。ただし、この超越は超え出ようとする動きそのものを意味している。異なる存在者と人間とを同じ範疇のもとで比較する超越的な見地に立つことではない。それをすれば、擬似的な客観的真理を主張することになる。内からの問いを超越した存在者はこの問いのなかではあくまで示唆されるにすぎない。

以下の論考もこの二つの点を意識したものである。

第一に、私は「人間は特異な存在者か」という問いにどのような状況認識や問題意識を見出しているのか。私はこの問いを「人類は存続すべきか。すべきだとすれば、いかなる根拠からか」という問いに捉えなおそうと思う。かつて人類が存続するか否かは自然条件に制せられたたんなる事実の問題だった。しかし現在、人間は人間の現存（Dasein）と人間のあり方（Sosein）をみずから左右する力を手にしている。核兵器、地球規模での生態学的危機は人間の現存を脅かし、遺伝子操作は人間のあり方を変容しうる。自然に介入する人間の力は、人間を含んだ自然、さらに人間のなかの自然（身体）におよぶにいたった。したがって、この力を制御すべきか行使すべきかという問いは、人間と人間以外の自然物とを対比しつつ、人間存在の特異性を問うことにほかならない。こうした状況認識と問題意識を反映した思想として、私はヨナスの未来倫理をとりあげる（二節）。ついで、私は討議倫理学によるヨナス批判を参照し（三節）、ヨナス解釈を深めよう（四節）。それをとおして最後にとりあげるのは、先に記した第二点、人間の特異性を探究しようとする哲学的思索が人間と異なる存在者についての思索に超え出ていくさま、超え出ていかざるをえない経緯である（五節）。というのも、ヨナスは人間を宇宙全体の進化のうちに位置づける形而上学を示唆するのだが、それをとりあげ、論評することは、すなわち、ひとつの哲学的思索の超越を跡づけ、哲学的性格という観点からそれを論評することにほかならないからだ。

二　ヨナスの未来倫理
――その種々の基礎づけ――

なぜ、未来の人間に配慮すべきか。その根拠として、一般的には、未来世代にたいする私たちの愛・共感・共通の利害関心、あるいは、未来世代が私たち現在世代と等しく有する権利をもちだすこともできよう。だが、愛・共感・共通の利害関心が遠い未来世代にまでおよぶとは確証しがたい。また、まだ現存していない存在者に権利を授与することは困難である。これらと異なり、第二章に記したとおり、ヨナスの未来倫理は責任という原理に立脚する。責任が成り立つ構造を定式化しておこう。存在者Xが存在者Yにたいして責任を負うのはいかなるときか。ヨナスによれば、Yが存続の危機に脅かされており、Yの存否を制する力をXが有しているときに、XのYにたいする責任が生じる。核兵器や生態学的危機に対する現在世代の対処しだいで未来世代の存否が左右される以上、現在世代は未来世代にたいしてその存続について責任を負っている。銘記すべきは、責任が対等の関係ではなく、力の不均衡から生じる点である。ところで、同じ定式化からは、地球全体の生物にたいする人間の責任も帰結しうる。ヨナスはこう述べている。人類の存在は他の生物を含んだ全世界にとって喜ばしいことか恐るべきことか、その帳尻を考えれば、人類の存在を支持することはかなり難しい。それにもかかわらず、この帳尻とは別に、人類は存続すべきである、と。なぜなら、責任が存在する可能性を確保することこそ何より先行する責任だからだ（Jonas 1984：186）。したがって、人類が存続すべき理由は、ヨナスによれば、人間のみが責任を感じ、責任を担いうるこの点にある。だが、人間が自由である以上、責任を果たすことも放棄することもありうる。人間は永久にそのどちらにも進みうる両義的存在であり、それゆえヨナスは未来をユートピアのように描く進歩史観を拒絶したのだった。

さて、ある倫理理論が批判される場合、批判はその主張の内容にむけられるか、あるいは、主張を基礎づける論理にむけられるか、いずれかである。人類の存続を指示する未来倫理の内実に異論が唱えられることは事実上まずない。かりに唱えられたとすれば、それにたいしては――ヨナスの未来倫理であれ、討議倫理学の未来倫理であれ――以下に示す論拠にもとづき論駁することになる。したがって、基礎づけの問題に話をしぼろう。

ヨナスの未来倫理は複数のしかたで基礎づけられる。たとえば、ヨナスは責任の範型をこう描いている。目のまえに泣いている乳飲み子をみた者は「世話すべし」という当為をつきつけられる。このことは「みればわかる」（ibid.：236）。これを基礎づけとみなすなら、それは直観主義的基礎づけである。ところで、責任は「誰／何にたいする」ないし「誰／何への」責任か、その責任を「誰／何のまえで」釈明し裁かれるのかという構造をもつ。

では、乳飲み子への責任は何のまえで釈明し裁かれるのか。乳飲み子を世話すべきだと感じつつ、見捨てていく者を裁く審級は本人の良心の域を出ない。良心の呵責を感じない者には、この審級は機能しがたい。それゆえ、直観主義的基礎づけはその拘束力に疑問が投じられる。

これにたいして、第二章に記したように、本書はヨナスの未来倫理の別の基礎づけの可能性を提示した。「人類は存続すべきか」という問いは倫理的問いであり、人類がこの問いを問いつつ、「存続すべきではない」と主張することはこの問いを問うことを可能にする倫理の基盤である人間の共同体の否定に通じ、今まさに自分が問うているその行為そのものを無意味にする自己矛盾を犯すことになるというのがそれである。私見によれば、人類の存続は主張と態度のあいだの遂行論的矛盾の回避によって基礎づけられ、また、ヨナスの立論の一部はこのように論理化できる。ヨナスは「責任が存在する可能性が、なにより先行している責任」(Jonas 1984:186) であるゆえをもって人類の存続すべき理由としている。責任を担う存在者が人類でしかありえず、責任が倫理の基礎である以上、唯一の倫理的存在者である人類は人類の存続にたいする責任を放棄することはできない。しかし、このように解釈できるとすれば、乳飲み子の例をもっぱら責任原理の基礎づけとしてのみ読むことをしなくてもよいことになるだろう。私は、ヨナスは乳飲み子の例によって、むしろ、責任の感受が事実として存在していることを保証しようとしているのだと考える。実際、ヨナスは「端的に事実として「ある (ist)」ことが「べし (soll)」と明らかに一体になっているような存在的な (ontisch) 範型」(Jonas 1984:235) ――つまり、存在が有無をいわせず当為を課してくる実例として乳飲み子の話を提示しているのである。

しかしまた、第二章に記したように、ヨナス自身は自然哲学による別の基礎づけを導入している。すなわち、人間の行為が目的をもち、生物の体が目的にかなうようにできていることは疑えない (ibid.:130)。自然は連続的に進化してきたのだから、目的はすでに生命なき自然のなかにも潜在している (ibid.:136-138)。善とは目的の達成である（ibid.: 154）。だとすれば、人類の存続は人類自身の欲求を超えて、人類を生み出した自然からも善であり、当為として課されている。これはヨナスの目的論的自然観に立脚した自然哲学的基礎づけであるとともに、自然つまり存在は善であるとする存在論的ないし形而上学的基礎づけでもある。存在と当為とを峻別する近代の存在論からみれば、明らかに、ヨナスは自然主義的誤謬を犯している。これにたいしてヨナスは、自然から目的、価値、当為を捨象する近代の哲学もひとつの存在論、形而上学にすぎないと反論する（ibid.: 92）。したがって、ヨナスは自分を支持するか否か、読者に存在論の選択を迫っているわけである。以上は『責任という原理』という著作から読みとれる。

さて、のちの著作『哲学的研究と形而上学的推測』に収められた論文には別の展開がみられる。「個々の行為では特定の存在に対する責任がひきうけられる。統合された存在全体は個々の行為がそのまえで責任を負う審級である」（Jonas 1992: 132）。だとすれば、人類の存続にたいする責任は、存在のまえの責任でもあることになる。だが、存在が審級だということはどういう意味だろうか。ユダヤ教－キリスト教圏の伝統的な形而上学ならば、自然の創造主としての神が審級となろう。しかし、ヨナスの構想する神はそれと異なる。世界を自立せしめるために世界から手を引く神である。ヨナスによれば、生命、人類が進化の途上に出現した以上、自然のなかにそれへむかう潜在的な傾向があった。だが、進化の経緯は偶然の自然淘汰にさらされている。だとすれば、神は世界に世界を委ねたのである。「神の冒険の運命はわれわれの手に委ねられている。責任はわれわれの肩にかかっている」（ibid.: 246）。したがって、「われわれが神を助けねばならない」（ibid.: 247）。ヨナスはこのように推測を進めていく[2]。これは、つまり、人類の存続を存在論的かつ神学的に基礎づける試みにほかならない。

ただし、進化の連続性から生命・人類が出現する潜在的傾向が自然のなかに用意されていたという想定や神をめぐる思索について、ヨナスはそれが証明ではなく、理性に強制することはできないが理性に受け容れられる推測（ibid.:211）、仮説（ibid.:389）と呼び、あるいはまた、『生命という原理』のなかでもミュートス（Jonas 1997:399）と呼んでいる。この点については最後にふたたびとりあげる。

以上、ヨナスの未来倫理の基礎づけには、少なくとも、直観主義的基礎づけ、遂行論的基礎づけ、自然哲学的基礎づけ、存在論的形而上学的基礎づけ、存在論的神学的基礎づけの異なるパターンが数えられる。だがたやすく予想されるように、その多くは異論を招く。直観主義的基礎づけではその拘束力、自然哲学的基礎づけでは近代では否定されたその目的論的自然観という論拠、存在論的形而上学基礎づけでは存在から当為を導くその論理、存在論的神学的基礎づけではその神学への依拠が疑義を呼ぶだろう。次に、最も根底的な批判として討議倫理学者の批判を参照しよう。

三　アーペルによるヨナスの未来倫理批判

存在論ないし形而上学的基礎づけに疑問が投げかけられるのは、現代がいかなる単一の存在論・形而上学にも支配されていない価値多元社会だからである。討議倫理学はまさに価値多元社会に即応する倫理理論のひとつである。その立論を素描しよう。いかなる主張もその意味の理解とその妥当性に関する合意を求めており、理解と合意が達成される場を基盤としている。二十世紀の哲学が経験した言語論的転回によれば、「哲学にとってさかのぼりえない思考はいつもすでに論証という構造をもっている。まさにそのゆえに、思考は独我論的に自足するものではなく、公共的言語とともに同時に、討議共同体としてのコミュニケーション共同体を前提としている」（Apel 2002:54）。討議倫理学の基礎づけの強みは反論を自家撞着に追い込むところにある。かりに、討議を否定する主張がなされたとしよう。だが、その主張は、主張するというまさにその行為において承認されることを求めていながら、その主張の内容においては承認が成り立つ可能性を否定するという遂行論的矛盾に陥らざるをえない。したがって、討議はそれ以上さかのぼりえない究極の基礎である。

さて、合意が正統性をもつためには、コミュニケーション共同体のメンバーは全員等しい資格をもっていなくてはならない。かつ、合意が特定の主張のみを反映しないためには、共同体はコミュニケーション能力をもつ者すべてに開かれていなくてはならない。現実になされる討議はこの条件を充足しない。この条件を充足するのは理想的コミュニケーション共同体である。けれども、理想的コミュニケーション共同体は実現不能な理念として想像されているだけではない。発言者が、現実の討議相手が誰であれ、すべての可能的な討議相手に合意されることをめざして自分の主張を組み立てるなら、そのときすでに、理想的コミュニケーション共同体は現実的コミュニケーション共同体のなかで反事実的に先取りされている。そしてまた、後者で現実に達成される合意の内容は、つねに前者においてさらに討議に付される余地を残しているのだから、前者は後者に対する上位の審級として存立し続けるのである。コミュニケーション共同体とは、カントのいう目的の王国、人格共同体を、コミュニケーションを媒介として相互主観的に捉えなおしたものである。その意味で討議倫理学は、目的論的自然観を復活させたヨナスとは対照的に、近代の正統的な哲学の系譜を継承している。

討議倫理学者アーペルは繰り返しヨナスを厳しく批判してきた。アーペルがヨナスに、否定的にではあれ、関心をもつのは、アーペル自身、ヨナスとは独立に、かつヨナスの『責任という原理』が公刊される以前から未来倫理を構想していたからだ。その端緒は一九六七年に行なわれた講演をもとに七三年に公刊された論文「コミュニケーション共同体のアプリオリと倫理の基礎　科学時代の倫理の合理的基礎づけの問題」に窺われる。核兵器、科学技術文明のもたらす生態学的問題に対処するために「人類史上初めて、人間は自分たちの行動の諸結果にたいする連帯責任を地球規模でひきうけるという実践的課題のまえに立たされている」(Apel 1976:361)。アーペルとヨナスはこの課題を共有する。だが、アーペルの問題意識と状況認識ははるかに二十世紀半ばの倫理学がおかれた文脈に即したものだった。彼のいう「科学時代の倫理」はたんに科学技術の所産である核兵器と生態学的危機への倫理的対処を意味しているだけではない。実証主義的な科学観のもとでの規範倫理学の苦境を含意している。一方では、事実と規範を峻別し、価値判断を学問から排除する分析的メタ倫理学の隆盛によって「すべての規範倫理学は論理的に凌駕されてしまったようにみえる」(ibid.:363)。他方には、ただ個人の主体的な決断のみに立脚する実存主義がある。アーペルの課題は、いずれの陣営からも導出できない社会的連帯の基盤を切り拓くことだった。討議倫理学をすでに素描した今、アーペルがその解決の糸口を、すべての道徳的主体はすでにコミュニケーション共同体のなかに参加しているという「理性の事実」(ibid.:417)に見出したことは言を贅するまでもなかろう。現在からみれば、メタ倫理学と実存主義の対立はすでに倫理学の主題的関心から外れているが、この論文は、倫理学が社会生活のなかの具体的問題にふたたび関わるようになる時代の転換期をよく伝えている。これに比べて、目的論的自然観や形而上学をとおして科学技術文明時代の倫理を提言したヨナスは、二十世紀の倫理学の主潮からすると「時期はずれの省察」(Wolin:104)を経てそこにいたったわけである。

アーペルはヨナスをどのように批判しているのか。三点にまとめよう。批判の第一点は、ヨナスの基礎づけは彼の存在論を共有する者にしか通用しないが、遂行論的矛盾を指摘する討議倫理学の基礎づけは討議能力をもつ全存在者に妥当するという点である。そのかわり、ヨナスの主張する自然にたいする尊重は討議倫理学では直接には基礎づけられない。「現在と将来に生きるすべての人間について、事実的にも潜在的にも期待されるべき権利要求を満たさなくてはならない。それに該当するのは、今日、生命への畏敬が要請されているとしても植物や動物ではなく、討議倫理学の意味でただ理性的存在としてわれわれと等しい資格をもった人間についてのみである」(Apel 1997:196)。批判の第二点は、討議倫理学にとっては倫理の不可欠の前提である対等な関係、相互性がヨナスでは確保されないことである。だが、そうなるのはヨナスが責任を不均衡な力関係に基礎づけているからである。したがって、アーペルはヨナスの立論をその根底から否定せざるをえない。「ヨナスの未来責任倫理における義務の相互性（互酬性）の欠落は私からみると説得力がない。子どもにたいする親の責任というヨナスの範例は（中略）、私見によれば、責任が相互的関係でないことを示すものではない。むしろ人間相互の原理的責任は潜在的な関係であって、それが事実的な力の優位に応じて現実のものとなるということを示すにすぎない」(ibid.:196-197)。第三の批判は、ヨナスが進歩を否定している点にむけられる。アーペルによれば、ヨナスの進歩概念にはカントの統制的理念にたいする理解が欠けている。「実践理性の「統制的理念」とは、理想を長期的に漸進的に実現することを義務とし、それを導く意味をもつ行為と結びついた規範的原理であるけれども、それと同時に、時間のなかで経験されえないものはけっして理想に完全に対応しうるものではないという洞察を表現している。（中略）ユートピア的思考にたいするヨナスの批判は、実際には、理想を時間のなかで完全に実現し、そのかぎりで、人間の「道徳的両義性」を克服するという意味で人間の条件を擬似終末論的に変えていく、カントの意味でも「放埓な」ユートピアにたいする批判でしかない」(ibid.:204)。逆に、討議倫理学は統制的理念にもとづき、進歩を指令する。すなわち現実のコミュニケーション共同体を反事実的に先取りされた理想的コミュニケーション共同体に近づけていく志向をもつ。

それでは、討議倫理学は未来倫理をヨナスと異なるいかなるやり方で基礎づけるのか。理想的コミュニケーション共同体には、今現実に存在していないメンバーも討議主体として等しい資格をもつメンバーとして反事実的に含まれている。未来世代は潜在的な討議のパートナーである。したがって、開かれたコミュニケーション共同体を確保するには、未来世代が存続しなくてはならない。「潜在的な討議パートナーは原理的に等しい資格をもつゆえに（中略）、のちに存在すると予想されるメンバーの必要とすることがらについては、今すでに、責任あるしかたで考慮されなくてはならない」(ibid.:203)。人類はなぜ存続すべきか。討議倫理学によれば、それは、未来世代がコミュニケーション共同体のメンバーだからにほかならないのだ。

四　両者の対立からみえてくること

アーペルのヨナス批判をどうみるか。あらかじめ明記しておくが、ヨナスの責任原理と討議倫理学との優劣はここでの論点ではない。両者は存在論が違い、同じ規準で比較することはできない。私の意図は、両者を合わせ鏡のようにしたときに、何がみえてくるのかというそのことにある。

アーペルでは、未来世代は潜在的な討議パートナーとして捉えられる。ところが、今まさに現実に行なわれている討議に参加していない現在世代もまた潜在的なパートナーにちがいない。それゆえ、潜在的な討議パートナーという規定では世代間の時間の差が捨象される。他面、未来世代は現在世代と対等とされるわけだが、これについては、近代の正統的倫理理論にたいするベイアーの批判が思い出される。ベイアーは子どもを未来のおとなとして扱う論理についてこう記している。「みかけの平等を達成するよう「上昇」させられる」(Baier:28)。逆に、ヨナスでは、現在世代の未来世代にたいする責任は時間の不可逆性からくる力の不均衡に起因している。この論点はとうていアーペルの視野に受け容れられるものではなかった。アーペルによれば、ヨナスはカントと逆に「できる」から「すべし」を引き出しており、それゆえ、その当為は「われわれが新たな技術を利用する可能性の尺度に応じた、状況に制約された当為規範」(Apel 1997:197)である。責任が力の関数だというアーペルのその理解は正しい。しかしアーペルには、力の助けなしには対象の存在が消滅してしまうという不安がみられない。まさにこの不安こそがヨナスの立論の根幹なのである。生態学的危機は未来世代をも絶滅させかねない。この危機感から不安が生じる。時間の差に焦点をあてないアーペルの議論には、自然、人間のなかの自然である身体の傷つきやすさにたいするこうした鋭敏な感覚は感じられない。たしかに、アーペルは未来世代の現実の存続を要請している。しかし、潜在的な討議パートナーはもともと理念的に想定されうる存在者である。したがって、身体はその存在の不可欠の構成要素ではない。

討議倫理学の内部でも、第四章にみたように、ハーバマスの立場は微妙に異なる。ハーバマスは着床前診断、クローン人間、デザイン・ベビーの禁止を主張する。その理由は、これらの遺伝子操作がこれから生まれる人間を操作する側の欲求を満たすたんなる道具とみなすことを前提としており、したがって、人格の共同体、いいかえればコミュニケーション共同体のメンバー相互の対等な関係の破綻に通じるからだ。この根拠は討議倫理学のものである。「妥当性をもつ規範は普遍的に合意されうるものでなければならない。この理念は（中略）、われわれは各人の人格を自己目的として遇することでその人格のうちにある人間性を尊重すべきだということを示唆している。（中略）人間性という理念は、われわれはわれわれ自身をたがいにいかなる人格も排除されぬ包括的共同体のメンバーとしてみなさねばならないという視点をとるように義務づける」（Habermas 2001:98）。しかしまた、ハーバマスは複数の箇所で、人格が身体を基礎としてしか存在しえないことや身体の傷つきやすさに言及している。「私の理解によれば、道徳的なふるまいとは（とりわけ、子ども、病気、老人の時期にめだつものの）つねに存する身体的存在の無力と有機的な素質の不完全性に基礎づけられた相互依存と相互扶助にたいする応答である」（ibid.:62-63）。道徳的なふるまいとは「傷つきやすい体と体の内に身体化された人格がさらされている偶然をうけとめるスポンジのカヴァー」（ibid.）なのである。そこで、ハーバマスは人格となるまえの人間を含む生物種としての人類を対象とする類倫理を構想するにいたる。「人格以前の生命についてのわれわれの把握——人格以前の生命との関係——は、いわば、人権の主体から成る理性的道徳を安定させる類倫理的な環境を成している」

(ibid.:115)。それどころか、彼の視野は人間以外の生物にまで広がっていく。というのも、身体と生命の傷つきやすさは人間以外の生物にも共通のものだからだ。生まれてくる過程にたいする介入を控えるという態度は「自分の身体の感じやすさに根ざしている。（中略）臨床的処置のかわりに生命工学による介入をすることは、他の生き物とのこの一致を切断する」(ibid.:83-84)。カントの現象と本体との区別を借りるなら、アーペルがあくまで本体としての人間の尊重に収斂するのにたいし、ヨナスはもちろん、なかばハーバマスも、本体としての人間を守るためには現象としての人間こそを守らねばならないことを示唆している。

このことから何がいえるのか。科学技術による操作は人間以外の自然、人間を含んだ自然、さらに人間のなかの自然つまり身体にまでおよんでいる。人間もまた操作される自然の一部とみなされるとともに、人間の特異性は掘り崩されてきた。したがって、人間の特異性——ヨナスでは責任を担う存在者、討議倫理学ではコミュニケーション共同体のメンバーであること——を守ろうとすれば、人間がなんら特異ではない部分、つまり人間以外の自然と連続している部分を含め、まるごとの人間が守られねばならない。人類の存続を第一の責務とするヨナスの主張はまさにそのことを意味している。一方、討議倫理学にとってこのことは何を意味しているのか。それは、あたかも自存しているかのように語られてきた近代の理念である人格共同体、この理念を現代に受け継いだコミュニケーション共同体が、つねにその外部、つまり自然ないし物件を、しかも共同体の存立する前提として意識せざるをえなくなったということにほかなるまい。

五　形而上学およびミュートスを語る意味

さて、ヨナスは、先に記したように、自然の進化の途上に人間（そしてまたその他の生物種）が出現したことに人間（およびその他の生物種）の存在理由を遡及させる自然哲学を展開し、さらに進化に創造主の期待を読みとることで人類の存続を神学的に基礎づける試みにまで進んでいく。しかし、この試みは冒頭に記した擬似的な客観的真理を独断的に主張する弊に陥っていないだろうか。最後にこの点をとりあげよう。

ヨナスによれば、「人間を孤立させる形而上学をやめるとき、人間の特殊性はあらためて理解されうる」(Jonas 1997:10)。それゆえ、ヨナスは、近代以降峻別された自然と人間、身体と精神、物質と生命をふたたび接合させる存在論を展開したわけである。『生命という原理』に描かれるその存在論を素描すれば、およそ次のとおりである。

生き物が無生の物質と決定的に異なるのは代謝活動によってである。有機体は自己を維持するために外界から自己の存続に必要不可欠な物質（質料）を摂取し、不要な物質を排出することで同一のかたち（形相）を保持する。ここに外界の支配からの自由、自己、内面が発生する。「生命の始まり以外のどこに、内面の始まりをおくことができるか」(ibid.:58)。有機体は自己同一性に必要な物質を外界に依存しているのだから、生きるということは存在と非存在との極性を孕んだ冒険にほかならない。有機体が獲得した自由はつねに質料の欠如に脅かされる「必需と一体の自由」(ibid.:150) であり、有機体の自己と世界の関わりは「欠乏しているがゆえの超越」(ibid.:158) である。有機体が自己の存続のために外界にむかわざるをえないということから、有機体は時間的性格をもつ。「目前にあるものを努力して先取りせんとすることは、記憶のなかにすでに起きたことが存続していることより本質的である――したがって、未来は過去よりも本質的である」(ibid.:163)。植物では外界との物質交換は直接的だが、動物では間接的である。動物の場合、自己の存続に必要な物質（獲物）を距離を隔てて知覚し、運動によって獲得できる。獲物は獲得できるという期待と獲得しそこなう不安をもって感受される。つまり動物では、捕えて食し消化する現物としての獲物とこれから捕えるべき獲物の像とが分離する。人間はこの像をみずから作り出し（絵画）、独立させ、それによって情報を交換する能力を獲得した。像を描くことは人間の特性である（ibid.:265）。像のさらなる抽象化として、記号、名が生まれ、人間が今ここの現実から身を離して真理を探究することを可能にした（ibid.:305）。こうしてヨナスは物質から人間の精神活動まで連続した過程を描き出そうと努めるのである。

当然、ヨナスの目的論的自然観は論敵からはカント以前の独断論として批判される。ただし注意すべきは、ヨナス自身も現代の人間として、「みずから形而上学をもっていない」と断っている点だ（Jonas 1992:134）。「形而上学にいたる慎ましい道があるとすれば、それは、われわれの知るかぎり、人間のみが責任をとりうる唯一の存在だという一文である」（ibid.:137）。形而上学という語はヨナスの文献のなかで二通りに使われている。たとえば、存在から当為を導く立場を形而上学だとする批判は存在と当為とを峻別する別の形而上学を主張しているにすぎないとヨナスが批判するとき、形而上学とは存在者についての複数ある見解を意味している。だから、ヨナスは、存在と当為とを峻別する近代以降の哲学の主潮を「反形而上学から心ならずも形而上学が生まれる」（ibid.:250）と切り返し、読者に自分の存在論をとるか近代を支配する存在論をとるかの選択を迫ることができたわけである。しかし一方、ヨナスは将来、存在と当為とを結びつけた形而上学が復権することを待望している。彼は自分の仕事をこう概括する。「つまるところ、私の論証は、理屈のとおるものとして（vernünftig）（中略）、しっかりと考えるひとに選択されるような選択肢を基礎づける以上のことはできない。私がさしだしうるのはそれのみである。未来の形而上学がそれをなしうるかもしれぬ」（ibid.:194）。未来の形而上学が到来するまでは、せいぜいそれへの架橋があるのみである。だからこそ、ヨナスは自分の議論を論証ではなく、推測、仮説、ミュートスと呼ぶ。「われわれが陥っている形而上学の大きな休止状態では、形而上学が自分のロゴスをとりもどすまえには、われわれはこのメディア［神話］に身を委ねるほかない」（Jonas 1997:394）。

いったい、なぜ、ヨナスはあえてミュートスというかたちをとってまでも、人間と自然、精神と身体、生命と物質とを包括する形而上学を語るのか。その答えは、ヨナスによれば、人間の存在すべき理由は形而上学によってしか答えられないからだ。「形而上学は今日の哲学では評判が悪い。しかし、われわれは形而上学なしではすまされぬ。あえて形而上学を試みねばならない。なぜなら、形而上学のみが、なぜ、人間がそもそも存在すべきかを教えるからだ」(Jonas 1992:134)。近代という時代では「人間のみが一切の要請や義務の根源」(Jonas 1997:401)である。それにしたがうかぎり、人間の存在すべき理由は人間の自律から導出するほかない。アーペルはこの立場を遵守している。ヨナスが近代の処方に満足できないのは、結局のところ、それでは恣意に陥る、客観性を欠くと考えたからだった。かわりに彼は存在を審級とした倫理を提唱するわけである。「究極的に、自己の自律でも社会の必要でもなく、全体としての自然の側からの客観的な割り当てに基礎づけられた倫理の原理が生まれるだろう。死につつある人類の最後のひとりがなお守らねばならないような原理が」(ibid.:402)。

まさにこの試みは、「人間は特異な存在者か」という問いのもつ第二の論点、人間について考えることによって人間とは異なる存在者へと超え出ていく、哲学の思索の特異なあり方に関わっている。冒頭、「人間は特異な存在者か」という問いは、さしあたりは人間と人間以外の存在者との客観的な差異を求めた問いであり、哲学の内側からの反省的アプローチでは答えられないと指摘した。にもかかわらず、哲学はたえずこの問いを発してきた。その理由は、哲学が存在者全体のなかでの人間の位置を問い、そのことによって人間の存在する意味を問う形而上学の問いを含んでいるからである。これまで言及した哲学者のなかで、アーペルは問いをふたたび人間の内部に回収し、ハーバマスは原則的にその立場でありながら自然という外部を示唆し、ヨナスは人間を包括する自然全体をポジティヴに語ろうとしている。

しかし、ヨナスの待望するように、ミュートスはポジティヴな一義的な形而上学に転化しうるのか。私は疑問に思う。

ヨナスによれば、自然と人間とを対立させる二元論は近代のみならず、古代のグノーシス主義にその先例がみられる。グノーシス主義では、人間は世界から疎外されており、世界ないし自然のなかにあるとされる秩序、価値、規範にしたがうことは人間の権威の放棄にほかならない。ここにグノーシス主義と近代のニヒリズム、実存哲学の共通点を見出したのはヨナスの創見だった。だが、ヨナスはまた、実存哲学とグノーシス主義との違いも指摘している。近代では、グノーシス主義と違い、自然は人間と対立するものというよりも、むしろ価値中立な、人間と没交渉なものである。人間はそういう状況のなかに投げ出されている。したがって、実存哲学にあっては、人間は拠って立つ規範をなんら欠いた決断、「無から無への先駆」(Jonas 1997:370) を迫られている。この一句はハイデガーの『存在と時間』への異議申し立てにほかならない。しかし、ヨナスはその先に進む。投げ出されているという意識が痛切であればあるほど、「どこから」投げられているかを問わずにはいられないからである。デカルトの省察において、我《われ》がみずからの不完全を痛烈に自覚するがゆえに完全なる神の存在に目を開かれていくのにも似て、あたかも、自分が投げられてあるという苛酷な感覚そのものが、人間がそこから放り出されてしまった本来あるべき場所の存在することを示唆する証であるかのように、推論は進んでゆく。グノーシス主義者であれば、人間の魂がそこからこの忌むべき世界、自然へと投げ込まれた至高の神の領域を示唆するだろう。

この無にかわる基礎を、ヨナスの求める形而上学、自然と人間とを包括する存在論は用意するはずだった。というのも、そのなかで人間は自然のなかにふたたび本来の位置を見出し、それにしたがって、みずからがのっとるべき自然本性を獲得するからだ。しかし、こうした新たな基礎が捏造された基礎でない保証はどこにあるのか。独断論ではない保証はどこにあるのか。存在論があくまで選択されるものであるかぎり、その保証はない。

だとすれば、「人間は特異な存在者か」――哲学はこの答えることのできない問いを発せざるをえない人間のあり方の表われであると同時に、それをあくまで答えられない問いであると指摘し続ける営みではないか。ヨナス解釈という観点からすれば、ミュートスをミュートスとして限定しているかぎり、ヨナスは哲学的思索にとどまっている。ヨナスと問いを共有しない論者からは、それはたんなる古い形而上学の復古にしかみえないかもしれない。しかし、ヨナスがミュートスを語らざるをえなくなった背景には、人間がその特異性を守ろうとすれば、人間がなんら特異ではない部分、つまり人間以外の自然と連続している部分を含め、まるごとの人間を守らなくてはならないという今日の切迫した事情があったわけである。

第六章　責任原理の一解釈
——正義と境を接するもの——

これまで第二章では『責任という原理』に焦点をしぼって、責任原理の構造をとりだし、傍証的な二つの章をはさんだのち、前章では『生命という原理』『哲学的研究と形而上学的推測』への言及を含めて、責任原理の背景をなす形而上学、存在論、自然哲学の文脈をとりだしてきた。このように進めてきたのは、本書の主題がヨナスの哲学全体ではなくて、責任原理であり、それゆえ『責任という原理』の文脈から照射するしかたで論点を広げてきたからだった。ヨナスにたいする賛否はおよそ、その存在論、形而上学、自然哲学にたいする評価によって決せられる。責任原理にたいする評価もこれによって左右される。本章では背景的文脈を含めたその評価について論じよう。あらためてヨナスの哲学的閲歴を一貫した流れとして素描したうえで（一節）、三つの立場からの解釈——存在論を擁護する立場、ヨナスの問題提起を継承しつつ、存在論には与せぬ立場、そして（討議倫理学者によくみられる）存在論に否定的な立場——をとりあげる（二－四節）。最後に、なぜ、本書は責任原理を「正義と境を接するもの」という表題のもとに論じるのかという理由を示そう。もっとも、それについては、部分的にはすでに第三章末尾にその点にふれている。すなわち、自然にたいする負債の意識が人間以外の自然への配慮を促し、そこに人間だけのあいだに成り立つ正義にたいする異議申し立てが含まれているという指摘である。ヨナスの議論が、いわば、正義の外部の示唆だけにとどまるなら、第三章の末尾におけるその説明ですでにその位置づけはほぼ終わっている。しかしそこにもあらかじめ記しておいたように、ヨナスは自然についてポジティヴに語る存在論、形而上学を展開してもいる。第五章で、ヨナスが形而上学を語る意味について論じた今は、その側面も加えて、ヨナスの問題提起が正義を基礎とする倫理理論とどのような関係にあるかを説明しなくてはならない。そのさい本章二‐四節にとりあげる三つの立場は、本書のとる立場を特徴づけるのに役立つだろう（五節）。

一　ヨナスの哲学的閲歴

大学入学から死にいたるまでを数えれば七十余年にわたるヨナスの長い哲学的閲歴は、フライブルク大学でフッサール、ハイデガーのもとで学んだことから始まる。その後、マールブルクに移り、ハイデガーとブルトマンの指導を受け、グノーシス主義の研究を進めた。そのアプローチは、ハイデガーの『存在と時間』から触発された実存の問題をグノーシス主義のなかに読み込み、そしてまた、グノーシス主義の解釈から近現代の哲学的問題を再発見するというものだった。この研究は、ナチスの政権掌握のためにドイツを離れた翌年、一九三四年の『グノーシスと後期古代の精神』第一部として結実する。同書第二部は一九五四年に公刊され、一九五八年にはこれらを母胎として英語による著作『グノーシスの宗教』が上梓された。同書第二版を公刊するときに付した終章のなかで、ヨナスは哲学的閲歴の出発点で手がけた右の解釈の往復作業を「解釈学的機能が逆転し、相互的となった――錠が鍵となり、鍵が錠となった」（Jonas 1963:321）と述懐している。グノーシス主義と現代の実存哲学とのあいだにヨナスが見出した共通点は、「人間と人間が宿っているもの——世界——との絶対的な裂け目の感情」（ibid.：327）である。グノーシス主義と実存哲学が描く自然は人間の存在に関心を払わない。周知のように、沈黙せる自然にたいする慄きを、パスカルはこう記した。「だれが私をこの点に置いたのだろう。だれの命令とだれの処置とによって、この所とこの時とが私にあてがわれたのだろう」「この無限の空間の永遠の沈黙は私を恐怖させる」（パスカル：146）。実存のこの不安にたいする最終的な処方箋を、ヨナスは形而上学に求めた。というのも、第五章に言及したように、晩年の『哲学的研究と形而上学的推測』によれば、「形而上学のみが、なぜ、人間がそもそも存在すべきかを教える」（Jonas 1992：134）からであり、かつまた、有機体の哲学を示した著作『生命という原理』によれば、「人間を孤立させる形而上学をやめるとき、人間の特殊性はあらためて理解されうる」（Jonas 1997：10）からである。

しかし、世界と人間とのあいだに横たわる裂け目はどうすれば架橋されるのか。ヨナスは、疑いえない所見を足場にして、直接には与えられないその前提を推測してゆくというやり方をとる。ハイデガーは、まさにヨナスがグノーシス主義と実存哲学の類似を着想した哲学者だったが、[1]同時にまた、ヨナスにその推測の足場を与えた。というのもハイデガーは、人間は自分が実存するかどうかだけでなく、どのように実存するかに配慮していると洞察したからである。そこからヨナスはこう推測する。もし、この配慮にいやしくも意義があるとすれば、「その事実だけでも、この事実を蔵している全体を価値づけると考えなくてはならない」（Jonas 1963：339-340）。

それでは、自己を配慮する存在であるという人間はどのようにして出現したのか。その出現する過程を連続的に説明しようとする試みが有機体の哲学だった。ヨナスは生き物の本質を代謝活動（物質交換）にみる。生き物は自分に必要な物質を外界からとりいれ、不要な物質を排出することで、外界による完全な支配から免れた同一性を保っている。外界とは区別される自己、内面、主観を獲得したわけである。ヨナスはこの現象を説明するためにアリストテレスに由来する形相と質料の概念を援用した。物質は質料であり、維持される有機体一個体の自己は形相である。生き物の本質は、質料の次元では間断なく変化しながら、まさにそのことによって形相においては同一である点にある。さて、しかし、生き物の出現する過程を連続的に説明するには、それ以前にさかのぼらなくてはならない。ここでまた、ヨナスは疑いえない所見を足場にして推測を展開する。生き物が存在し、自己、主観が存在しているのは事実である。これが足場である。論文「物質、精神、創造。宇宙論的所見と宇宙論的推測」はヨナスの統一的宇宙像を知るのに簡便な論文だが、そのなかで彼はこう説明している。まったく均質で中立的な物質から何の用意もないままに、自己保存する有機的なもの、主観性が発源すると考えるのは、「思考にたいして過大な要求」(Jonas 1992:220)である。それが出現するのに有利となるようななんらかの「選好が物質のなかに想定されるほうが、理屈がとおる」(ibid.)。したがって、自己維持という目的は物質のなかに「世界の偶然の所与をつかんで、さらに展開していく傾向、あこがれ」(ibid.)というかたちで潜在している。その憧憬が、外界の条件によって支配される無生の物質から、代謝によって外界からの独立、自由を獲得した生き物への移行を促した。こうしてヨナスは、生き物の存在という疑いえない所見から、直接にはあたえられない、物質に潜在する自己維持への傾向性を推測し、物質と生き物、物質と内面、世界と自己とを架橋していった。その結節点が身体である。だから、上の二つの対のどれを項とする二元論においても、身体はアポリアとなるのだ。「生とは物質的生命、すなわち、生きている身体、有機的存在の謂いにほかならない」(Jonas 1997:25)。

さて、生き物が獲得した自由、自己はけっして安定したものではない。というのも、存続するためにはつねに外界の物質を摂取しつづけなくてはならないからだ。その自由は欠如を補う必需と一体化している。代謝「できる」は同時に代謝し「なくてはならない」にほかならない(ibid.:158)。そのために、生き物はまだ獲得していない物質にむかっている。「生が外へ目をむけるのは、生が必需と一体の自由によって前へと目をむけているからである」(ibid.:28)。ヨナスはここに「生の根本性格としての志向性」(ibid.:160)を見出す。フッサールがブレンターノから継承し、意識を特徴づけるのに用い、のちにハイデガーの現存在における関心に展開していく概念が、ヨナスでは生き物一般の性格として捉えられたわけである。今後の生存のためには「まだ」ないものにこそ関心がむかう。この意味で、生き物は未来に開かれた存在である。「生き物の今は今すぐに延びている」(ibid.:27)。「生はつねに生があろうとするもの、今にもみずからそこへ送り届けられようとするものである」(ibid.:163)。ここには現象学の時間論、実存論が生き物に適用されている。さらに動物では、自分の行動範囲に見出される食物を実際に摂取するまえに像として先取りし、そこをめがけて移動する運動能力が獲得される。この説明は現象学にいう志向と充実を動物の食餌行動に適用したのにほかならない。そのうえ人間は像を、たとえば、古代人が洞窟に描き残している絵のように、客体化することができるようになった。このように未来を思い描く能力の発達していったはるか先に、未来世代を思い描き、それにたいする責任を感じる能力が準備されていくわけである。

現在、人間は地球規模で生態系を脅かす力を手にしている。人間はこれまで営々と築き上げられてきた自然の行程のなかで形成されてきた。もし、人間の存在に何がしかの意義があるならば、その意義を蔵している自然の行程全体も意義あるものだといわざるをえない。それゆえ、人間は自分の力を抑制する責任を負っている。以上の文脈から明らかなように、その対象は人間だけにとどまらない。人間が担うべき責任の対象となりうるのは、人間の力によって破壊と消滅に脅かされている存在者一般である。

こうしてヨナスの長い哲学的閲歴は、グノーシス研究から、有機体の哲学、責任原理、神学的形而上学的考察へとそれぞれの段階で力点を移しながら進んでいった。その展開は見通しのよい筋道をたどってきたわけではけっしてない。むしろ、一見、断章のブリコラージュとさえみえないわけではない。たとえば、アメリカの生命倫理学研究の一拠点へイスティングス・センターのフェローに就任したことは、有機体の哲学者としては不思議でないかもしれないが、その形而上学にとっては挿話的な出来事にもみえる。というのも、アメリカの生命倫理学はリベラリズムと功利主義に強く影響されてきたからである。だが他方で、ヨナスが複数の段階でとりあげた論点はたがいに重なり合ってもいる。今、その初期から目下の主題である責任原理にいたるまで、単純化を恐れずに粗く一本の線を引くならば、ヨナスはグノーシス研究から摘出した課題にたいして有機体の哲学をとおして回答し、その実践のための指示として責任原理を提唱したということができるだろう。

二　解釈の可能性
――存在論の擁護――

ヨナスの議論を最も肯定的に解釈する論者は、ヨナスの思想全体に有機的な連関を見出し、その全体を肯定しようとする。だが、その立場に立つ論者はどれほどいるだろうか。その数はそれほど多くない。高次の領域にみられる現象が低次の領域ですでに準備されているとするその推論、「自分の身体経験にもとづいて理解する（中略）パースペクティヴ的な視点」（Schulz:81）から形而上学を構築するその方法がやはり疑問視されるからだ。伝記的な解釈の試み（Levy; Wille）を別とすれば、ヘスレはその数少ないひとりである。ヘスレは「生き物の形而上学と一般的形而上学の関係」を考察するにあたって「生き物についてのヨナスの壮大な哲学から多くを継承している」（Hösle 2002:91）とその影響を言明し、また別の脈絡で、キルケゴールに言及するなかで、人間が時間的存在であることを直視した存在論としてヨナスの名をあげている。(2) シュペーマンとレーヴも、その目的論に関する考察のなかで、世界全体を支配する有機的原理の系譜にヨナスの名を連ねている。(3) すでに物質のなかに生き物を生み出す選好をみている点に着目したにちがいない。しかし、これらの著者はそもそも形而上学に関心を寄せている。第二章、第五章や本章三節に記すように、現在の価値多元社会では、特定の形而上学への関与そのものが拒否される傾向にある。

むしろヨナスにたいする好意的な解釈は日本のふたりの研究者にみることができる。そのひとり、尾形敬次ははっきりとヨナスの立場に立つ。彼はヨナスの発する読者への呼びかけに応えて、「私もまた、彼の述べる思慮深い人の一人であることを希望している」(尾形 2002:39) と名乗りをあげる。したがって、尾形が人間の価値に言及するときには、その根拠は、物件と人格を対比したカントの形而上学でもなければ、討議倫理学のいう遂行論的矛盾でもない。自然の進化のなかでの人間の位置づけにほかならない。もうひとり、盛永審一郎はヤスパース、ハイデガーらと比較しながらヨナス論を展開している。尾形や盛永の強調する論点――たとえば、討議共同体の存続は討議共同体それ自体によって基礎づけられず、ヨナスの第一命法である人類の存続を先行条件としているという指摘 (尾形 2002:32)、自律の原理が相互的な原理であるのにたいして責任原理は相互的ではないこと (尾形 1999a:4;尾形 1999b:52)、科学技術の力と集合的行為にたいして責任原理が提示されたこと (盛永 1993a:27ff)、ヨナスの存在論を時間の存在論とみる把握 (盛永 1993a:41)、人間中心主義との相違の指摘 (盛永 1993b:12)、生命論の分析 (盛永 1997:22ff) など――は、ヨナスの論点を適切にとりだしたものである。そしてまた、それらは本書各所で指摘してきた論点でもある。それにもかかわらず、私はヨナスの自然哲学や存在論を積極的に支持する立場をとらない。尾形が「もはや問題なのはそれが形而上学であるかどうかではなく、それぞれの形而上学のうちでどれにいっそう説得力があるかである」(尾形 1999a:7) と、ヨナスとともに、存在論ないし形而上学の選択を迫るのにたいして、本書は第二章や第五章に記したように、ヨナスとその批判者のいずれかを選択するのではなくて、その対立関係そのもののもつ意味を捉えることを目的としている。いいかえれば、ヨナスの主張がその批判の対象と対立するなかで占める位置、また逆に、ヨナスと敵対する立場についてもヨナスと対比することで明らかになってくるその位置を分節化することこそが本書の意図である。それについては五節に後述する。

三　解釈の可能性
――存在論の捨象――

ヨナスは複数の主題を抱え、統一像を結びにくい哲学者である。それはまた、反面、ヨナスに近づく多様なアプローチがあるということでもある。

法哲学者ベッキは「驚かれるかもしれないが、私が惹かれたのは、彼の責任論よりもまず、責任論の実践への応用のほうだった」(Becchi 2004:1) と語っている。だから、ベッキは『責任という原理』に劣らず「責任原理の実践」という副題のある『技術、医療、倫理』を評価している。ところが、ヨナスがそこで示している実践的指針は、ベッキによれば、自然哲学や存在論によって基礎づけられた責任原理に依拠しているわけではない。ベッキがみるところ、もろもろの問題にたいするヨナスの見解の根拠は次のとおりである。人体実験については長期的な帰結にたいする功利主義的基礎づけ (ibid.:3)、遺伝子操作については操作された側が操作を企てた世代を非難したくとも、後者がすでに死んでいる場合には非難できないという非対称性 (ibid.:4)、クローンについてはクローンとして生まれた子どもの知らないでいる権利 (ibid.) を守り、クローンとして生まれた人間の自由と人間の尊厳への侵害を防がなくてはならないという義務倫理学的基礎づけ (ibid.:5)、研究倫理については人間の尊厳に訴える義務倫理学的基礎づけ (ibid.)、人工生殖技術については子どもが自分の出自を知る権利を保護しなくてはならないという義務倫理学的基礎づけ (ibid.:6)、安楽死については「殺すなかれ」という職業倫理および一般倫理 (ibid.:7)、臓器移植については他者を手段化してはならぬという義務倫理学的基礎づけ (ibid.) 等がそれである。このように整理できるとすれば、ヨナスの実践的提言の実質的な基礎は、人間の尊厳と人格間の相互性にほかならない。したがって、そこから存在論ないし形而上学を切り離すことができる。こうベッキは結論する。[4]

はたしてそうだろうか。実際に、ヒト・クローニングについてのヨナスの議論をみてみよう。ヨナスはまず生き物への技術的操作と無生物を対象とする技術との違いから出発する。生き物は外界から物質をとりいれ、しかも自己を保持する固有の形相をもつ。したがって、無生物にたいする技術的操作では介入から結果までの計画をあらかじめ立てることができるが、生き物への技術的介入はそれとは異なり、成果が洞察できず、しかも反応が不可逆である (Jonas 1987:164ff)。とくに遺伝的性質を人為的に改変する技術については、その洞察不可能な影響が後の世代にまでおよんでいく。こうした「人間の自然本性をコントロールする」能力 (ibid.:168) の最たるものがヒト・クローニングである。そこでは、現在の人間が未来の人間に一方的に力を行使し、後者は前者の「無力な客体」(ibid.) と化してしまう。生き物への技術的介入の次元ですでに懸念がある。だが、人間についてはとくに客体化を防がなくてはならない。なぜか。人間が人間自身を技術的操作の客体とする事態とは、ヨナスが別の論文のなかで記した説明によれば、人間がみずから自然のなかで唯一認めてきた主体としての地位を放棄することであり、人間以外の自然物と同列にあつかう「人間の形而上学的中和化」(ibid.:39) にほかならないからだ。たしかに、客体化という概念は、ベッキの解するように人間の尊厳への侵犯、カントふうにいえば人格のたんなる手段化と同義であるとも解釈できよう。だが、上の引用はまた『グノーシスの宗教』の一節、「擬人論が自然の概念からあまりに徹底的に放逐されてしまったために (中略) もはや人間についてさえも擬人論的に考えるのをやめなくてはならなくなる」(Jonas 1963:335) というイロニーを連想させる。つまり、世界と人間の裂け目を徹底したあげくには、人間の存在する意義もまた見失われていくという彼の形而上学の文脈のなかで意味をなすのである。

いったいヨナスは人間というものをどのように考えていたのだろうか。クローニング論文のなかで、ヨナスは「人間という種は、それがあるがままですでに、よりよき者もより悪しき者も、上昇も下落もそのなかに座を占めるような次元を含んでいる」(Jonas 1987:178) と指摘している。両義的である人間を一方向に「改良」しようとすることとそのことがすでに「不遜」(ibid.) である。ここには、第二章に言及した『責任という原理』のユートピア思想批判との共鳴を聞くことができるだろう。人間という種が開かれた可能性をもつ存在として説明されたのと対応して、個人レベルでは、開かれた可能性はこう表現される。ひとは「導き手のない労苦のなかに自己を発見しなくてはならない。その労苦とは、自分の人生を初めてかつ一度きり生きること、つまり新たに来る者が自分自身について事前の準備ができていないのと同様に、世界のほうでも新たに来る者にたいして事前に準備しているわけではないその世界と出会うなかで自己となってゆく労苦である」(5) (ibid.:188)。ところが、クローニングによって生まれた人間は、自分と遺伝的性質が同じ既存の人間、細胞核の提供者、つまりクローンのオリジナルの人生に関する情報を知るはめとなるだろうし、他の人間のなかにもクローニングが行なわれた意図と経緯を知っている人間がいるということも意識せざるをえない。そのために、導き手のない労苦を生き抜く「自発性」(ibid.:189) は力を失う (これにたいして、自然にできた一卵性クローンは同時代に生きているからその危険はない)。そこで、論点は知らないでいる権利に移行する。もし、知らないでいる権利が究極の論拠であるならば、クローン本人に情報を秘匿すればよいはずだ。だが、ヨナスによれば、クローンの作成が人為的な意図を含む以上は、その意図の成果を確かめる意向が働き、その結果、本人が出自を知らないでいることは事実上ありえない。だとすれば、なるほどクローン作成が知らないでいる権利の侵害を招くことは避けられないといえる。しかし、ヨナスが強調するわりに、本当の論点はそこにはなかったようにみえる。本人の権利への侵害にたいする懸念以上に、ヨナスの趣旨は、本人と他人に関わりなく、知る——古い日本語を借りれば「治める」という意味での

「知る」を含めて——べきではないという点にあるように思われる。「重要なのは、有性的に作られた遺伝子型はそれ自身新たなものであり、その始まりにおいて誰にも知られず、人間仲間はもちろん、その遺伝子型の持ち主にとっても、存在が遂行されて初めて明らかにされなくてはならないということだ」(ibid.:188)。新たなものであるべきものを準備して計画的に作ろうとすることがすでに冒瀆なのであろう。以上から、ヨナスのヒト・クローニングについての議論がその生命論、自然哲学に濃く彩られていることはまぎれもない。この論拠に納得するかどうかは別として、ベッキの主張するように、その議論が人間の尊厳と知る権利だけで基礎づけられているとは解釈しがたい。

とはいえ、その議論に責任原理が直接に働いていないことはベッキの指摘するとおりである。この意味で、責任原理における理論と実際とのあいだには乖離がある——それは同時に『責任という原理』と『技術、医療、倫理』の二つの著作の乖離でもあるが——というベッキの主張は首肯できる。すると、このことと責任原理以外の基礎づけが導入されているというベッキの主張とを考え合わせれば、責任原理に立脚して具体的指針を構築する次元がヨナスには欠如しているという結論が導き出されるようにみえる。比較のために、討議倫理学を参照しよう。討議倫理学では、倫理の成り立つ基盤であるコミュニケーション共同体の存立を基礎づける考察の次元があり、それとは別に、そのコミュニケーション共同体内部での討議によって個々の倫理規範を基礎づける次元がある。これにたいしてヨナスの場合、倫理の成り立つ基盤を責任原理で基礎づけている一階層の論理があるだけにみえる。だとすれば、議論の構造の組み立ての点で、討議倫理学のほうがヨナスの責任原理よりも優れているという指摘が、ベッキの批判の要点のひとつになりそうである。私はベッキに直接この点を問うたが、ベッキはこれと別の見解をもっている(6)。第二章や第五章、本章四節に言及する論者と違い、ベッキは討議倫理学の基礎づけにも否定的である。ベッキが別の論文のなかで示した討議倫理学批判を参看しよう。それはベッキの立場を理解するためだけでなく、ヨナスと討議倫理学の対立関係を的確に理解するための一助ともなろうからである。

アーペルは討議を真理要求のみならず、価値や規範を相互主観的に基礎づけるための最も根底的な基盤とみている。これにたいして、ベッキは討議への参加が真理要求にとっては不可欠だとしても、行為規範の妥当根拠の要求は真理要求とは別だと主張する(Becchi 1996:40;45)。アーペルの過度の知性主義にたいするこの批判はある程度の説得力をもっている。けれども、ベッキが次のように推論を進めるとき、ベッキは誤読をしているように思われる。すなわち、うそをつくことは真理への到達を目標とする討議では許されない。だが、「うそをつくことが無実のひとを守ることになる場合のように、真実をいわないことが望ましい場合もある」(ibid.:44)。ここからベッキは、「論証の規則はそもそも道徳的に拘束力のある規範を含んでいない」(ibid.)と結論する。私見では、この推論は基礎づけの次元ないし階を区別していない点で誤っている。討議の規則は、コミュニケーション共同体の参加者にたいする規範であり、いいかえれば、個々の規範が成り立つ基盤についての規範である。そこではうそは許されない。一方、コミュニケーション共同体が成り立ち、そこでの討議をつうじて「かくかくしかじかの特定の状況においてはうそをつくほうがいい。少なくとも、許される」という具体的指針が合意され採択されることはありえないことではない。ベッキの批判が階の違いを無視しているとはそういう意味である。

それでは、ベッキ自身は基礎づけについてどのように考えているのだろうか。彼はヨナスの責任原理のかわりに「ヨナスがはっきりと異議を唱えていたカント的な相互性の立場」(ibid.:52)によってヨナスの提示する具体的指針を支えることができると明言する。そうしても、ベッキの意見では、ヨナスが脱却した人間中心主義に退却することにはならない。「相互性の理念を出発点にとることは、すべての義務は与える側と獲得する側との完璧な均衡の図式に還元できるということではない。われわれの義務をこの図式の外に拡張し、特定の状況では、他者がわれわれにたいして要求できる以上に、したがって、われわれが獲得できる以上に他者に与えることを命じることができるという考えを阻むものはない。（中略）そのなかに、種同士の連帯を引き入れることはむずかしくはない」（ibid.）。そうだろうか。たしかに、阻むものはない。だが、この拡張はカント的な立場では、親切心や愛や同情その他の感情のどれを動機とするにしても、せいぜい不完全義務にとどまるだろう。ここには、責任原理にいう力の不均衡な関係、世代間の時間の不可逆性といったヨナスの無視できない論点が脱落している。しかも、それらの論点こそが未来世代や人間以外の種への配慮を促す動機なのである。では、なぜ、ベッキは、相互的ではない他者への善意、種同士の連帯の導入を「むずかしくない」と考えることができるのだろうか。それらがベッキの道徳的直観によって支持されているからにほかなるまい。ここにおいて、具体的指針を責任原理によって基礎づける次元をあらためて用意する必要を指摘した私に、ベッキが賛同しなかった理由が明確になる。具体的指針はすでに責任原理による基礎づけとは独立に直観によって支持されているのである。そして、基礎づけの階層を区別しないのは、直観主義の特徴のひとつである。

ヨナスの問題提起と指針とを基本的に肯定しながら、その基礎づけは捨象する議論は、レンクにもみられる。レンクは責任概念についての研究を続けてきた。(7) レンクはヨナスの責任概念の新しさを評価する。過去の行為への帰責とは異なる未来への予防責任が語られているからである。レンクみずからも「伝統的にもっぱら個人主義的に定位され、個々人に道徳的義務を課してきた倫理学は、とくに未来にむかう時間的な広がりをもった、そしてまた集合的行為者ないし処理能力の担い手にたいする倫理学へと拡張されなくてはならない」（Lenk：221-222）と主張する。ヨナスのアプローチはその「重要な礎石」（ibid.：223）である。しかし、レンクによれば、集合的行為者の責任の基礎づけはヨナスを待つまでもない。カントでも可能である。というのも、「自分自身の、また、他の人格のなかにある人間性をけっしてたんなる手段としてではなく、つねに同時に目的として取り扱え」というカントの「道徳的命法は直接には行為者個人にむけられているが、この行為者は人間性の（中略）原理によって義務づけられている――つまり、ただちに集合的行為の形式と人間性の実存という理念に移行されうる純粋実践理性の要請によって義務づけられている」(ibid.:213)からである。レンクの説明はほぼ上の引用で尽きる。尾形敬次は、ここから導き出されるのはせいぜい現存する人間性の実存の維持であって、未来世代にはおよばないと批判している(尾形 1999:10)。本書は同じ論点をアーペルへの批判のなかで指摘してきた。だから、ここでは別の論点をとりあげよう。第四章で人間性(人類性)概念についての和辻哲郎の鋭利な分析に言及した。その観点からみると、レンクの議論は、人間性とも人類とも訳すことのできるMenschheitという概念をその両義性そのままに両義的に用いている。すなわちレンクのいう人間性は、個人的責任から集合的責任へ移行するさいには、どの人格にも共通の性格としての人間性を意味しており、人間性の実存という箇所では、人類を示唆している。和辻の解釈では、人類性(人間性)は人格を人格たらしめる性格であって、人格という存在者の集合ではなかった。ヨナスの責任原理もまた、人間の理念の尊重を根拠に据えている。しかしその理念の現実化のために、個々の人間の集合という意味での人類の存続を要請している。そこから本書は第五章において、本体としての人間を尊重するには現象としての人間を尊重しなくてはならないという論点を獲得したのだった。レンクの議論は鍵概念の両義性について立ち入った分析をしていない。そのために、その議論は一見滑らかに進展しているが、飛躍を含んでいる。そもそも、レンクの関心は一貫した基礎づけにはなかった。というのも、彼は「同時に現実主義的かつ実用的かつ道徳的直観に対応する倫理は、ただ混合的な理論のみがそれでありうる」(ibid.:223)と結論し、そこに義務倫理学や全体の利益への配慮を数えいれているからである。

ヨナスから具体的な指針を継承しようとする場合には、その存在論的基礎づけはむしろ議論を混乱させる要因になりやすい。したがって、具体的な指針を論じたい論者は存在論的基礎づけを捨象する傾向にある。場合によっては基礎づけそのものにも深くは立ち入らないのである。

四　解釈の可能性
——討議倫理学による基礎づけの代替——

まさにその基礎づけに照準を合わせるのが討議倫理学に与する論者たちである。彼らは、ヨナスの存在論的基礎づけでは普遍妥当性を得られないと批判し、その代替案として、討議倫理学による未来世代への責任の基礎づけを提案する。その基本的な考えは、すでに第二章や第五章に紹介したアーペル等の議論のなかで紹介した。ここでは、グノーシス研究から責任原理にいたるまでのヨナスの哲学的閲歴を読み込んだうえで同種の見解を示しているハドルンを参照しよう。

ハドルンによれば、代謝をとおして質料を変えながら自己に同一の形相を保つ存在者として有機体を捉えるヨナスの把握は、三人の哲学者との関係から生まれてきた。形相を実現する目的論を生き物のなかに読みとる発想は、もちろん用語を含めて、アリストテレスに由来する。だが、アリストテレスでは、形相は同じ種に属す個体に共通のものであって、個々の有機体各自の自己同一性を形相と呼んだわけではなかった。ヨナスのこの発想は、個々の現存在が自分自身の存在を有するとするハイデガーに由来している。そしてまた、外界の物質を摂取しながら自己を形成していく存在、「自己の自己創造がそのなかでしだいに現実化していく存在論的構造関係にむかう存在」(Hadorn:105) として生き物を捉える把握は、自由や自己を精神の自己関係性（自律）と定義するプロティノスへの批判に通じている。このようにハドルンはヨナスの思想形成に犀利な分析を加えている。

さて、目的をもった存在者、つまり生き物にたいして、その存否を支配する力をもつ者はその存続に配慮する責任を負っている。第二章にみたとおり、これがヨナスの主張だった。ところが、ハドルンは「なぜ、目的を有することが人間と生き物一般を尊敬すべき義務となるのかは示されていない」(ibid.:107) と反問する。その論拠を探り当てるために、ハドルンはヨナスの神学的議論についてのハドルン自身の解釈を援用する。「目的を有する存在は、世界のなかに内在する神の様態(Art und Weise)であり、それゆえ、有機体と人間の目的性に客観性が帰せられる」(ibid.:108)。ハドルンが世界に内在する神という概念をもちだすのは、明らかにヨナスのグノーシス研究を念頭においてのことである。グノーシス主義の神が世界から超絶した神である以上、グノーシス主義からの脱却とは神と世界の関係の回復であり、それとともに人間と世界の亀裂に架橋することでもあるからだ。

こうしてグノーシス研究から晩年の宇宙論的見解までを結びつけた解釈を示したうえで、ハドルンはヨナスの存在論的基礎づけでは未来世代への責任は基礎づけられないと結論する。なぜならそこには普遍化可能性が欠けているからだ。「命令が客観的であるためには普遍化可能性が決定的に重要である」(ibid.:110-111)。命令が効力をもつには、公共に支持される基礎づけでなくてはならない。そしてまた「未来倫理の命令にとって重要なのは、世代間正義という思想である。それにもかかわらず、この思想はヨナスの倫理においていかなる体系上の役割も果たしていない」(ibid.:111)。「近代の道徳理解には、正義の観念が決定的な意味をもつ」(ibid.:112) が、ヨナスの視点にはそれが欠けている。そのために、人類の存続のために一部の地域の利益を犠牲にするおそれ (ibid.:111-112)、生態学的危機を防ぐために集合的行為を統御する具体的指針を「個々人の相互主観的に規定された日常の行動ではなく、経済や社会の技術的革新の導入をコントロールするような科学、経済、政治の有力なエリート」(ibid.:113) に期待する姿勢、「包括的な費用便益分析」(ibid.:113) の欠如、存在の維持という論拠では「環境問題にとっての核心である価値の対立に対処することができない」(ibid.:114) 等の弱点を抱えてしまっている。したがって、ヨナスの定言命令は討議倫理学による「超越論的未来倫理によって補完されるほかない」(ibid.:112)。

ハドルンの批判を吟味しよう。ハドルンの異議は大別して二つに分かれる。ひとつは存在論的基礎づけでは不適切だという批判である。もうひとつはその基礎づけでは公正かつ実効的な具体的指針は導出できないという批判である。

ハドルンは自然に内在する神という観念を力説している。だが、その強調はいささか過剰に思われる。たしかに、ヨナスは「われわれのうちにある精神は、宇宙のなかでわれわれに知られている最高のものである」から、神と人間の隔たりを思えば不十分に終わるにしても、「神的なものの概念を形作るには、この最高のものから出発しなくてはならない」(Jonas 1992:235) と述べている。そしてまた、代謝が外界からの自由の証であり、その自由の頂点が精神であるとも述べている。たしかにヨナスにおいて、人間と生き物を神的なものと関連づけることはできる。しかし、それをただちに自然に内在する神と言明してよいかは別である。「世界のなかに価値を知覚することが神的な創造主を推論する根拠のひとつであるとは主張されるが（中略）、逆に、創造主を前もって想定することがその創造に価値を認める根拠になるわけではない」(Jonas 1984:99)。世界のなかに価値は見出される。それは現象学的所見である。けれども、そこから出発する神的なものの思索は「宇宙論的所見」ではなく「宇宙論的推測」(Jonas 1992:211) にとどまる。ヨナス自身は両者を区別しているのに、ハドルンは推測に所見と同じ効力を付与してしまっている。たしかに、ヨナスは神学的存在論的基礎づけを援用しており、かつまた、ハドルンがゲートマン＝ジーフェルトとともに指摘するように、自分の身体の経験に根ざした「現象学的所見と形而上学的概念構成が相互に説明しあって、したがって循環の関係を成している」(Hadorn:107; Gethmann-Siefert:192) と批評せざるをえない面はあるとしても、推測と証明の差は留意しなくてはなるまい。その点は第五章後半に指摘したところである。

とはいえ、いずれにせよ、ハドルンの異議の核心は変わるまい。その内容がどうであれ、特定の内容の存在論は一部の人間のみの支持しか獲得できず、他からの論駁の余地を残し、普遍化可能性を獲得しえないからである。

倫理に関する討議に参加しうるすべての存在が参加するコミュニケーション共同体での討議をつうじて合意されたことのみがその規準に達する。そのうえ、コミュニケーション共同体による基礎づけは、同時に、その討議を経て得られる具体的指針の公正と実効性を担保することに注意しなくてはならない。というのも、参加しうるすべてのメンバーによって討議されるからには、ヨナスのやり方をとった場合に地球全体のためにその利益を犠牲にされかねない地域の人間も異議を申し立てることができ、科学、政治、経済等の専門家も一般市民も討議に参加することから一部のエリートによる主導に問題解決を委ねるということも避けることができ、価値の対立しあう陣営の主張を討議にのせることで対立の調停と解消を図る可能性がありうるからである。

だとすれば、基礎づけ次元でも、具体的指針を導出する次元でも、討議倫理学のほうがヨナスの理論よりも優れているという結論が力あるものにみえてくる。それにもかかわらず、ヨナスの責任原理は全面的に否定されるわけではない。未来世代にたいする配慮というその内容が看過できないからである。したがって、討議倫理学者はそれに自分たちの基礎づけを「補完」してなお保持するわけだ。いいかえれば、未来倫理に関心のある討議倫理学者は、ヨナスの問題提起がコミュニケーション共同体での討議に付され、討議をつうじて「費用便益分析」等の客観的証拠や利害の調整によって手続き的な公正と内容上の実効性を獲得することを期待する。一方、責任原理が基礎づけ機能を果たすという主張には、討議倫理学者はきわめて峻烈に反発するのである。たとえば、ブルクハルトはハーバマスによるコールバーグ批判を論じた論文のなかで、他者への配慮は個人的配慮を脱して普遍化されるべきだとするハーバマスのその批判の要点を指摘したあとで、ヨナスもまた未来世代への責任を論じるときに同じ課題に立ちむかったと評価しつつ、しかし、「ヨナスは、もちろん、道徳、人間、世界についての形而上学的‐存在論的構想に逃避したのであるが」（Burckhart 2001:192）と付け加える。[8] ヨナスを一定評価するブルクハルトが「逃避」という厳しい表現を用いたのは、討議倫理学者からみれば不可欠な相互主観的な基礎づけにヨナスが着手しなかったからにほかならない。

五　解釈の可能性
——正義と境を接するもの——

ヨナスの議論の解釈には、以上みてきたように、その存在論を含めた肯定的な解釈（二節）、その存在論を捨象し、基礎づけ問題には十分には立ち入らずに、ヨナスの提起した問題を引き継ごうとするもの（三節）、存在論的基礎づけを否定して討議倫理学的基礎づけをもって代替しようとするもの（四節）がある。本書の立場はそのどれでもなく、「正義と境を接するもの」という表題のもとにヨナスの議論をみるものである。以下、この点について論じよう。

今、討議倫理学の立場に立つ者、一般化すれば、道徳理解には正義（Gerechtigkeit）が決定的な意味をもつという近代の正統的な倫理理論に与する論者Gと、ヨナスの責任（Verantwortung）原理の擁護者Vとが対論するとしよう。ここにいう正義は相互的で対等な関係を基盤として成り立ち、責任は非対称的な関係において成り立つ。図式的ではあるが、GとVは最初に、未来倫理の基礎づけを論じ、ついで、その基礎づけをとおして初めて確立される討議の場で具体的な倫理的な問題提起や提案を行なうとしよう。この話の運び方は、Gの提案によるが、Vもこれを了承したとしよう。

Vがヨナスの存在論をもちだせば、Gは早すぎると注意する。Gのみるところ、Vの主張は特殊な価値観を帯びた意見であり、基礎づけの完了したのちの討議の場にもちだすべきだからだ。もっと正確にいえば、基礎づけ次元で最も早くにもちだすべき提議はそれではない。討議倫理学的な基礎づけが先である。それ以上にさかのぼりえない基盤としてすでに存在しているからだ、とGは主張する。かりに、Vがこれと異なる見解をもっているとしても、Vがその見解を語る権利があると心得、Gにその見解の妥当性についての同意を求めているとすれば、Vはすでに討議倫理学の規範（「誰でも自分の見解を語る権利をもつ」「見解の妥当性が確立するのは討議によってである」）を承認していることになる。Vがそれを否定するなら、GはVの遂行論的矛盾を指摘すればよい。こうして討議倫理学による基礎づけの先行が確認されたとする。すると、Gは次の課題として、実際に討議を進めるのに十分な程度までに、討議に関する規範を発見し、合意し、確立しようと提案するだろう。その結果、ハーバマスがアレクセイの定式化を引用しつつ枚挙しているような一連の諸規則――「どの話し手も矛盾したことを話してはならない」といった論理的な規則、同一の語を多義的に用いたり、それが妥当する一部の対象にのみ用いたりしてはならないといった意味論的規則、「どの話し手も自分の信じていることのみ主張してよい」といった倫理的内容をもった規則、「言語能力と行為能力を有するどの主体も討議に参加してよい」「誰もがどのような主張をしてもよい」や討議の外部での抑圧や強制の禁止といった討議の自由を確保する規則（Habermas 1983: 97-99）等の諸規則――が確認されるだろう。ところが、こうして確立した規則にのっとって討議が始まると、基礎づけ次元で果たしてきた先導的役割をGは失う。討議の規則に関する議論からは具体的な問題についての提案は導けないからだ。かわりに、Vは地球規模での生態系のこれ以上の破壊を防ぐためには、「われわれの途方もない消費の習慣を厳しく断念する同意」を要し、しかも「それが続くには下から広く同意され」（Jonas 1992: 142）なくてはならない等と主張するだろう。だからといって、V自身も認めるように、「質素な暮らしを受け容れなくてはならず、それを承認しなくてはならないが、その承認がどのようにして成就され、苦しい時代にも維持されるかは謎である」（ibid.: 143）。しかし、それはGにとっても同様である。Gは討議を経て得られた同意の実効性は保証できるとしても、その同意が得られるかは請け合えないからである。

別の展開もありうる。Vが討議倫理学による基礎づけの先行に疑問を投じるとしよう。Vは、コミュニケーション共同体が将来もまた存在することをどうして保証できるのかと問う。それが存続するには、そのメンバーたりうる人間が存在していなくてはならない。責任原理はそれを要請する。したがって、コミュニケーション共同体の存続を基礎づける点で、責任原理こそ先行していなくてはならない。Vはそう主張する。これにたいしてGは、第五章に記したようにアーペルを援用して、討議倫理学でも基礎づけ可能だと反論する。これに応じてVもまた、第五章に記したように、その議論には時間の隔たりと不可逆性、そこから生じる世代間の力関係、身体への着目が欠けていると論駁するだろう。さらに、コミュニケーション共同体が存立するにはそれを可能にする環境条件を用意しなくてはならないのだから、未来世代のみならず、自然にたいする配慮を主張するだろう。けれども、自然それ自身にたいする配慮責任は、対等な関係に立脚するGの受け容れるところではない。とすれば、Vは存在論の選択を最終的な争点としてもちだすかもしれない。すると、VとGとの対立は調停できなくなってしまう。

GとVの対論はここまでとする。本書の立場に進もう。第二章に、ヨナスの責任原理の基礎づけの遂行論的基礎づけによる解釈を提案した。これはヨナスが明確に打ち出したものではない。しかし、人類は人類が存続すべきかという倫理的な問いに人類の消滅を是とする答えを出せば、倫理的な問いを問うという今まさにしている行為を自己否定してしまう矛盾を犯すことになる。それゆえ、自然のなかで責任を担いうる唯一の存在が人間である以上、責任が存在するようにすることがまず果たされるべき責任であり、「第一の命令」(Jonas 1984:186)となるのである。この解釈にしたがえば、存在論的基礎づけとは独立に、責任原理を基礎づけることができる。本書はこの点でGとは別の立場に立つ。私見では、この立場はGよりはいささか強力である。

しかしながら、この解釈によって責任原理を基礎づけることができるとしても、それによって、討議倫理学者や正義を基盤とする倫理理論の支持者が投げかける批判をすべて一掃できるわけではない。ハドルンへの言及のなかで記したように、相互的で対等な関係にもとづく正義の原理は基礎づけ次元のみならず、具体的な指針や対処を論じるための、公正な手続きによって利害の調整や公平な分担を図る場を作り出すからだ。これにたいして、ヨナスの責任原理も具体的指針のために、たしかに、責任は力の関数であるという基本原則を提示することはできるが、これだけでは集合的行為者のあいだでその関与に応じて公正に責任を分配できるかは期待しがたい。だとすれば、人類の存続に関するかぎりは責任原理で基礎づけられるにせよ、それ以上の具体的な討議の場面では、正義の原理が補完されなくてはならない。しかも、この原理は責任原理から導出されることはできない。しかしながら反面、正義の原理からもヨナスのいう意味での責任原理は導出されないことにも注意しなくてはならない。未来の人間とは、まだ存在していない存在者、現在世代の行動如何によってはけっして存在することのない存在者にほかならない。ヨナスはまさにその存在論によって存在の無にたいする優位を説いている。これにたいして、対等で相互的な関係に依拠する正義の原理は、存在と非存在という——そのことばをここで使ってよいならば——まったく共約不可能な二項については機能しがたい。倫理的問題についての具体的な指針や対処を決めるときに、行為の結果にともなう罪過（責任）やよい結果に寄与した貢献度を測るのにみごとに機能する分配的正義はまさに比例、共約的であることを基盤とする以上、非存在に適用することはできない。

かくして明らかに責任と正義は異質な原理である。共同体の内部の成員相互の関係は正義によって表わされる。外部との関係は別のことばで呼ばなくてはならない。そこに責任という概念が用いられる。正義は、共通の分母において成り立つ比例的な差も含めて、同一性のうえに成り立つ。責任はそうではない。同一性が成り立たない以上、責任の対象とされる未来の人間は、正義を原理とした共同体にとって外部であり、他者であるにほかならない。なるほど、コミュニケーション共同体内部の可能なメンバーとして想定することはできる。だが、それをしたとき、第五章に記したように、時間の差、存在と非存在の違い、力関係が削ぎ落とされる。つまり、異他性が失われる。自然については、言語能力と行為能力の欠如のゆえに、いつまでもこの共同体の外部にとどまる。

正義を原理とする共同体のなかで定められたことは、共同体内部ではそれ自体正義として通用する。だが、かりに、その共同体の外部からみることができるとすれば、それは正義という意味を失うだろう。第三章に、人間と人間以外の自然とのあいだには、人間同士に成り立つような正義の関係が成り立たないことを指摘した。たしかに、人間は自然の利益の代理人を務めるべきだという主張もある。しかし、どうして自然へのそうした配慮が（一部のひとにではあれ）支持され、要請されるのか。それにたいする答えは、第三章にみたところでは、人間が自然にたいして感じる負債の意識であり、第四章にみたところでは、人間によっては制御できないものへの畏れである。これらは人間のあいだでとりきめられる正義が正義ではないかもしれないという疑念の表われであり、人間が制御できぬ外部への意識によって促される。

とはいえ、未来の人間や人間以外の自然は、たんに外部とか他者としか呼びえないものではない。というのも、責任を担う人間の側も、責任の対象である側も、ともに存在を脅かされうるもの、うつろうもの、傷つきやすいものという共通の性格をもって把握されるからである。第五章に言及したハーバマスのいう人間以外の生き物との「一致」（Habermas 2001 : 83-84）もまた、こうした把握を示唆している。さて、この共通性に訴えるかぎり、責任原理は一種の共感と誤ってみなされる可能性がある。共感とはまさに彼我の同一性に依拠した規範である。だからこそ共感は、正義そのものではないにしても、正義と両立可能な規範として一般にうけとられている。さらにまた、非対称的な力関係の対象については、相互性にのっとらない善意ないし恩恵（benevolence）、慈愛（charity）といった規範も適用される。これらは正義とは別の種類の規範であるにしても、正義に立脚する倫理理論にとってなじみの問題としてあつかいうるし、歴史的にもそうあつかわれてきた。したがって、正義に立脚する倫理理論のなかでは、責任原理をこのように変容して解釈する傾向はいつでも働いているといわざるをえない。そのように変容されることで、責任原理がもともともっていた正義の原理とは異質な部分はますます忘れ去られるだろう。なぜなら、それは異質であるからこそみえてこないからである。

たとえば、ハドルンの批判にもあったようにヨナスの論敵はしばしば、ヨナスの主張では、人類の存続のために現在世代における正義（たとえば、開発途上国と先進国とのあいだの正義）が犠牲になるおそれを指摘している（Apel 1994:380;Apel 1997:175;Hadorn:112;Becchi 1996:51）。実際、ヨナスはこう語っている。「世界規模の生態学的危機の高まりつつある圧迫に対してたんに物質的な生活水準のみならず民主主義的自由も犠牲にし、ついには救いのためには暴政をも招くような警告的予測をしたために、私は問題解決のための独裁を支持していると非難されてきた。（中略）私は、実際、そのような独裁は破滅よりもはるかにましであり、この二者択一のなかでは倫理的に是認されると述べた。この態度を私は存在の審級のまえで固持する。（中略）自由を犠牲にして物理的な存続を認めても、われわれは自己矛盾に陥らないか。（中略）われわれが懼れ慄きつつも物理的存続の優先を受け容れるのは、自由という存在論的能力は人間の本質と不可分だから現実に消滅されることはなく、ただ一時的に公共空間から排除されうると確信するからだ」（Jonas 1992:145）。ただし、ヨナスは環境を守るためにあえて暴政の甘受を認めていることに留意しなくてはならない。暴政を選んだとき、ヨナスが直面していたのは人類の存続か絶滅かという選択であった。この主張に対抗するには、カントの「正義が滅びるなら、人間が地上に生きることにもはやなんの価値もない」（Kant 1968c:332）をもってすべきである。これにたいして、ヨナスの論敵による非難は、存在することが前提された人間共同体の内部の正義を根拠として批判しているにとどまる。なるほど、そうであれば、暴政の犠牲となるおそれのあるひとびとも討議主体として含まれるコミュニケーション共同体を審級として、暴政の不正義を断じることもできるだろう。けれども、ヨナスは存在を審級として、無よりも存在を選んだのだった。ヨナスの論敵は自分たちのヨナス批判を自明とみるかもしれない。しかし、まさにそのことこそ彼らがヨナスの文脈を視野に入れていない証拠であるまいか[9]。

しかし、ヨナスの形而上学的推論それ自体も、責任原理が示唆していることがらを内部化する契機になりかねない一面をもっている。彼の自然哲学、存在論、形而上学は、自然のなかに人間にしかるべき地位をあてがう意図、すなわち、各自にそれにふさわしいものをあてがう正義（ただし、この場合には、宇宙的正義）を主張する意図をもっているからだ。物質、生き物、人間がその形而上学のなかで宇宙のなかにそれぞれが占めるべき地位を占めたとしても、それは責任の対象たる要件の「私と異なるもの」をその異他性においてではなく、私と同類の、したがって同一の基準にのっとる、責任ならざる分配的正義の適用可能な存在者に変容してしまうことにほかならない。本書は第五章で、こうした形而上学的思索が人間共同体の外部への意識に触発されてのことであることを認めながら、ミュートス、推論と哲学的営為との区別を強調した。その理由は、ひとつには、かかる内部化を留保したいと考えるからである。

こうして責任原理は、一方では、基礎づけ次元では正義と異質な原理という性格を帯びており、他方では、コミュニケーション共同体のなかにとりこまれ、他の規範と並列的に働いてしまう可能性をもっている。この両面に留意しなくてはならない。その両面的な性格をその両義性のままに言い表わすために、私は、責任原理に「正義の他者」ではなく「正義と境を接するもの」という表現をあたえたわけである。

第二部　ケアの倫理

第七章　ケアの倫理の問題提起

ある主題の内容をどのように説明するかは、その主題をいかなる問題の連関のなかに位置づけるかに応じて変わってくる。このことはどんな主題にもいえることだが、とりわけ、さまざまな文脈に結びつく可能性をもった主題にあてはまる。ケア――配慮、気づかい、世話、思いやり――の倫理はそうした主題のひとつである。ケアの倫理（ethic of care）という呼称は、発達心理学の研究者キャロル・ギリガンの著書『もうひとつの声』（一九八二年）に由来する。本章ではまず、予備考察として、ケアの倫理について説明し、それが提起する問題が問われる次元を整理し（一節）、次にその整理された次元のもとで、ケアの倫理と正義の倫理相互の関係をめぐるケア対正義論争における争点を分析する（二節）。

一　予備考察

一・一　ケアの倫理――ギリガンの問題提起

ギリガンがケアの倫理を想到するにいたった経緯は、この倫理理論の日本での紹介者のひとりである川本隆史（川本 1995：67-70, 202-204）をはじめ、多くの論者によって言及されているが、論考の端緒として簡潔にまとめておく。

コールバーグの道徳性の発達理論では、発達は三レベル六段階に分かたれる[1]。すなわち、前慣習的レベル、慣習的レベル、脱慣習的レベルである（コールバーグ：44-49）。各レベルに属す段階をパラフレーズするなら、前慣習的レベルには権威に盲従する第一段階と自己利益にもとづいて規則を遵守する第二段階、慣習的レベルには社会的役割の遂行を善とする第三段階と社会秩序の維持を善とする第四段階、脱慣習的レベルには社会の構成員の幸福を目的とした社会契約を倫理の根拠とみる第五段階と普遍的に妥当する原理や一貫した良心を志向する第六段階とがそれぞれ属している。このモデルでは、成熟とは、自己中心的な判断から脱却し、他者の役割に身をおいて推論することで自己の判断を普遍化する能力へ移行する過程であり、同時に、他律的な服従や同調から道徳的判断の根拠を内面化していく過程である。コールバーグは子どもを含む被験者の発達段階を調べるために、仮設したディレンマによる設問を用意した。そのディレンマのひとつが、重い病気の妻をもつ夫ハインツが妻の命を救う薬代を払えないために薬屋から薬を盗むべきか、それとも、結果的に妻を助けることができなくても法を守って盗みをすべきでないかと問う「ハインツのディレンマ」である。

ギリガンもまたコールバーグ理論にしたがって研究を進めていた。ところが、他の面では同等の能力をもつ十一歳の男女を調べたところ、ハインツのディレンマにたいするふたりの回答はきわめて対照的だった（Gilligan 1982：26ff）。男児はディレンマを生命と財産との二つの価値の対立と捉え、つねに生命のほうがいっそう重要だから薬を盗むべきだと答えた。一方、女児の反応は、夫が逮捕された場合に誰が妻の世話をするのか、ほかに薬代を払う方法はないのかなどの別の問題に飛んでしまい、明確な回答に収斂せず、やがて「誰かを生かし続けるものをもっているなら、それをあたえないのは正しくない」（ibid.：28）から薬屋が悪いという結論にいたった。コールバーグの理論を適用すると、男児の判断には、法は人びとの幸福のために存在しており、それゆえその目的に反する場合には法を破ってもよいとする脱慣習的レベルの発想がすでに萌芽している。一方、女児の判断は夫婦のおかれている個別の状況を抽象できていないゆえに慣習的レベルの発達段階にとどまっていると判断されよう。だが、ギリガンはそう結論しなかった。むしろ、女児の発達段階を適切に理解するには、コールバーグの評価基準のほうが不適切なのではないかと考えた。

ギリガンによれば、フロイト、ピアジェ、コールバーグなど、主要な発達理論では、自我の成長は他人（とくに母親）からの分離、個別化の進展によって測られるが、この発達モデルは男性にこそよく適合する。いいかえれば、性差を超えた人間一般の発達モデルなどはない。同じ事態に面しても、男性よりも女性に多くみられる反応がある。たとえば、競争に勝った場合に葛藤を感じる傾向がそれである。というのも、男性は問題を能力差とそれに応じた処遇にしぼりこみ、勝利を優者に帰すべき当然の権利とみなすが、女性は勝敗によって自他の懸隔が明らかになって、人間関係が破綻するのを恐れる傾向が強いからだ。男性では、状況を抽象化し、類似の状況に普遍的に妥当する法則、同等の資格をもっている全員を等しくあつかう正義にもとづいて、自他のあいだに生じる葛藤を解決しようとする傾向が支配的である。一方、女性のなかにはしばしば、目下の状況の細かな脈絡、当事者それぞれの事情、ひとりひとりの必要を気づかうことで葛藤を除去しようとする傾向がみられる。したがって、ディレンマを仮設して二者択一を迫るようなテストでは、女性は低く評価されやすい。実際、先の女児は、盗むべきか妻を見殺しにすべきかについての二者択一を迫られて混乱し苛立っている。ひょっとすると仮設的な思考実験を強いられることそのものがこの女児にとっては暴力的ですらあったのかもしれない。女児が道徳的判断を下すために重視する当事者個々の抱えている事情は、そこでは捨象されてしまっているからである。コールバーグの発達理論では、それゆえ、周囲の人びとに配慮する女性は慣習的レベルまでしか到達していないと評価される傾向にある。しかし、ギリガンによれば、女性はコールバーグの発達モデルと別の道筋をたどって成熟してゆく。他人と自分にたいする気づかい、ケアの深化がそれである。ギリガンはこの発見を展開して、人種と社会階層の異なる十五歳から三十三歳までの二十九人の女性を対象とした中絶と妊娠に関する調査をとおして女性の道徳性の発達モデルを次のように描き出した（ibid.:71ff）。

妊娠と出産は、とくに年少の未婚の女性にとっては、自分自身の生活と将来を脅かす危機である。そのために、ケアすべきはもっぱら自分の生存であり、中絶を戒める道徳はたんなる拘束としか思われない（前慣習的レベル）。だが、次の段階では、こうした態度は利己的として指弾され、かわって、自分が他人をケアする社会的責任と責任をまっとうする能力の自負が生まれる。ところが、他人へのケアはえてして自分の利益との葛藤をひきおこす。この段階では、ケアすべき対象は他人にかぎられているので、ケアすることが自己犠牲を招きやすい。中絶、出産、いずれの選択肢をとるにしても、この段階の女性は周囲の利益のためにそれを選び、その後、自分の身にかかる重荷を忍従せざるをえない。ときには、自分がケアした相手を恨む気持ちも生じてくる（慣習的レベル）。だが、成熟が進めば、こうした態度をとるのは自分自身に正直ではないと気づく。他人の要求に気づかう責任を果たすことは善であるが、他人にたいするのと同様に、自分自身の要求も顧慮する責任を果たすことは「自分にたいしても正しい（right）」（ibid.:94）と思うようになる。こうして、ケアされねばならない無力な存在として自分と他人とを等しく尊重する態度がケアの倫理にくみこまれてくる（脱慣習的レベル）。前慣習的、慣習的、脱慣習的というレベルの呼称はコールバーグの理論に対応している。慣習的レベルでは、母親や女性に特定の役割を期待する社会道徳に順応しているが、脱慣習的レベルではこれを批判して普遍的に妥当する内容の倫理が構築される。したがって、女性がコールバーグ理論で慣習的レベルにとどまるように評価されやすいのは誤りである。女性は男性とは別の道筋をとおって、「誰もが他人から応答してもらえ、仲間に入れられ、誰ひとりとしてとり残されたり傷つけられたりはしない」(ibid.:63) という普遍的な広がりをもつケアへと成熟していく。

こうしてギリガンはコールバーグ理論を正義の倫理と呼び、自分の理論をケアの倫理と呼んで対置した。そこには発達過程のみならず、正義および普遍的原理と自他を適切に気づかう配慮というそれぞれの道徳的な理想が対置されているのである。

一・二　ケアの倫理――その倫理学への影響

ギリガンのケアの倫理はもともと発達心理学の研究に由来している。しかし、ギリガンの提起した問題はまた倫理学の歴史と倫理学そのものを問いなおすものとして解釈されていった。コールバーグ自身が親和性を明言している(コールバーグ/ヒギンズ:5) ロールズをはじめ、ロールズがその系譜に属すカントの義務倫理学、社会契約論、リベラリズム、あるいはまた、カントの目的の王国をコミュニケーション共同体と読み替えた討議倫理学 (その代表者のハーバマスはコールバーグを評価している (Habermas 1983:130ff))、そしてまた、ロールズが批判し、通常は義務倫理学と対比されることの多い功利主義――これら有力な倫理理論はこぞって、正義、普遍化可能性、普遍化する能力としての理性に倫理の本質を見出す見解を共有しており、この見解こそが近代の倫理学の正統を形成してきたからである。したがって、ケアの倫理はこの正統に疑問を投じる論者たちに注目された。たとえば、「『正統的な』リベラルな道徳理論」の特徴を「自律、平等な者同士の関係、自由に選ばれた関係」(Baier:31) にみるベイアーはケアの倫理に関心を寄せている論者として、マッキンタイア、ストッカー、ブラム、スロート、カード、ジャガーらを挙げている (ibid.:18)。ベイアー自身はヒュームの研究者として知られている。ヒュームは理性よりも感情が倫理に果たす役割を重んじ、社会契約の虚構性を指摘した。マッキンタイアはトマス、アリストテレスの思想の現代における代表的な擁護者であり、ストッカーやスロートも徳の倫理の擁護者である。古代・中世哲学は、近代の倫理学の正統とは逆に、個々人に生き方を選ぶ権利を認める正義を尊重するよりも人びとに共通の善き生き方を探求することこそを課題としていた。しかしまた、カード、ジャガーのようなリベラルなフェミニズムの論者もここに含まれている。フェミニストは、男性支配のもとで伝わりにくい女性の経験に裏打ちされた主張をとりつぐギリガンの意図を評価し、一方また、それが固定した女性観につながることを危惧する。したがって、ひとつの倫理理論がケアの倫理への賛否によって一義的に分類されるわけではない。功利主義をカントとともに正統に数え入れる論者（Blum:472）がいる一方、クーゼはケアの倫理に反発しながらもケアの視点を積極的に摂取し、功利主義こそケアを具現すると主張している（Kuhse:136）。さらにまた、「人びとが正義の諸原理、とりわけ格差原理を考えだすようにするためには、共感、善意、自分と他人に等しく関心をもつことに頼らざるをえなかった」（Okin 1989a:243）と記すオーキンは、ロールズの正義論のなかにケアの視点を見出しているといえよう。注目すべきは、肯定的であれ否定的であれ、ケアの倫理が、場合によっては対立しうるさまざまな思想を出自とする論者によってうけとめられたということである。さらに倫理学のみならず、ケアの倫理の問題提起は、政治哲学、法学その他の分野でも広く論じられている。

このように広汎な反応をまきおこしたのは、ケアの倫理が、近代の倫理理論のなかではあまり語られることのなかった異質な価値を提唱しているからである。そこを確認するためにケアの特徴について素描しておく。

ケアないしケアリング（ケアの実践に力点をおいていることを表わすために、ノディングスらはこの用語を用いる）は行為に通じる。とはいえ、ある行為がケアないしケアリングであるかは、行為の種類や対象によっては特定されない。ひとのために食事を作る。ひとに何かを教える。飼い犬を散歩させる。植木に水をやる。自分が抱いている理想を育む。いずれもケアである場合も、不十分なケアである場合も、ケアといいがたい場合もありうる。それでは、ある行為をケアと呼びうるその特徴とは何か。ケアする者が対象に打ち込んでいることである。この特徴は、

「専心没頭」(Noddings 1984:9)、自分のためではなくその対象のためにしているという「動機の転移」(ibid.:16)、対象を「私自身の延長のように感じる」(メイヤロフ:18)などと表現される。自分と対象のこの一体感のゆえに、ケアは同時にケアする者の自己実現にほかならない。何をケアするかは、何が私にとって大切なのかということに思いを凝らすことだから、私の生は私がケアしているものを中心に秩序づけられ、「単純化」(同上:145)していく。

しかし、この一体感はケアする者が対象を併呑し同化してえたものではない。ケアする者は対象が「「それらしくなる」ことを望んでいる」(同上:19)、「他者を「あるがまま」に許容する」(Benner 1997:48)。対象を「受容する」(Noddings 1984:30)。「心を開き、応答する」(Benner 1997:48)。対象に「傾聴する」(ibid.:56)。これらがケアの特徴としてつねにあげられるのは、対象の他者性を正しくうけとめるためである。この注意深い眼差しのもとで、ケアの対象は「いつも特定の誰かであり特定の何か」(メイヤロフ:27)として捉えられる。対象を自分の思い通りに操作してはならない。それどころか、ケアする対象の選択すら思い通りにはならない。「ケアする者の責任はしばしば選べない」(Baier:30)。自分が招いたのではなくても、「身近な他者」(Noddings 1984:113)が、まず、ケアの対象である。「ふたりともそこに生きているという事実によって」(Gilligan 1982:57)、たがいにケアすることが促される。したがってまた、他者への同化、対象のための自己犠牲は成熟したケアのありようではない(ibid.:74)。他者と同様、自分もまた「本質的に無力」(ibid.:148)でケアされるべき対象だからである。

それゆえ、ケアは、ケアする側、される側のいずれか一方の主導によるのではなく、両者の関係にこそ存している。その意味から「対話」(Noddings 1984:121)が文字通りにも象徴的な意味でも強調される。対話の意義が既定の結論への到達にないように、ケアの意義は事前に設定された目標の達成にはない。過程それ自身が重要である(メイヤロフ:71)。したがって、ケアの倫理では、ケアすること、関係それ自体に価値がある。たとえば、人工妊娠中絶に否定的な判断が下されるとすれば、胎児の生命の神聖さゆえではなく母子の「神聖な結びつき」

（Gilligan 1982:59）を壊すからである。ケアされる必要に応答（response）する責任（responsibility）を果たさないことこそが、ケアの倫理においては悪なのである。

ケアの倫理の根本には、人間は傷つきやすく、だからたがいに依存せざるをえないという認識がある。これと比べれば、近代の正統的な倫理理論の中核にある自律の観念が、他者からの分離を自己の独立とみなす思想に裏づけられていることが明らかになろう。

最後に、ケアに近い二つの観念との相違を記しておく。共感はケアときわめて近い。だが、自分自身を他者に投影するという意味での共感は他者の同化であってケアではない（Noddings 1984:30）。愛はしばしばケアと同義に使われる。たしかに、愛する者は相手をケアする。しかし、たまたま事故現場に居合わせれば自分のなしうる範囲で見知らぬ他人を助けなくてはならないように、愛していなくても、ケアする責任は消えない。

一・三　問題連関の切り分け

ケアの倫理の問題提起をどのようにうけとめるべきだろうか。ケアの倫理と正義の倫理はたがいに独立で排除しあうのか。あるいは、一方が他方を統合するのか。それとも、両者は相補的な関係にあるのか。八〇年代以降、「どちらの倫理が優れているか」（Clement:109）が争われてきた。この論争はケア対正義論争と呼ばれる。しかし、それについて考えるには、截然とは分けられぬものの、問題連関を整理しなくてはならない。

まず、ケアの倫理の出自である発達心理学の実証的次元と規範や価値を含意している倫理的次元とを分けなくてはならない。

発達理論の実証的次元では、両者はたがいに独立に存在するか、あるいは、一方が他方を摂取同化し、標準的発達モデルの亜種として説明するか、いずれかである。ギリガンが主張するように、性差が事実に対応しているなら前者である。性差があるとすれば、それは、ギリガンがチョドロウを援用しながら説明するように、母親と同じ性である女性はケアする者との同化を、母親と異なる性である男性は分離をめざすからか（Gilligan 1982:6）。それとも別の要因によるのか。これらの争点は実証的な研究によって決せられるべきである。

しかしまた、ギリガンの指摘は、記述的とみなされている研究が帯びているイデオロギーを暴いてもいる。ギリガンが主張しているように、既往の研究が性差を捉えそこねていたならば、理論が含意している性差別を批判しなくてはならない。だが逆に性差が確証しえないなら、ケアの倫理はステレオタイプの女性観を再生産し、性差別を助長するおそれを含んでいる。さらに性差が見出されたとしても、それを社会的な構成の産物とみなすか女性の本質とみなすかによって、その含意は大きく違ってくる。もはや統計上の数値ではなく、理論の社会的背景、理論の創始者や支持者が、意識してであれ無意識にであれ、発している社会的メッセージが問われなくてはならない。少なくとも、ギリガンは性差を固定した生物学的な決定論を意図していない。女性の倫理（feminine ethic）をみずから標榜するノディングスさえそうである。それゆえ、ギリガンの「要求は、けっして「責任と思いやりの道徳」を女性固有の道徳概念として認めよということでも、女性の道徳判断はその道徳概念に基づくべきだという要求でもなかった」（江原:134）とみる解釈が穏当だろう。ただし、女性の概念が社会的に構成されてきたなかで帯びてくる象徴的な意味合いについてはなお論じる余地がある。この点については第九章と第十一章にとりあげる。

倫理的な次元では、ケアないし正義という規範レベルでの対比と、倫理を基礎づける基底はケアか正義かという基礎づけレベルでの対比とを区別しなくてはならない(2)。

ケアと正義の統合を説く論者は多い。だが、そのほとんどが、たんに同一の人間のなかで二つの規範は並存しうるという主張か、ないしは、正義の倫理は規範としてのケアを排除するものではないという主張にすぎない。

前者は規範レベルでの両立を説いているにすぎず、ギリガンの異議申し立てを根本のところでうけとめていない。後者は、正義はケアよりも倫理の根拠としていっそう根本的だという主張にほかならない。正義の倫理にケアが統合されているというよりも、摂取同化されているというほうが適切である。これにたいして、基礎づけレベルでは、正義とケアとは、一方から他方が導出できないなら、正義からケアは導出できず、かつまた、ケアから正義は導出できないというしかたでたがいに独立であるか、両者がそのどちらでもない別の観念に基礎づけられて二つの倫理が統合されるか、いずれかである。ただしたがいに独立の場合でも、同一の人間が両者を使い分け、ひょっとすると両者が相補的に機能する可能性はあるだろう。

倫理の基礎はケアか正義かという基礎づけレベルの対立は、しかしまた、倫理をどのような領域と考えるかという点の違いと結びついている。メタ倫理学という語は、通常、倫理的判断に用いる概念の意味の分析を指すが、ここでは、「倫理とは何か」という問いもメタ倫理学的分析と呼ぶならば、メタ倫理学のレベルにおいても、ケアの倫理と正義の倫理とは対立する。ケアの倫理は、個別の状況における特定の対象への、感情のこもったケアを行為の倫理性の不可欠な要素とみなす個別主義(particularism)(Bubeck: 190)をとり、正義の倫理は、普遍妥当的な基準を充たしていると理性によって判断できることを行為の倫理性の不可欠な要素とみなす公平主義(impartialism)(ibid.: 191)をとる。

本章二節では、規範レベルの対立と基礎づけレベルの対立とに留意しつつ、一方の倫理理論による他方の統合の可否をめぐるケア対正義論争について分析する。

一・四　ケアについての倫理

ところで、ケアが不可欠とされる営為がある。看護や教育はその例である。こうしたケアと呼ばれるにふさわしい種類の営為に従事するひとが採るべき態度や行動様式を「ケアの倫理」と呼び表わす場合もあるだろう。本書ではこれを「ケアについての倫理」と呼び、ギリガンに由来する「ケアの倫理」と区別する。だが、両者のあいだに関係が生じないことはありえない。その関係はどのようなものだろうか。ここでは、看護の分野について言及する。

レイニンガーによれば、「ケアこそが看護の本質である」[3]（レイニンガー：2）。看護は患者の経てきた人生も含めて患者全体に注意をむけるという趣旨である。その背景には、ますます科学技術的志向を強めている医学とは独立の仕事として看護を位置づけようという志向が働いている。看護学者のフライがケアのモデルの見取り図を示したなかに、生物医学の視点からのみ患者をみる見方から脱却した看護を探究する手引きとしてノディングスのケアリングの倫理を推奨しているのもこの脈絡から理解できる（Fry：18）。しかし、これを看護がケアの倫理を外から移入したとか、ケアの倫理が看護の分野に応用されたというふうに解釈してはならない。むしろ、患者を注意しつつ見守り、患者の必要にそのつど対応すべき看護という営為そのもののなかから、「心を開き、応答する」（Benner 1997：48）ケアが要請されているからである。したがって、看護の自己理解を求める内発的な動きこそがケアの観念とその倫理的意義を探り当てたとみるべきである。たとえば、患者の気分を慰めることは看護の重要な働きだが、ベナーによれば、多くのナースはそれを「患者とともにいる」としか表現する語彙をもたない（ibid.：55）。それをケアという概念のなかに位置づけることは、看護の意義と重要性を再認識する一助になるはずである。

ケアの倫理が倫理学全体の文脈のなかに位置づけられたのと同様に、看護におけるケアの尊重もまた、生命倫理学ないし医療倫理学といういっそう広い文脈のなかに位置づけられる。生命倫理学ないし医療倫理学は、一九七〇年代には、患者の自己決定の尊重をはじめとする普遍的な原理にもとづいて個々の医療状況における倫理的ディレンマを解決しようという方向を推進していった。しかし、八〇年代以降、こうした原理原則的思考では医療現場につきつけられる複雑な要求には対応しがたいという批判が提出されはじめた（品川 1999b:273-276）。この批判は、原理原則が一律に適用されることへの疑問、状況の個別性の重視という主張をケアの倫理とまったく共有している。そのなかで、患者のニーズを細かにくみとる働きがケアとしての看護に期待されるわけである。

したがって、ケアについての倫理を媒介として、看護の分野での議論が他の倫理思想と結びつくこともありうる。たとえば、ベナーは看護の実践のなかから形成されるケアとアリストテレスに代表される徳の倫理とを結びつけようとしている。多様な状況に対応できる実践知《フロネーシス》の能力を経験のなかで身につけていくゆえに、「医療と看護は徳の倫理を回復するよい候補」（Benner 1997:59）だからである。ケアの倫理は徳の倫理に収斂するのだろうか。それについては**二・五**でとりあげる。ベナーのケア論の展開については第十一章に再説する。

一・五　ケアについての哲学的ないし人間存在論的分析——フランクファート

ケアについての哲学的ないし人間存在論的分析ともいうべき議論もある。この議論も、倫理的な視点とはさしあたり独立なので、ケアの倫理の外部に位置づけておく。ここに言及しておきたいのは、フランクファートのケア論である。

フランクファートは哲学の問いを三つの領域に大別した。認識論（何を信じるべきか）、倫理学（いかに行動すべきか）、「何についてケアすべきか」（Frankfurt 1982:257）がそれである。倫理学が自他の関係の整序に焦点をあて、正邪や道徳的責務について論じるのにたいし、最後の領域は「何がわれわれにとって重要か」（ibid.）に関わる。フランクファートのこの類別では、倫理学とケアは独立である。道徳を真剣にうけとめているひとでも、道徳からみて最善の行為をそれに要する時間や労力を理由にしてあえてせず、本人がいっそう重要とみなしている行為のほうをする場合もあり、しかも、そのことは、通常、正当化される。してみると、私たちは道徳の要請と何が自分にとって最も大切かということとを区別しているわけである。道徳的配慮をつねに最優先するひとがいるとすれば、そのひとは道徳的配慮こそを最もケアしているひとにほかならない（ibid.:259）。同様に、認識論とケアとは独立である。何が真であるかということとその真であることがあるひとにとって重要かどうかは別問題だからだ。

このように、何をケアするかは真理探究とも倫理規範とも独立に決定されるが、だからといって、私たちは無条件に自分の意図するままにケアする対象を選ぶことができるというわけではない。ケアする対象は私たちが生きている状況をとりまく偶然の制約を免れない。「何を愛するか［引用者註。フランクファートはケアと愛とをほぼ互換的に用いている］は、人間生活全般にみられる不可避の事態や、個人の性格や経験が帯びている特徴から個別に生じてくるその他のニーズや関心によって形作られる」（Frankfurt 2004:47）。ケアする対象の価値ゆえにそのものをケアするようになるわけでもない。「むしろ、ケアすることでそのものがそのひとにとって大切なものとなる」（Frankfurt 1982:269）。だから、いったんケアしはじめると、そのものはもはやたやすく取捨できるものではなくなる。フランクファートはこのことを意欲の必然性（volitional necessity）と呼んでいる。「そのひとは実際にそのひとがするようにしなければならない」（ibid.:264）と感じる。自分がケアしているもの、自分と同一視しているものを「裏切らないように強制される」（ibid.:268）わけだ。だが、そのことによって、そのひとの生は筋がとおり、統合性を帯びてくる。「ひとは、自分がケアしているものが減殺し、増進するのに応じて、自分もまた損失を被り、益する。その意味で、自分がケアしているものと同化する」（ibid.:260）。こうして、ひとは自分がケアしているものの健やかな成長（たとえば、計画の実現、子どもの成長）を望むとともにそれに合わせて自分の未来も思い描くようになる。ケアすることをケアすべき（大切にすべき）理由もここにある。ケアの対象に内在的価値があるとは前提されないのだから、ケアすることの意義は対象の価値によってではなく、「ケアリングという活動そのものの重要性」（ibid.：271）に見出されるほかない。「ケアすることが私たち自身の創造に役立ち、（中略）私たちが能動的に生きていくのに役立つ」（ibid.）から、いいかえれば、何かをケアすることで自分の進む方向が定まり、そのために必要な能力を身につけ、積極的な自由を獲得することができるから、ケアすることは生にとって不可欠なのである。

何かをケアするとき、ひとはケアする対象に専心没頭する。さらに本人が対象と同化しているとすれば、しかしまた、ケアの病理的な状態も指摘しなくてはならない。ケアの対象が強迫観念のようにケアするひとを支配して自閉させてしまう可能性や、ケアするひとがケアする対象を価値づけるとともに（ないしは、それを媒介として）無条件な自己肯定に陥ってしまう可能性である。だが、フランクファートによれば、事態は逆である。ケア（愛）は論理と同じく自己中心性からの脱却を要請する。「そのどちらも、自分の意志によっては制御できず、自分の欲求とは無関係でありうるものを甘受するように要求する」（ibid.：267）からだ。だから、ケアは「解放感と向上感」（ibid.）をともなっている。それでは、脱自己中心的なケアと自己中心的なケアとはどこがちがうのだろうか。その違いは、ケアする対象は自己と同一化されながらもつねに自己とは異なる、自己を超えた存在だという認識の有無であるにちがいない。

それゆえ、フランクファートと同様に、ケアの倫理の論者もまたしばしば傾聴の重要性を力説する。自分がケアする人間をよりよく理解するために傾聴するのだが、だからこそその過程では思い込みの修正が迫られる。この自己否定は対象を大切に思うかぎり快い。ケアの倫理のいう自己は、対象との関係をつうじて自己否定を含んで可塑的に形成されていく。

ケアを特徴づけるのに私自身も一・二で用い、他の多くの論者（たとえば、川本 1995：198,246；竹山：222ff；森村

2000:84ff) も用いているメイヤロフの議論はギリガンのケアの倫理に先行しており、それ自身はケアの倫理とは独立の、ケアの哲学的ないし人間存在論的分析に属す。ただし、ノディングスがメイヤロフを援用していることでケアの倫理の文脈に流入しているわけである。管見では、フランクファートを積極的に摂取しているケアの倫理の論者は見当たらない。しかし、フランクファートの議論や第十一章に詳説するベナーとルーベルの議論のような哲学的ないし人間存在論的分析は、ケアの倫理の立脚するケア概念の理解に役立つ。両者を区別する理由のひとつは、ケアの倫理では人間を対象とするケアを優先課題とするのにたいして、哲学的ないし人間存在論的分析におけるケアの対象はそれに限定されないという点にある。なお、フランクファートについては本章の**二・四**と第八章にふたたび言及する。

二　ケア対正義論争

二・一　正義の倫理からの統合

コールバーグらはギリガンの異議申し立てをうけて、当初、男性だけを被験者として発達モデルを構築していたことを反省し、調査対象を女性に広げた。その結果、コールバーグらが出した結論は、ギリガンの指摘はコールバーグ理論の本質的な修正や再評価を迫るものではないというものだった。その批判を四点にまとめると、①ギリガンのいう性差は統計的に有意なほどは認められない。②女性の被験者にケアへの志向（orientation）が目立つとしても、それは性差ではなく、教育程度や就業上の地位などの別の要因に起因している。③ケアはとくに家族や友人など近しい間柄にみられ、正義は人間関係一般に妥当する。身近に起こる問題については、両性ともケアすることで葛藤を解消しようとする。女性のほうがケアを重んじるようにみえるのは、女性が問題を個人的な関係のなかで捉える傾向が強いからだ。両性ともに、ケアを重んじる傾向はコールバーグ理論の慣習的レベルに顕著である。しかし、性別に関わりなく、同じ被験者が脱慣習的レベルに到達すると、ケアと正義の両面から考慮するようになる。しかも、ケアの考慮のほうが「正義と整合的な反応のなかに統合されていく」(Kohlberg: 353)。コールバーグらはこのことを、身近なひとにむけられていたケアがすべての人間に普遍的に権利を承認する正義の観点のもとに「万人にむけたアガペー」(ibid.:355) へと拡大するというふうに解釈している。ケアと正義は同一の発達段階のなかに併存しうる異なる志向にすぎない。④コールバーグらは、他者に関わり、普遍化可能性に立脚するものとして倫理を考えているが、ケアの倫理は「自己への関心や善い生という理想」(ibid.:360) を基軸としていて、倫理というよりも個人の人格形成の問題に属している。

先に整理した問題連関からすると、コールバーグらの批判は、まず、実証的な研究の内部に位置づけられる。その趣旨は、①②③に明白だが、ケアの倫理を独立の発達理論とは認めず、女性・男性の区別なく、人間の発達はコールバーグ理論で充分に説明しうるということである。だが、②③にはこの点にコールバーグらがなんら社会的問題を感じないとすれば、コールバーグ理論が帯びているイデオロギー性を見出すこともできるだろう。性差よりも教育程度や職業上の地位や生活体験による差が有意な要因だとすれば、女性にケア志向が強いことは、女性が高等教育をうけたり出世したりする機会に乏しく、家庭を主とする個人的な生活空間のなかで生きている女性の多いことを示唆している。第九、十章にみるように、公私の領域の峻別は性差別と深く結びついている。

③はまた基礎づけ、④はメタ倫理学レベルでの対立に関わっている。ここでは前者をとりあげよう。ケアは正義によってはじめて根拠づけられ、正当化されるということがコールバーグ側の主意である。その証拠に、被験者がケアのみを重んじている事例は、問題領域の特殊性や本人の発達の未熟さに帰せられている。また、コールバーグ側はケアの倫理と正義の倫理とを不完全義務と完全義務のいずれを重視するかに対応させている (ibid.:

359)。だが、完全義務への違反が罪過を、不完全義務の遂行が功績を意味している以上、そこから出てくる結論は、ケアなき正義は許容されうるが、正義なきケアは許容されえないということにほかならない。例言すれば、家族は、まず、他のひとと等しく人間として普遍的な尊重の対象であり、そのうえでのみ、家族という特殊な関係から、ケアすべき対象たりうるのである。ただし、脱慣習的レベルでは、すべてのひとに正義が妥当するのみならず、ケアがなされる。コールバーグらはこの事態を、「ケアの倫理では、他の人間は自分と結びついた他者とみなされ、正義の倫理では、人間はそれ自体が自律的な目的として、合意とたがいの尊敬をとおして結びついている」(ibid.:356)と説明している。

二・二　結婚の比喩

ギリガンは『もうひとつの声』の末尾でケアの倫理と正義の倫理の関係を「結婚」になぞらえた。正義の倫理だけでなくケアの倫理へと「見方を広げることで、私たちは、現在描かれているような成人の発達と今注目されだした女性の発達とが結婚すれば、どのように人間の発達についての理解を変えていき、人間の生についてもっと生産的な見方をもたらすことができそうか、思い描くことができるだろう」(Gilligan 1982:174)。結婚という比喩は他の論者にも受け継がれた(Baier:31;Manning 1998:103)。ギリガンが『もうひとつの声』の段階では、二つの倫理がひとりの人間のなかでたがいに排除するものとは考えていなかったことは明らかである。むしろ、ギリガンによれば、ケアと正義の両方の視点を身につけることこそ真の成熟にほかならない。前述したように、「誰もが他人から応答してもらえ、仲間に入れられ、誰ひとりとして取り残されたり傷つけられたりはしない」(Gilligan 1982:63)という普遍的な広がりをもつケアがそれである。この最終段階の描写は、一見、ギリガンでもコールバーグらでも大差がないかのようにみえる。それゆえ、正義の倫理に依拠する論者はこれをケアの倫理の論理的な破綻とみる傾向がある。たとえば、キムリッカは「平等な道徳的価値という普遍主義的原理をうけいれていないのに」(Kymlicka: 270-271)、なぜ普遍的なケアのネットワークが構築できるのかと疑問を呈し、「すべてのひとへのケアの拡張がどのように達成されるかは明らかではない」(Blum: 473)というブラムの批判を支持している。はたして、ケアの倫理は論理的に破綻しているのか、いいかえれば、普遍主義的原理を密輸入しているのか。しかし、注意しなくてはいけないのは、正義の倫理では、どの人間も「私」にとって等しく尊重すべき存在であるのにたいして、ケアの倫理では、どの人間も必ず誰かにケアされるべきことが主張されているのであって、「私」がすべての人間を等しくケアすることは要求されていないということである。

正義の倫理にときにギリガン以上に熾烈な批判を加えているノディングスから引用しよう。「私がケアする責務を負っているひとびとを見捨てないかぎり、アフリカの飢えている子どもたちへのケアをまっとうすることができないなら、アフリカの飢えている子どもたちをケアする責務は私にはない」(Noddings 1984: 86)。ノディングスによれば、普遍的なケアは成立しえない。だとすると、しばしば批判されているように、ケアは自己中心性を免れないのだろうか。たしかに、ケアすべきは、まず、身近な他者である。「そのひとが自分と他の誰かにとって直接の脅威でないかぎり」「私たちの視野に現われるどのひとにも、ケアする者として出会わなくてはならない」(ibid.: 93)。しかし、この要請からわかるように、見知らぬ他人が視野に入ってくるのは妨げられていないし、実際、これまで見知らぬ他人だった人間は私の身近な人間にとっての身近な人間として私の視野にいつでも入りうる。こうした連鎖関係は未来世代にもおよぶ(ibid.: 152)。だから、ノディングスでも、普遍的な開けは排除されていない。したがって、普遍的なケアの否定は、見知らぬ他人をケアすべきではないとかケアしなくてもいいという倫理的な指令ではない。心をこめたケアのできる範囲は現実にはかぎられているという事実上の制約にほかならない。

したがって、ケアの倫理が到達をめざしている理想的状況は、「どの特定のひとも誰か特定のひとによってケアされ、後者の特定のひともまた誰か特定のひとによってケアされる」というしかたでケアのネットワークがすべての特定の個人を余すことなく編み込む事態を指していると解釈しなくてはならない。それゆえ、ケアの倫理による成熟の説明のなかで、「どのひとも誰かによってケアされなくてはならない」ということが「すべてのひとがケアされる」事態を表わしているとしても、それを「どのひともケアされる権利をもつ」とか「どのひとも平等にケアされるべきだ」というように、権利・平等などの正義の倫理のなかで多用される概念を用いて翻訳することはできない。というのも、権利・平等・正義が語る「どのひと」「すべてのひと」は特定の誰でもない抽象的な人格を指しているのにたいして、ケアの倫理からすれば、こうした普遍的な定式化はあまりに抽象化・一般化に過ぎ、その話し手が、今、自分の目のまえにいる特定の他者へのケアをすることを保証しないからだ。話し手は万人の平等な権利を語りながらも、鈍感にも身近な他者への現実のケアを忘れているかもしれない。まさにこのことがケアの倫理が正義の倫理を批判する点である。

そしてまた、普遍性を成熟の到達目標のようにみなせば、ケアを正義に通じるたんなる動機に化してしまうおそれなしとしない（Jagger: 197）。ケアする能力の有限性を忘れたケアは、空洞化するか、自己欺瞞に陥らざるをえない。すべてをケアするとは、実質的には、何もケアしない、何も大切とは思わないということである。まさにそのゆえに、ノディングスは正当化をも拒否した。ケアという「道徳的観点をとることは正当化できない。実際には、道徳的観点はいかなる正当化よりも先行しているのである」（Noddings 1984: 95）。したがって、ノディングスからすれば、正義の倫理の主張とは逆に、正義なきケアはありうるが、ケアなき正義は成立しえない。ケアは倫理的な行為の不可欠な要素だが、ケアなき正義は倫理的な実践を欠いた空疎な概念にすぎない。

普遍性をめぐる論争には、正義の倫理の擁護者がいかにケアの倫理の論点を看過してしまうか、そのようすがまざまざと示されている。キムリッカはギリガンの被験者である女性のことば、「見知らぬひとともおたがいに結びついている集団のなかのひとりです。もうひとりのひと（person）であるゆえにあなたと結びついている人びと（people）のなかのひとりなのです」（Gilligan 1982:57; Kymlicka:271）を引用し、カントや功利主義に共通の普遍性がケアの倫理のなかにもある証左とみなす。だが、この女性のいう「ひと」はカント的な意味での人格ではない。その証拠に、キムリッカは引用していないが、同じ女性は直前に「誰もが生きる権利をもっています」という。だが、ギリガンによれば、彼女はすぐにこの見方を変える。「でも、そういうふうにいうべきか、わかりません」。誰をも漏らさぬケアの網を紡がなくてはならないのは、カントふうな普遍的原理にたいする尊重のゆえではない。生身の人間の傷つきやすさのゆえである。「ふたりともそこに生きているという事実によって」（Gilligan 1982:57）、ひととひととの結びつきは成立する。

先に述べたように、ケアのネットワークに相応する事態を、コールバーグは万人にむけたアガペーという概念で理解した。山岸明子の指摘するように、これはコールバーグが複数の発達過程を認めるようになった証拠かもしれない（山岸:260）。だが、ケアの倫理が万人にたいする愛を勧めているとは断言しがたい。むしろケアの倫理は、すべての人間に同類感情があることを示唆しながら、それが現実に賦活されるためには個別の当事者のおかれている状況を「生き生きと思い描く」（Hume:117）必要のあることを説いたヒュームの発想に近い。バベックのいうように、ケアの倫理は個別主義である。正義の倫理がケアの倫理の普遍主義的原理の欠如を批判するなら、ケアの倫理は、万人の平等というお題目を唱えれば、たちまち各人を平等にケアするようになるのかと反問することができるだろう。

正義の倫理は、正義の倫理がケアの倫理よりも普遍的な点で優れていると主張する。だが、正義の倫理はそもそも普遍性を具現しているのか、その点にむけた批判もある。歴史的にみれば、権利と自律が認められ、したがって正義を適用される対象（社会契約論なら契約をかわす当事者）として念頭におかれていた存在は、一部の人間にかぎられていた（Baier: 25-26）。あからさまにいえば、「財産家の、少なくとも専門職の白人成年男性」（Benhabib: 153）である。このことは正義の倫理の系譜を疑わしめるが、ただそれだけでは、正義の適用範囲の拡大によって克服すべきことである。実際、正義はその方向を進めてきた。しかし、対象を等しさによってくくる正義の観念は、歴史とは別に概念それ自身のなかに、逸脱する存在の排除を孕んでいる。たとえば、子どもが除外される。ところが、子どもは道徳共同体を継承する次世代だから、正義の倫理が子どもの存在に対処していないなら、ベイアーの指摘するとおり、正義の倫理はそれがそこで実践されるべき共同体の維持を含意していないことになる（Baier: 29）。一方、ケアが子どもをはじめとする弱者への配慮であることはいうまでもない。ラディック以来、子育てはケアの倫理の主要な主題のひとつである。ラディックは子どもの生命の「維持、成長、社会に受け容れられるようにするという三つの要求が母親の仕事を形作る」（Ruddick: 17）と記している。こうして正義の倫理はそれ自身の存続をケアに負っている。コールバーグらがケアする場として家族を例にあげ、正義を公的領域にケアを私的領域にわりあてたのは、前者がその再生産を後者に依存していることを無意識のうちに認めてしまっているのにほかならない。

あたりまえのことだけれども、親子や世代間関係は当事者間の自由な決定によっては始まらない。ケアすべき対象はしばしば自由には選べない。一方、正義の倫理では、ホッブズの例に明らかなように、正義と不正義は社会契約をかわしたあとではじめて、したがって、契約をかわした者のあいだだけに成り立つ。ベイアーは、ケアの倫理による社会は正義の倫理による社会よりも「品位のある（decent）」（Baier: 24）社会だという。正義の倫理は正義を適用されない対象、等しからざる者にたいする無関心をしばしば黙過しうる。それは無視された者にとっては暴力だが、定義上は不正義ではない。それにくらべて、ケアの倫理は寛やかな、たしなみのある態度で接することを推奨する。この点は、ギリガンがケアの倫理を「衡平（equity）の概念、すなわち、要求はひとそれぞれ異なっているという認識に立脚する」（Gilligan 1982:164-165）と説明している点と併せみるべきである。というのも、衡平とはもともと正義を補塡するものだからだ（アリストテレス:1137b）。

等しからざる者は正義のもとに包摂できないわけではない。そのとき、しかし、等しからざる者は、たとえば、子どもが将来のおとなとみなされ、病人が治るはずの病人とみなされるように、「みかけの平等を達成するよう「上昇」させられる」（Baier:28）。したがって、実質の差異は看過されてしまうのである。コールバーグらが女性のケア志向を教育程度や就業上の地位に帰し、裏返していえば、女性の社会参加が進めばさらなる成熟が期待できると示唆したのは、こうした包摂の一例にほかなるまい。

さて、正義の倫理は、ある人間がある状況においてすべきことは同様の状況における他の人間にもあてはまるという普遍化可能性を根拠にして行為を指令する。ところが、自他の実質の差異が看過されるのであれば、普遍化とはいったい何を意味しているのか。ノディングスは普遍化可能性そのものを否定する。というのも、そのつどの状況は普遍化されえぬほど個別だからだ（Noddings 1984:5）。さらに、正義が適用される対象のあいだでも、ベンハビブによれば、真の意味では普遍化可能性に到達できない。というのも、正義の倫理は個別の差異の捨象を普遍化ととりちがえているからである。それでは、自分も他者も「同一の権利と義務を与えられたひとりの理性的存在者」、「一般化された他者」（Benhabib:158）にすぎなくなり、そのあいだには、これから普遍化すべきものはもはや何もない。だからこそ、一般化された他者にはモノローグをとおして到達できる。理性的存在者が心中の普遍的道徳法則に照らして推論する過程（カント）はまさにモノローグであり、原初状態での討議（ロールズ）は仮設の対話の域を出ない（第十章参照）。コールバーグは現実の他者との対話を自分の理論のなかに摂取しようとしたが、「認知発達が進むということは、現実の他者と向き合い対話をしなくても、その他者の立場をとって考えることができるようになることであり、そして現実の他者から離れることによって状況を抽象化し論理的に考えることができ」（山岸：247）ることだとすれば、その理論の根底には現実の他者の捨象が働いているといえる。これにたいして、ケアが捉える他者とは、そのひとだけの人生を生きてきて特有の性格や感情をもっている「特定の誰か」（メイヤロフ：27）である。ベンハビブがめざしているのは、こうした「具体的な他者」（Benhabib：159）が「現実の対話」（ibid.：169）をとおして合意して獲得する普遍化可能性なのである。

正義の倫理は原理を重視する。けれども、ケアこそが状況の個別性をくみとるなら、ある状況に原則を適用するのもケアなしにはできない。たとえば、無加害の原理を原理として知るだけでは足りない。「親がまさにその子に関心をもってケアし、理解しているからこそ、目下の状況は子どもに有害だと気づくこともしばしばある」（Blum：485）。

以上の指摘を考えれば、ケアの倫理はとうてい正義の倫理に根拠づけられない。しかし、だからといって、その逆が成り立つともいえない。正義の倫理は共同体の存続をケアに負っている。だが、それは正義が発生する条件としてケアを要するということであって、ケアという規範から正義という規範が導出されうるということではない。その証拠に、子どもを正義の共同体の一員に育てあげるには、正義を教育目標としてすでに認めていなくてはいけない。基礎づけレベルでは、二つの倫理はたがいに独立で統合しえない。

これにたいして、ケアの倫理のなかに正義という規範をくみいれたり、正義の倫理のなかにケアという規範をくみいれたりすることは、ある程度は可能である。他人と等しく自分もケアすることが正しいという、ケアの倫理の脱慣習的レベルの認識では、正しさや平等という規範がケアの倫理のなかにくみこまれている。コールバーグ理論では、ケアはアガペーとして脱慣習的レベルのなかに摂取されていく。しかし、こうした場合に、くみいれられた規範の意味は、その規範がもう一方の倫理理論のなかで占めていた意味から変容されたり、それぞれの倫理理論のなかで異なる評価を付与されたりせざるをえない。それは二つの理論が、倫理とは何かを問い、倫理理論の基準を問うメタ倫理学レベルで対立しているからである。

二・三　反転図形の比喩

ところが、ギリガンはのちに結婚とは別の比喩を提示した。論文「道徳指向と道徳的発達」（一九八七年）のなかで語られた反転図形の比喩である。「正義への関心からケアへの関心へと注意の焦点が移ることで、何が道徳的に問題であるのかについての定義が変わり、同じ状況が別のしかたでみえてくる」（Gilligan 1995:32）。たとえば、ひとの世話になることは、ケアの見方からは、そのひととの「関係」のあるあかしとして肯定されるが、正義の見方からは「自律への妨害」にみえる（ibid.:44）。二つの見方が成り立つのは、そもそも、人間関係が両義的だ——他者への愛着が自己形成にも自己喪失にも通じうる——からである。反転図形の比喩はいろいろな点で注目に値する。まず、対置されているのはケアの倫理と正義の倫理ではなく、ケアの見方と正義の見方である。つぎに、二つの見方の発達過程やそれと性差との関係への関心は失われていないものの、生物学的な決定論があらためて否定され、女性であれ男性であれ、同一の人間がどちらの見方もとりうることが強調されている。正義の見方とケアの見方は「切り替えることができる」（ibid.:39）。したがって、この解釈は、二つの見方が「統合、融合される用意があるという暗黙の了解を否定している」（ibid.:43）。

私は結婚よりも反転図形のほうが比喩として適切だと考える。ある道徳的な観点をとるということは、事態が別様にみえるようになるということにほかならない。そのことを、この比喩はあざやかに示しているからだ。コールバーグらのギリガン批判はまさにその一例である。たとえば、どの状況についてもケアにもとづいて考える女性について、ギリガンならケアが根本的な規範たりうることの証左とみるところを、コールバーグらは、女性は個人的な状況に還元して考えがちだと解釈する。この比喩の長所は正義の見方とケアの見方の異質さを明言している点にある。両者の統合や、その場面でどちらの見方が適切かをあらかじめ指示する別個の原理はない。したがって、見方を切り替えて、異なる見え方に熟通し、そのあいだで均衡をとるようにして像を結んでいくほかない。だが、その過程で、たとえば、個別の状況に配慮するケアはそれまで気づかれなかった不正義を発見するのに寄与するかもしれないし、一方、不正義に気づくケアの感受性は正義の感覚によって錬磨されうる。それゆえ、二つの見方が相補的に機能することもありうるのである。

だが、ひとりの人間における統合をもって成熟とするという前提はもはやないのだから、異なる見方のあいだで均衡のとれた適切な理解は、ひとりの人間のなかでのみ完成される必要はなく、複数の人間が意見の交換をとおして追求していくこともできるだろう。だとすれば、他者の異質性や対話の重要性を強調してきたケアの倫理には、この解釈こそがいっそうふさわしいのである。たしかに、どの事態にも異なる見方ができるとは主張できぬにしても（Flanagan and Jackson: 627）、もともと、「もうひとつの声」という比喩はひとつの声への収斂を示唆していなかったはずである。この意味で、ベンハビブが意見の対立を含んだ対話を推奨しているのは――ただし、対話の参加者を等しさでくくる討議倫理学の自己解釈はベンハビブの指摘どおりに斥けるという条件のもとに――支持できる（Benhabib: 198）。

二・四　ケアの倫理と徳の倫理

さて、ベイアーは、ケアの倫理による社会は正義の倫理による社会よりも品位のある社会だと記していた。それゆえ、どちらの倫理を支持するかは、どのような社会を選ぶかという問題でもある。ケアの倫理は近代の正統的な倫理理論への批判として理解された。ところで、共同体主義や徳の倫理、つまりアリストテレスの伝統をくむ倫理も近代の個人主義的社会を批判している。その一例として、トゥールミンを参照しよう（Toulmin：31-39）。トゥールミンによれば、原理原則的な思考は倫理ではなく法の思考である。なぜなら、法は、文化や価値観などを共有しない、たがいに見知らぬ者に一律に適用されるからだ。一方、倫理は関係（トゥールミンはアリストテレスの友愛の訳語としてこの語を用いている）に立脚する。法と倫理の混同は平等と衡平の混同に通じている。平等は全員を等しくあつかうことだが、衡平は人間関係や事情の特殊さに応じて適切な、したがって異なる対応をすることである。トゥールミンが用いている主要な概念はケアの倫理のなかにたやすく見出される。個別の状況をケアすれば、原理を一律に適用するわけにはいかない。前述のように、ギリガンはケアの倫理を衡平に依拠させていた。ノディングスによれば、ケアを拒絶する者には、他の人間はすべて見知らぬ者と化す（Noddings 1984：51）。関係はまさにケアによって樹立され維持される。共同体主義もケアの倫理も正義の優先に異論を唱え、身近な人間関係において、前者は正義にたいする善の優先を説き、ケアの倫理は正義にたいするケアの優先を説く。さらに、ケアの倫理が徳の涵養と結びつくのも自然である。そのつどの多様な状況をつぶさに読みとり、必要なものを見分けて対応するケアの能力は、理性だけで近づきうるとされるカントの道徳法則やロールズの原初状態のような思考実験とちがって、経験のなかでしだいに培われていくもの──「フロネーシス」（池川：123）──だからである。ケアの倫理を徳の倫理として解釈する論者も多い（Rachels：165-169；Veatch：188；Halwani：44ff）。

そしてまた、共同体主義や徳の倫理の擁護者がケアをめぐる議論に親近感を覚えるもうひとつの点はその物語的解釈のアプローチである。ケアの倫理の主唱者はケアされる者のおかれている状況の文脈的理解を重視する。ケアする者としての自己はケアされる者をケアするなかで可塑的に変容されていく。フランクファートにおいても、ケア関係によって醸成される生の統合性が指摘されていた。生の統合性の重視は生を物語として把握する発想に通じる。統合性をいつでも断ち切ることができるような選択の自由は必ずしも評価されない。年老いた母親の世話とレジスタンス運動への参加とのあいだで迷う青年の例をサルトルから引用しつつ、フランクファートは、重要なのは今ここで下した決断ではなく、その選択が青年の今後に及ぼす一貫性のほうだという（Frankfurt 1982: 261）。マッキンタイアもまたサルトルの決断主義を批判し、生の物語的統合性を唱道していた（MacIntyre 1982a: 205ff）。共同体主義や徳の倫理とケアの倫理はこの点でも親しい関係にある。

しかし、ケアの倫理の主唱者は必ずしも徳の倫理に肯定的であるわけではない。ノディングスは、徳の倫理との共通点を認めつつ（Noddings 1984: 80）、有徳な人物の例に修道僧をあげ、徳の修養が人間関係からの逃避に通じるおそれを指摘している（ibid.: 84）。この指摘は、なかば、ノディングスの誤解にもとづく。徳の倫理は共同体のなかで個人が果たすべき役割を重んじているからだ。ベナーは、前述のように、徳の倫理の復活を意図している。しかし、そのベナーもまた、徳を身につけた性格がその強さゆえにときに他者へ心を開く妨げとなり、特定の善を他人に押しつけやすい点を危惧している（Benner 1997: 49; 品川 2000: 31-32）。ケアの倫理の主唱者が徳の倫理に示す疑念は何を意味するのだろうか。[4] 一部は直前に指摘したような誤解に帰せられるだろう。しかし、最も根底的な要因は、ケアは相手がそこにいるという事実によってすでに要請されるのであって、私（相手）が相手（私）にとって何であるかによっては必ずしも掣肘されないという点にある。したがって、徳が特定の社会的役割を根拠にして推奨されているかぎり、ケアの倫理はそうした制約からも解放されることを望むのである。それゆえ、自我の同一性を、共同体主義者のサンデルが国家、宗教、民族、階級、近隣などの共同体の一員として説明するのにくらべて、ギリガンは「サラの父、モーリーンの教師、ジェフの兄弟、アランとチャールズの友人」といっそう個別的に説明する（Blum: 476）。ここから、「ナースの倫理には反対、ケアリングには賛成」（Kuhse: 142）というクーゼの態度表明も理解できる。というのも、ケアは人間関係一般の根底にあるもので、ケアする責任は特定の職業や性の人間に押しつけることはできないからだ。

逆に、徳の倫理はケアの倫理が描く自我観のこの希薄さに不足を感じている（Blum:627）。しかし、その最も根本的な対立点はおそらく次の点にある。正義の倫理は正義を善より優先する。すなわち、どの生き方を善とするかは個人の選択にゆだねられる。ところが、実際は、社会の全員に等しい選択能力が授与されているわけではない。だから、ケアの倫理は各自が善い生き方をすることができるようにたがいにケアしあう必要を説く。それゆえ、ケアの倫理は正義の優先を認めない。共同体主義や徳の倫理もまた正義の優先を認めない。だが、両者の共通点はここまでである。後者にはさらに、積極的に指示される善がある。行為者が進むべき方向は、共同体における本人の役割とその役割を遂行するのに必要な修得すべき徳によって客観的に示唆される。これにたいして、ケアの倫理はそれを提示しない。この点については、マッキンタイアのフランクファート評が適切に指摘している。[5] フランクファートの提起した「何をケアすべきか」という問いに答えるには、マッキンタイアによれば、「人間のもろもろの善のヒエラルキー」（MacIntyre 1982a:293）を示さなくてはいけない。これがなければ、何（誰）を何（誰）よりもケアすべきかについて体系的な指示を出すことはできないからだ。ところが、フランクファートにはそれが欠けている。だからこそ、フランクファートはケアすることの重要性を活動そのものによって正当化したのだった。ケアの倫理も同様である。この点が古代・中世の伝統に依拠する論者がケアの倫理を批判する点である。しかし、ケアの倫理のほうから反論すれば、まさにそのゆえに、ケアの倫理は身近な他者へのケアを優先しながら、しかも、誰をもその身近な他者の場へ招きうる可能性を残しているのである。

本章では、ケアの倫理の問題提起を位置づける次元を整理し、ケアの倫理と正義の倫理、また、ケアの倫理と徳の倫理の関係を論じた。しかし、ケアの倫理は「なぜ、道徳的であるべきか」（Gilligan 1982:65）にどのように答えるかという基礎づけレベルのさらに根本的な問題や、ケアの倫理は倫理をどのような領域として考えているのかというメタ倫理学レベルの考察には立ち入れなかった。次章では、ノディングスの倫理的自己の観念に焦点をあてて考察しよう。それはまたクーゼのノディングス批判（Kuhse：126）と併せみれば、ケアの倫理の内部でケアの適否をいかに決めうるかという規範倫理学上の問題とも関わっている。

第八章　ノディングスの倫理的自己の観念

愛することのできない人間にとっては、何事も真実に重大ではありえない（モーリヤック：120）

一　ケアの倫理は他者志向か自己志向か

ある倫理理論について、一方で、その倫理理論は他人を重視するものであるという解釈が下され、他方で、同じ倫理理論が自己の人格の完成をめざしたものであるという解釈が下されるとすれば、この二つの解釈は相矛盾しているようにみえる。コールバーグらがギリガンのケアの倫理に寄せた反論のなかには、こうした相対立する評価が含まれている。

ケアが、他人の意向を敏感にくみとり、それを尊重し、その期待に応える行動をする志向（orientation）であることはいうまでもない。コールバーグの発達理論のなかでは、ケア志向は、周囲や社会への同調を善とする慣習的レベル、つまり第二レベルの道徳理解に顕著とされ、普遍妥当的な原理や多様な状況を通じて一貫した整合的な方針をもったものとして道徳を理解する第三レベルに比べて未熟な段階として評価される。第七章にみたように、ケアがこのように低く評価され、その結果、（ギリガンの実証的研究によれば）男性よりもケア志向を強くもっている女性が（ギリガンの評価に比べれば、不当にも）低く評価される傾向のあること——このことが、ギリガンをしてコールバーグの発達理論への疑念を呼び覚まし、ケアの倫理を築かせる契機となったのだった。

他方コールバーグは、ケアの倫理は自己の人格の完成をめざすものだとも解釈する。たとえば、コールバーグはヌナー＝ウィンクラーによるギリガンにたいする再反論を引用しつつこう述べている。「ヌナー＝ウィンクラーによれば、ケアの倫理は、厳密に他者を配慮している普遍化可能な意味での倫理に結びついているというよりもむしろ、あるひとりの自我の関心や善い生の理想のほうに結びついているのだが、このことは、ケア志向において下される判断の多くが形式的な観点の意味からいうと道徳的というよりも個人的（personal）であるとわれわれが述べてきたことと符合している」（Kohlberg 1984：360）。

ケアの倫理は他者志向であるのか、それとも、自己の人格の形成をめざす自己志向であるのか。

第七章に記したように、問題連関を切り分けて考えてみよう。ここでの争点は倫理理論としてのケアの倫理にたいする評価だから、実証的次元は直接には関係しない。倫理的次元に焦点をあてる。この次元は、倫理とは何かを考えるメタ倫理学のレベル、倫理の究極の根拠は何かを考える基礎づけのレベル、および、ある倫理理論のなかで特定の規範をどのように位置づけるかを論じる個々の規範のレベルに分けられる。

コールバーグ側のいう「形式的な観点」とは、その判断が普遍化可能性を満たしているということを意味している。これは倫理理論が満たすべき規準に関する議論、倫理とはいかなるものかを問うメタ倫理学のレベルの議論である。普遍化可能な判断は、すべてのひとを等しく配慮すること、つまり、自他に偏頗《へんぱ》なき公平を要請する。すべてのひとは人格として平等であり、等しき者を等しく待遇することは正義である。こうしてコールバーグ側の倫理観にかなう倫理理論は正義によって基礎づけられざるをえない。これにたいして、ケアの倫理では、自分自身が直接接している相手をまずケアすることが要請される。自己をとりまく他者との関係への配慮が優先されるこの点で、コールバーグらの倫理観からすれば、ケアの倫理は「形式的な観点の意味からいうと道徳的」とはいいがたい。しかも、ケアの倫理の擁護者は、自分がケアする者でありたいというふうに自己の理想を語っている。倫理的行動へ促すその動機は「個人的」であり、「あるひとりの自我の関心や善い生の理想のほうに結びついている」。ケアの倫理が自己志向であるという批判は、このように、メタ倫理学と基礎づけのレベルにおける二つの倫理理論の見解の相違に由来している。

いったん、正義を基底とする倫理を築いたあとでは、今、目のまえにいる他者への配慮を優先するケアは、すべてのひとにたいする等しい配慮、つまり「厳密に他者を配慮している」正義にくらべて、射程の狭い未熟な段階に配置される。ケアの倫理が他者志向であるという説明は、このように、ケアというひとつの規範を正義の倫理の準拠枠のなかで位置づけ、正義という規準にしたがって評価したものにほかならない。

したがって、複数のレベルを分けて考えれば、自己志向であり他者志向であるという一見矛盾する評価は両立する。しかし、これはあくまでコールバーグ側の視点からみたケアの倫理の評価である。第七章に指摘したように、正義の倫理とケアの倫理とでは、同じ事態が別の意味をもって解釈されうる。だとすれば、コールバーグ側が上のように説明した事態をケアの倫理の視点からみたなら、どのような像が描かれるのだろうか。すなわち、ケアの倫理の基底にある（コールバーグ側からは自己志向とみなされた）ケアと（コールバーグ側が他者志向と評する）特定の他者にむけられる個々のケアとのあいだには、どのような関係があるのか。それについてケアの倫理の側の記述にしたがって描き出すことが本章の目的である。

二　ノディングスの倫理的自己の観念の位置づけ

この目的に資するものとして、本章では、ノディングスのケアリングの倫理のなかに語られている「倫理的自己」の観念をとりあげる。私見によれば、倫理的自己にたいするケアは、ノディングスの倫理理論のなかで、他者へのケアを含む爾余の一切のケアを支える機能を果たしている。したがって、この視点を解明すれば、ケアの倫理はその根底において自己の人格の完成をめざしているという意味が明らかになるだろう。さらに、倫理的自己へのケアと個々の他者へのケアとの関係を考察することで、前述の、基底としてのケアと個々の他者へのケアとのあいだの関係を解明する手がかりも得られるだろう。

ギリガンのケアの倫理には、私のみるところ、ノディングスの倫理的自己の観念以上に右の目的への展望が開ける端緒は見出されない。たしかに、ギリガンのケアの倫理における第三レベル、脱慣習的レベルの成熟段階では、「どのひとも誰かによってケアされなくてはならない」、つまり、「他者だけではなく、私もまたケアされなくてはならない」という把握が語られているが、しかし、この自分自身へのケアは他者へのケアとまったく同列にあつかわれている。他人の要求を気づかうのと同様に、自分自身の要求も顧慮することは「自分にたいしても正しい（right）」（Gilligan 1982:94）。端的に正しさの問題である。先に述べたように、ギリガンはケアの倫理と正義の倫理の関係を結婚や反転図形になぞらえている。このいずれの比喩においても、両者は並列されている。ギリガンはケアの倫理という構想の創設者ではあったが、彼女にとってケアの倫理は文字通り「もうひとつの声」であって、ケアによって基礎づけられた倫理の正義の倫理にたいする優越を説いたわけではない。

これにたいして、ノディングスでは、ケアこそが一切の倫理の基盤である。ケアするという「道徳的視点をとることに正当化はありえない――この道徳的観点こそどんな種類の正当化よりも先行するからだ」（Noddings 1984:95）。ノディングスの問題関心の一部は、倫理を成り立たしめている基礎にむかう。一般化すれば、「なぜ、倫理的であるべきか（why be moral）」という問いである。ここではケアこそが倫理を基礎づけているとされるのだから、問いは「なぜ、ケアすることをケアすべきなのか（why care about caring）」（ibid.:7）というかたちをとる。この問いへの答えの核に、倫理的自己へのケアは位置している。

なぜ、ケアすることをケアすべきなのか。いいかえれば、なぜ、ケアすることが大切なのか。この問いは、ケアの倫理から離れれば、フランクファートが立てた問いでもある。第七章に記したように、フランクファートは哲学の問いを三つの領域に大別した。認識論（何を信じるべきか）、倫理学（いかに行動すべきか）、「何についてケアすべきか」（Frankfurt 1982:257）がそれだった。倫理学が自他の関係の整序に焦点をあて、正邪や道徳的責務について論じるのにたいし、最後の領域は「何がわれわれにとって重要か」（ibid.）に関わる。フランクファートのこの類別では、倫理学とケアは独立である。道徳的配慮をつねに最優先するひとがいるとすれば、そのひとは道徳的配慮こそを最もケアしているひとにほかならない（ibid.:259）。先にみたように、コールバーグ側はケアの倫理にたいして、ケア志向は道徳的というよりも自己の人格の完成をめざすものではないかという疑念を寄せていた。この問いはフランクファートのこの区別のもとで意味をなす。ところが、ノディングスからすれば、ケアと道徳とは分けられるにしても、ケアこそが道徳的行為を真に道徳的たらしめているものである。というのも、ケアに根ざしていない道徳的行為はおざなりの、血の通わぬものだからだ。さらにノディングスは、真に道徳的な性格をもつケアを精選するためにケアのなかにも区別を導入する。（多くの場合は対面関係であるが、物理的距離がある場合でも）ケアする「他者に傾注し、その他者の福利を尊重し、欲求する」ことを特徴とする特定の相手のためのケア（caring for）（Noddings 1984:19）と他者一般についてたんに気にかけているにすぎないケア

(caring about) がそれである。ノディングスによれば、真のケアは前者のみである。

ノディングスのケアリングの倫理は、このように、基礎づけレベルでは倫理の基底をケアと断じ、メタ倫理学レベルでは他者への身を入れたケアを道徳の不可欠な要素と考え、そのようなケア能力は有限であるために真のケアの対象は特定の個人にかぎられるゆえに、原理原則による普遍化を峻拒する。その姿勢は、正義の倫理の語り口に属す正義、権利といった規範を一貫して避けるまでにいたっている。すると、正義ないし正しさという規範のもとに問われる問い――「ケアするに値する対象の範囲はどこまでか」「複数のケアの要請があり、たがいにディレンマに陥ったときに、どの要請を優先すべきか」「どこまでケアすべきか」――は、ノディングスの倫理理論のなかで、正義ないし正しさという観念の助けを借りずに、どのように答えられるのだろうか。以下、倫理的自己の観念を軸にノディングスのケアリングの倫理を再構成する。当然それはテクストに即して解釈する作業だが、私はこの倫理理論の擁護者ではないから、私にとっては「正義に訴えないケアの倫理」や「原理を峻拒した倫理理論」がいかなるものでありうるかについて一種の思考実験を試みることにほかならない。それをあえて試みるのは、ケアの倫理に徹底したその立場に立つと、何がみえ、また、何が視野から外れるかを確かめたいからである。

三　ノディングスのケアリングの倫理
――その構成――

三・一　ケアの特徴

ケアリングとは、ノディングスによれば、相手、つまりケアされるひとの「福利、保護、向上」(Noddings

1984:23）のために、相手を「受容し、敏感に応答し、関わりあう」こと（ibid.:2）である。そのとき、相手をこちらの期待するように理解したり操作したりせず、相手の「真のありよう」を把握するために、ケアするひとは「私の真のありようから他者の真のありようへ関心を転移し」（ibid.:14）、「自分個人の準拠枠から他者の準拠枠に踏み込む」（ibid.:24）。

だが、自分の準拠枠から脱して他者の準拠枠に踏み込むなどということが、いったいどうして可能だろうか。ノディングスによれば、相手を精確に分析して理解することや、相手の抱えている「問題の定式化や解決」の共有から出発しては、そこに到達できない。「出発点は感情の共有にある」（ibid.:31）。そして、そのためには「対象が現われるままにじっと身を委ね」「自分が変容されてゆくのを許しておく」「情感的受容的様態」（ibid.:34）をとらなくてはならない。

ノディングスの叙述はおそらく本人自身の理解の素朴さゆえに誤解を招く。「他のひとの真のありようが私にとって真の可能性となるとき、私はそのひとをケアする」（ibid.:14）とノディングスはいう。しかし、他のひとのありようがこの私もひょっとするとそうなったかもしれないと感じられることがあるとしても、そのありようは私の準拠枠からみられたものだからこそ私の可能性としてみえてきたものなのかもしれない。ノディングスの説明は、私が私の準拠枠をあまりにたやすく脱却し、しかも他者の真のありようをそれと突きとめることができるかのような印象をあたえてしまう。それはひょっとして他者の同化にすぎないのではないか。他者の同化は他者への暴力にほかならず、かりに、相手がそれを甘受したとすれば、それは相手の私への依存を意味している。これはケアにつきまとう根本的な懸念である。そこで、たとえば、メイヤロフは、ケアにおいて相手が私の延長として把握されるという面を指摘すると同時に、相手が私と独立の存在であり、ケアの目標を相手が「それとなること」（メイヤロフ:18）においたのだった。ノディングスはメイヤロフと異なり、ケアされる者の成長ではなく、動機の転移からケアの説明をはじめる（Noddings 1984:14）。このために、ノディングスではいっそう自他の一体化が強調され、裏返していえば、ケアを通じて相手を併呑してしまうケアの暴力性に鈍感であるようにもみえる。

しかしまた、ノディングスがケアを自己への同化と同視していなかったこともたしかである。他者への感情移入と誤解されないように「共感」を避けて受容を強調する点にも、それは窺われる（ibid.:30）。ここに整合的な解釈を求めるなら、他者の理解よりも自己の変容に力点をおくべきである。比喩的にいえば、他者が私の一方的な理解によって変容されてしまうことをできるかぎり避けるしかたで他者の現われうる「場」へと私自身を変容すること、そしてその「場」のなかに、他者に反応して私のなかに動き出してくる「ケアする者」の登場を待ち受け、その動くのにまかせ、育むこと、それを通じて、他者が私によって「ケアされる者」として遇される場を確保しつづけること――これがケアのはじまる過程なのであろう。だとすれば、他者にたいするケアには、ケアされる他者とケアする私のみならず、少なくともそのほかに、ケアする私を見守る私が含まれているのである。

三・二　原理にもとづく倫理の拒否

ノディングスは原理に依拠する思考を峻拒する。というのも、原理のもとでは、私たちが出会う個々の状況の独自な経緯、そこにまきこまれている私たちそれぞれの独自な事情は捨象されざるをえないからだ（ibid.:5）。倫理的な観点からどのように行動すべきかということは、そのつど「発見」（ibid.:8）されなくてはならない。たとえ、すべてのひとは平等にあつかわれなくてはならないという正義の原理を知っていても、今、目のまえで平等にあつかわれていないひとの存在に気づくには、ケアする感受性を要する。「倫理的行動に真に召喚されるのは個人個人である。個人は一組の道徳的指針にとってかえることはできない」（ibid.:103）。したがって、あるひとがいかに倫理的であるかは、ケアリングの倫理にしたがえば、たとえば、カントにおけるようにそのひとの主観的格率が普遍的道徳法則と合致しているのに応じてではなく、「そのひとが実際に他者を受け容れてきた程度」(ibid.:114) に応じて判定される。

三・三　自然なケアリング

それでは、ケアを発動させるものは何か。ヒュームが倫理の根底に感情をおいたことに賛意を表するノディングスは、まずは「愛や自然な心の傾向」に発する「自然なケアリング」(ibid.:4) だと説き、自然なケアリングの例に母子関係をあげる。「自然な関係から愛がおのずとわきあがるので、母親は子を愛する」。つまり、「自然なケアリングが倫理的なものを可能にする」(ibid.:43)。

ここをそのままうけとれば、ノディングスは倫理の根拠をきわめて素朴に自然のなかにおいているということになろう。しかし、直前の引用のなかの「可能にする」という語は、何を意味しているのだろうか。それは、ケアリングにはつねに自然な感情がともなっているという意味だろうか。いいかえれば、現象学にいう基づけ関係 (Fundierung) を意味しているのか (「xがyに基づけられている」とは、「xは同時にyの存立なしには成立しえないが、yは同時にxが存立していなくても成立する」という意味である)。だが、倫理的な行為は愛や自然な傾向性に発する自然なケアリングが根底にないかぎり成立しえないとするなら、倫理的に配慮される対象はあまりに限定されたものになってしまう。当然のことながら、私たちはどのひとにたいしても母親が子に感じるといわれているような感情を抱くわけはない。

ところで、ノディングスはまた別の箇所で母子関係について、「どんな倫理的な心情も、それを可能にする最初の心情がなければ、ありえない」から「母親は子をケアしたいからケアする」と記しつつ、それに続けて、この「第一の心情の想起に反応して生じる」感情がケアを支えるとも述べている (ibid.:79)。母子関係以外に話を広げてみよう。「私たちが受け容れようとする態度をとっているなら、自然なケアリングの起こる頻度は高い」。「きわめて恵まれない（ないしは堕落している）状態にあるひとは除き、誰しも他者の痛みや喜びを感じる。私たちはそれぞれ記憶をとおして、自分自身がケアしたりケアされたりした経験に近づく」(ibid.:104)。当面の相手と私とのあいだにかつてケアした、ないしは、ケアされた関係があったとはかぎらない。そのような関係がなかった場合はいくらでもある。それなのに、私が相手をケアしはじめるとすれば、私は誰か他のひとからケアされ、他のひとをケアした経験を想起して、その相手をケアしはじめるのだ。ケアする気持ちが自然に発露しないときに、ケアリングを誘発するのが過去のケアリングの記憶だとすれば、先の一文――自然なケアリングが倫理的なものを可能にする――は、自然なケアリングは倫理的行為の発生論的な必要条件であるというふうに解釈しなくてはならない（発生論的な関係とは、「xはyが先行していないかぎり成立しえないが、yが同時に存立していなくても成立する」という意味である）。そして、私たちが無力な存在として生まれてくることを思い浮かべれば、私たちの根源的なケア経験はまずは「ケアされた」という受動的な経験から出発しているはずである。

三・四　倫理的ケアリング

自然なケアリングが発露しないとき、または、阻害されているとき、かつてケアされケアした経験の記憶は、「他人の窮状に応答しようとする一方、それに相対立する自己利益を増進したいという欲求にも応答しようとするただなかに、「私はしなくてはならない（I must）」という感情となって私たちにしのびこむ」(ibid.:79-80)。「ケアしたい」という自然なケアリングではない、「しなくてはならない」ケアリングは倫理的ケアリングと呼ばれる。

自然な傾向性にもとづく行為と義務にもとづく行為との区別はカントを想起させる。ノディングスは「カントが愛からではなく、義務から行なわれることを倫理的としたのは正しい」(ibid.:80) と評している。しかし、カントが動機から自然な傾向性を排してひとえに義務に基づく行為を尊重するのにたいして、ノディングスは、自然なケアリングと倫理的ケアリングのあいだに倫理的な価値の違いを認めない。「ケアリングにもとづく倫理はケアする態度の維持に努める。したがって、自然なケアリングのうえに依存するのであって、それを超えるわけではない」(ibid.)。この「依存」も先の解釈にしたがって発生論的な必要条件と解釈しよう。この解釈は他の箇所から支持される。「倫理的なケアリングはまったく私たちの過去の自然なケアリングの経験と意識的な選択とに依存している」(ibid.:157)。だから、ケアしたくないという欲求を克服する契機は自分がケアしケアされた経験の記憶から生じる欲求である。カントと異なり、理性の命令ではない。

しかし、ケアしケアされた経験の記憶から生じる欲求は、なぜ、ケアしたくないという欲求に打ち勝つのだろうか。たとえば、相手のことなど気にかけずに私欲をまっとうしたいという欲求が一方にあり、他方に、他人をケアする自分でありたいという欲求がある。これだけでは葛藤にとどまる。後者が習慣的に前者を圧倒するとすれば、後者は一過的な前者の欲求とは次元を異にした欲求なのだろう。ところで、フランクファートは第一階の欲求と第二階の欲求とを区別している。第二階の欲求とは「xという欲求をもちたいという欲求」(Frankfurt 1997:14) である。たとえば、私が酒飲みでありながら節制した生活に憧れているなら、酒を飲みたいのは第一階の欲求であり、酒に淫しない自分でありたいというのは第二階の欲求である。フランクファートのこの概念を借りれば、ケアを放擲したいのは第一階の欲求だが、他人をケアする自分でありたいというのは第二階の欲求である。「道徳的でありたいという強い欲求があるなら、私たちはそれを拒絶しない。道徳的でありたいというこの強い欲求は、関係をもち、関係を維持したいといういっそう根本的かつ自然な欲求から反省によって導き出される」(Noddings 1984:83)。こうして、ひとは往々にしてケアを放擲したいという欲求に誘惑されながらも、第二階の欲求にしたがって倫理的ケアリングを開始し、ケアするひととなっていく。だから、「自分のしているケアが自然か倫理的かは確実には定めがたい」(ibid.:84)。むしろ、当初の自然なケアリングにおける「道徳以前の善」が「しだいに道徳的な善になっていく」(ibid.)過程を歩むことで、ひとはケアするひとになっていくのである。

三・五　倫理的自己

この第二階の欲求を、ノディングスは倫理的自己へのケアと呼ぶ。この倫理的自己が第二階の欲求の主体としてではなく、私のケアする対象として語られている点に留意しなくてはならない。つまり、倫理的自己は、カントの理性のように、超越的な力を発揮して第一階の欲求を圧倒する指令を出すわけではない。なぜなら、倫理的ケアリングが自然なケアリングを発生論上の必要条件とする以上、倫理的自己も自然なケアリングの経験から発見されるものだからだ。「他のひとにたいするケアリングは倫理的自己への関心から生じるのではなく、他のひとにたいするケアリングから倫理的自己への関心が生じる」(ibid.:50)。しかも、「他のひとをケアすると同時に、そのひとたちにケアされるときに、私は自分自身をケアすることが可能になる」(ibid.:49)。この「自分自身」は文脈からいって「倫理的自己」を指す。その倫理的自己がケアされつづけなくてはならない――第二階の欲求がいつでもそのつど用意されざるをえない――のは、他のひとをケアするということは挫折や意気阻喪や裏切りに見舞われやすいからである。「倫理的自己にたいするケアリングを通じて、私は猜疑心と反感と無感動の暗雲のたれこめるなかでも、他のひとに関わる努力に打ち込むことができる」(ibid.:50)。倫理的自己とは、平易にいいかえれば、「ケアする者としての私」という意味にほかなるまい。ただしそれは、自然なケアリングができているときにはみえない、忘れられているものである。それは、私が相手から反発されたり、相手に裏切られたり、私自身の無能に歯がみしたり、甲斐ない努力に疲れたりするとき、私がなおかつケアするひとでありつづける可能性のようすがとして現われてくるものなのだろう。

倫理的自己へのケアによって守られるのは、私がケアする者として生きつづける生の統合性である。第七章に記したように、ケアが生の統合性をもたらすと指摘していたフランクファートの概念を援用すれば、倫理的自己とは意欲の必然性をかきたてるものだといえよう。意欲の必然性とは、ケアすることをつうじてそのものが大切になり、そのために、そのものをケアしつづけなければならないという感情を意味していた。ノディングスが「私はすべきだ」(I should)ではなく、唯一の可能性を表わす助動詞 must を用いたのは、フランクファートのいう意欲の必然性に対応している。倫理的自己はその対象を大切にするようにみずから促すことでそのものをケアせざるをえなくするのである。

ノディングスのケアリングの倫理は、倫理的態度の維持が倫理的自己の保持にかかっている点で、コールバーグ側のいうように、自己の人格の完成をめざしたものだといえる。しかし、自己の人格の完成ということが周到な計画にそった投企のようにうけとられるなら、それは誤解だ。ケアリングの目的は有徳な性格の完成でさえない。ケアは諸徳の束ではないからだ(ibid.:80)。それは、むしろ、現実的に倫理的であるために自分が倫理的でありうる可能性の想起に立ち戻る一種の自己浄化の勧めなのである。

三・六 相互性——ケアするひととケアされるひととの関係

先にみたように、倫理的自己はケアする私がケアされる相手によってケアされることによって育まれていく。すると、私と相手は対等な関係なのだろうか。否である。「ケアされるひとがケアするひとである必要はない」(ibid.:71)。ケアするひとは自分の準拠枠のほかにケアされるひとの準拠枠を理解しなくてはならないが、母子関係を考えれば自明なように、その逆は成り立たない。それにもかかわらず、ノディングスは両者の関係を相互性

(reciprocity) と呼んでいる。ただし、ここでは「あげる贈物ともらう贈物は同じではない」(ibid.:74)。では、ケアするひとはケアされるひとから何をうけとるのだろうか。

私はそれをケアするひとの倫理的自己へのケアへの励ましだと考える。むろん、ケアされるひとが直接に励ますわけではない。そのようなこと(たとえば、小さな子どもが親に「がんばって」と声をかける)が起こるときには、ケアされているひとがケアするひとをケアしているのである。そうではなくて、ケアするひとは自分のケアリングが相手に快くうけいれられ、相手の成長に寄与しているのをみて、ケアするひととしての自分に自信を得る。おそらくこれがケアされるひとからの贈物の意味であろう。

だとすれば、ケアは他者志向であるとしても、だからといって、ケアをコールバーグの発達理論の慣習的レベルの第三段階のそれとただちに同視することはできない。同段階では、ケアは周囲の他者の期待へのたんなる同調とみなされる。これにたいして、ノディングスでは、ケアする私は相手の期待への追随にとどまらず、ケアする者としての私(倫理的自己)をケアしている。倫理的自己は、ひょっとするとコールバーグ理論の第六段階のなかに良心として示されたような、社会の価値観とは独立のその本人の首尾一貫した判断基準でもありうる。というのも、ケアするひととしての倫理的自己への配慮のなかには、当然、自分のしているケアが真のケアであるかどうか――相手の必要に的確に応じているか、相手に自分の理解を押しつけていないか、相手を損なっていないか、相手の成長に寄与しているか――と自分のケアを規整する批判的視点が蔵しているだろうからだ。

三・七　超越?――ケアする私とそれをケアする私

しかし、だとすれば、図式的にいえば、ケアリングの根底には倫理的自己へのケアがあり、そのうえに個々の他者へのケアが築かれることになるのだろうか。ケアする私をケアする私とは、目下の必要と関心に追われた、いわば世俗的・社会慣習的なケアに没頭しているこの私からの一種の超越を意味していないか。ここに超越という概念で思い浮かべているのは、たとえば、カントにおける「汝の人格のなかの内なる人間性」や、あるいはまた、『ロマ人への書』(7・22)のなかに語られ、アウグスティヌスに継承された「内なるひと」(アウグスティヌス:11)のように、私の内にありながらこの事実としての私を超えた性格を帯びている存在のことである。実際、ノディングスもまた、倫理的自己を「内なる他者」(Noddings 1984:49)と呼んでいる箇所がある。

ところが、ノディングスは倫理的自己が具体的なこの私から遊離するのをつとめて避けてもいる。「女性には、男性の似像として造られた(wrought in image of man)概念化された神など必要ではない。そのような神によって命じられるすべての愛と善は、最も温かくて最もよい人間関係の内に見出される愛と善があれば、生み出されうる」(ibid.:97)。かりに、ノディングスの構想のなかに、個々人がみずからを超越する契機を求めるとすれば、関係を結ぶことそのことがまさにそれである。しかも、そこには享受の喜びがともなう。「喜びはもっぱら自己や対象を超えたところに、すなわち、関係、あるいは、関わり合いの認識に収斂する」(ibid.:138)。この喜びは他者の操作やそれによる自己の目的の達成から生じるものではない。先に記したように、私自身を他者が現われる場へと変容し、他者を受け容れるとともに私が変わっていくことの喜びにほかならない。かくして、ノディングスによれば、「受け容れ、受け容れられること、ケアし、ケアされること。これが人間の基本的なありようであり、その基本的な目的である」(ibid.:173)。

だとすれば、倫理的自己へのケアはたしかにケアリングの倫理の根底をなしているとしても、これと個々の他者へのケアとのあいだに一方的な階層秩序を想定しては見誤ることとなる。ケアリングの倫理からすれば、日常行なわれる他者へのケアこそが私の倫理的自己を強め、ケアの維持を賦活してくれるのであり、一方、倫理的自己をケアすることで、ともすれば私欲や疲労や不和ゆえに途絶しかねない日常のケアは支えられつづけていくものなのである。自己志向を根底におき、他者志向を皮相なもののように論じるコールバーグ側の視点に立った解釈はすでに、ノディングスからすれば、分裂・対立せしめる思考法であって、日常の生の含んでいる深みと厚みとを看過した抽象化なのであろう。

三・八　理想の涵養――他者の倫理的自己

倫理的自己はケアの経験から形成され、私たちはまずはケアされる側として生まれてくる。それゆえ、おとなは子どもに適切なケアをする責任をもっている。教育学者ノディングスは当然ながら教育を重視する。むろん、誰も他者の倫理的自己を創造することはできない。だが、子ども自身のなかに倫理的自己が育っていくための必要条件を満たすようなケアをすることは、ケアリングの倫理からして可能であり、また教育の目的であろう。

四　正義に関わる問いは正義なしで答えうるか

ふさわしい者にそれにふさわしい権利や資格を授与することは正義の問題だ。ケアについても、「誰がケアされる権利をもつか」「ケアされる権利をもつ者は平等にケアされているか」「ケアされる者が権利として要求できる限度はどこまでか」といった正義をめぐる問いがある。ケアしケアされる関係の維持こそを善とする「ケアの倫理は正当化を強調しない」(ibid.:95)としても、右の問いは「ケアされるにふさわしい対象は何か」「ケアされるべき対象が競合する場合、いずれを優先すべきか」「ケアすべき限度はどこにあるか」とかたちを変えて問われなくてはならない。ケアリングの倫理はこれらの問いにたいして、権利・平等・資格といった正義に関わる概念を用いずにどのように答えを出せるだろうか。

四・一　ケアされる対象の範囲

ケアにもとづく倫理は、その批判者が指摘するように、身近なひとだけを配慮する倫理だろうか。たしかに、「私たちの責務は関係によって制限され、範囲が定められる」(ibid.:86) 以上、普遍的なケアは否定される。だが、第七章にも示したように、このことは不平等を是認するものではない。なぜなら、見知らぬ他人だったひとが私のケアすべき範囲に入ってくる可能性も否定されていないからだ (ibid.:93)。したがって、普遍的なケアの否定は、見知らぬ他人をケアすべきではないとかケアしなくてもよいという倫理的指令ではなく、第七章にみたように、心をこめたケアのできる範囲は現実にはかぎられているという事実上の制約とみるべきである。ケアする自分の能力が散逸し消尽するのを防ぎ、現実にケアできる範囲に踏みとどまることが、倫理的自己へのケアから帰結するわけである。

四・二　ケアのディレンマ

ノディングスはディレンマのひとつに、黒人の友人と人種差別主義者の親類の板ばさみになる例をあげている。ケアする者としては友人と親類の両方をケアしなくてはならない。だが、友人と親類が争いだしたらどうするか。この場合、脅かされているほうを優先すべきである (ibid.:111)。攻撃されているひとを守るために、ケアするひとが「自分が愛するひとならそんなことはしない」と喝破しても、ノディングスによれば、それは「盲信でも身びいきでもなく (中略) 生きてきた関係の年月を証拠とした信頼である」(ibid.:112)。

正義の倫理からすれば、咎は人種差別主義者にある。だとすれば、人種差別主義者が攻撃される場合、なぜ、守らなくてはならないのか。原理原則によって裁断することこそケアリングの倫理にとって最も忌むべきことだからだろう。それは正義の倫理からすれば正当化できるふるまいだとしても、ケアするひととしての倫理的自己の放棄を意味している。「正義」に裏づけられた一方を支持し、他方を指弾する態度よりも、対立する両者をケアすることで、場合によっては、両者の対立が解消され、ひょっとすると断罪されるべくして断罪されてきたひとを改悛させる効果をあげることもあるかもしれない。ケアにもとづく倫理は断罪や裁断の不毛を指摘しているといえる。

しかし、ノディングスのいうように、はたして、ケアする者が攻撃されている側に寄せる信頼はつねに信用できるものだろうか。私はできないと考える。ケアしケアされる体験が倫理的自己の成立にとっての必要条件であったとしても、それは十分条件ではない。かりに、私が誰をもケアするひとであろうとしているにしても、私がケアしているひともまたそうである保証にはならない。倫理的自己という規準は自己誠実性にとどまり、他者の倫理性を判断する規準とはなりえないのだ。ケアリングの倫理を整合的に解釈しようとすれば、正義の倫理からすれば指弾されるべき側を孤立に追いやるのではなく、積極的にケアすることで、指弾されるべき側自身が当人の倫理的自己へのケアをとりもどし、(正当にも) 指弾されるような態度や行為をみずからやめるように促すことしか、なしうることはないだろう。

四・三　ケアの限界

正義による制約がなければ、ケアは無際限に要請されるのではないか。ギリガンの発達理論の慣習的レベルでは、自己犠牲が善と同視され、その結果、ケアするひとは尽瘁《じんすい》してしまう。だから、他者とともに自己自身もケアすべきだという脱慣習的レベルへのさらなる成熟が望まれたのだった。ノディングスもまたケアの限界を設定する。倫理的自己を維持する可能性がそれである。「ケアするひとは、他者が故意に自分の身体的自己や倫理的自己にたいする明確な脅威とならないかぎり、ケアするひととして他者に接しなくてはならない」(ibid.:115)。倫理的自己にたいする脅威とは、ケアする意欲をすっかり失うほどの打撃、疲労を意味していよう。裏返していえば、ノディングスはケアするひとの有限性を強調しているわけでもある。だから、ケアする者が絶望的な状況でケアされる対象を殺してしまったとしても、「殺すなかれ」という原理のもとに裁断することはできないとされる(ibid.:107)。

だとすれば、ケアの限界は各人のケアする能力、おかれた状況に左右されることになるだろう。実際、ノディングスはそう述べている。「ケアするひとの内的な対話のうちに真偽や正邪に関する最終決定の場がある」(ibid.:108)。ただし、すぐにこう付け加える。「だから、自己欺瞞は倫理的理想を破壊する潜在力をもっている」。したがって、ケアするひと自身がケアの限界を設定するとしても、その設定が恣意的であってよいわけではない。それが自己欺瞞に陥っていない保証は、ひとえに、内的な対話の相手である倫理的自己が内なる他者としての他者性を確保しているかどうかにかかっている。そして、それは**三・七**に記したように、他者を受容すべく自分自身を変容していくことと相関している。

ケアするひとには自分のしているケアに自足してしまう自己欺瞞と別に、もうひとつの危険がある。「ケアしようとする衝動を意図的に拒否」(ibid.:115)することがそれである。ケアリングの倫理では、これこそ邪悪(evil)にほかならない。なぜなら、それは倫理的自己からの背馳を意味するからだ。そしてまた、ケアが人生を意義深くさせる不可欠の要素である以上、ケアを放棄するひとは自分をとりまいているすべての他者と事物に興味をもてない自己疎外という結果に陥らざるをえない。

以上、本章では倫理的自己という観念を軸にしてケアリングの倫理を再構成してきた。しかし、正義や権利といった概念をいっさい回避し、原理原則的思考を峻拒するノディングスのケアリングの倫理にたいしては、多くの論者が批判を寄せている。ここでは異なる立場からの外在的批判よりも、ノディングスのテクストのなかに不整合を見出そうとするバベックの批判をとりあげることにしよう(1)。

五　ノディングスのケアリングの倫理
――その問題点――

バベックの批判は大きく分けて二点ある。第一は、ケアを実践するさいに実質的には正義の原理に依拠している面があり、したがって、ノディングスが原理原則的思考を峻拒する姿勢は破綻せざるをえないというものである。ケアする相手は多数あり、ケアするひとのケアの資源は有限である。したがって、ケアするひとは何らかのしかたでケアの分配を考えざるをえない。その分配の基準はケアすべき対象全員をケアできないことから生じる害の最小化である。その結果、各人にたいするケアには厚薄ができるだろうが、しかし害を最小化するための計算の過程で、各人は平等に、かつ、この場合にはケアの必要度だけを顧慮するという点で公平に配慮されている。「害の最小化という原理は同時に正義の分配原理である」(Bubeck: 202)。こうした思考過程はノディングス自身の示す例証のなかでも適用されている(Noddings 1984: 52)。

倫理は何らかの一般的な指針を提示する。それゆえ、ノディングスが頑なに原理原則を拒否する姿勢にはたしかに無理があろう。そしてまた、ケア資源の有限性はノディングスにおいても明らかであり(そうでなければ、ケアする者の疲弊について語るはずがない)、ケアするひとはケアを分配せざるをえない。害の最小化、いいかえれば、ニーズの充足の最大化の指針はノディングスも支持するだろう。ただし、ノディングスはそれを正義の語り口で語ることを拒否すると思われる。というのも、分配を正義によって正当化すれば、ケアされない人間や乏しいケアしかうけられない人間は、そうした処遇に値しており、豊かなケアをうける権利、ないしはそもそもケアをうける権利や権原がない者とみなされざるをえないからである。ケアがニーズの充足をめざす以上、資源が豊かでさえあれば、その人びともケアされるべきである。ケアリングの倫理からすれば、すべてのニーズを充足するほどにケアが行きわたらないのは悲しむか惜しむべきことであって、正当化すべきことではない。ノディングスが正義の倫理と原理原則的思考を結びつけて忌避するのは、そこに裁断する姿勢が感じられるからにほかなるまい。そして、これはそれをどう評価するにしても、人間関係の維持と充足を是とするケアの倫理一般からして当然予想される発想法なのである。

バベックの批判の第二点は、ケアリングの倫理にはケアする者の搾取を抑止できないというものである。この批判は先の批判より強い。ノディングスの発するケアの要請は、あたかもカントの定言命法を連想させるほどに厳格である。カントの厳格主義もそれを墨守する者を抑圧するかもしれない。だが、ノディングスの厳格主義のほうがはるかに悪影響を及ぼしかねない。というのも、ケアする役割の多くを女性が、社会的地位の低さと選択の自由の狭さのために、必ずしも本人の意図に沿わずに担ってきたからである。ノディングスはケアリングの倫理を女性の倫理とも呼んでいる。ケアする者としての役割を課せられた女性がこの倫理理論を内面化した場合、この理論は女性にケア関係の維持を強いる「抑圧的イデオロギー」(Bubeck: 207)として働いてしまう。

私のみるところ、ノディングスの性差の位置づけは明らかに整合性を欠いている。『ケアリング』の冒頭では、生物学的な性差とケア志向とを結びつける経験的な問題は論じないと明言している(Noddings 1984: 2)。しかしまた、女性としての経験が素朴に論拠として援用される(ibid.: 28, 95etc)箇所も散見する。女性が育児を担う傾向についての生物学的説明、心理学的説明、社会学的説明のなかで、ノディングスは育児が女性に課せられてきた社会的役割に原因を求める社会学的説明をまず否定する。ノディングスもギリガンと同様に、母親との一体化から女子が育児を進んで担うとするチョドロウの心理学的説明を採用するが、しかしまた生物学的説明も強力とみている（ibid.: 128-129）。生物学的説明に力点をおけば、ケアリングの倫理は性差決定論に陥ってしまわざるをえない。この点では、ケアリングの倫理は、女性に特定の価値観を押しつける「お馴染みの説教を女が唱えただけ」（Kuhse: 162）というクーゼの評がまことに的を射たものに思えてくる。

たしかに、ケアリングの倫理は無限にケアの遂行を要求しているわけではない。先にみたように、倫理的自己の維持が、ケアすべき範囲を定め、ディレンマを解決し、ケアの限界を設定する。だが、倫理的自己へのこのケアは内的な対話によって行なわれる。それゆえ、「難点は問題がまったく主観的にあつかわれることである」（Bubeck: 207）、「外部の道徳的視点の欠如」（Kuhse: 160）という批判を招く。その結果、ケアする者が過重な負担を背負い込む歯止めとはなりにくい。また、この自己誠実性はケアする相手にたいする的確な理解を保証しているともいいがたい。私見によれば、ケアリングの倫理には、たとえば、はからいをなくし、心を清らかに保てば、すべてが正しい姿で自分の心の鏡に映ってくると信じるような神秘主義者の信念の吐露にひとしくみえる面がある。こうした神秘主義者が、いかに個人的には誠実であろうと、またみずからそう自負していようとも、まっとうな社会的責任を担うに耐えぬ存在であることは明らかである。(2) 先にみたように、ノディングスの議論が見知らぬ他者へのケアに言及しており、他者の異他性に注意を喚起しているにもかかわらず、私的領域におけるケアにのみ妥当する議論にみえてしまうのは、他者が了解可能な存在として描かれている点にその一因があるだろう。

以上に指摘した問題点——性差決定論からの脱却と公的領域へのケアの拡大——は、次の第九章で論じる。

六　ノディングスのケアリングの倫理
――その特長――

ケアリングの倫理にたいして積極的な評価をあたえるとすれば、それが生の経験の一面を的確に表わしている点である。ケアには「大切にする」という意味も含まれている。したがって、ケアの要請は「人生を生きるに値するものの大半を与えてくれる機会である」(Noddings 1984 : 52)。三・七にみたように、その享受の喜びは意図的な設計によるのではなく、自分が偶然に出会うものを受容し、それによってみずから変容していく過程にある。「庭仕事をしているか、星空のもと、浜辺に横たわっているとしよう。腐葉土の下から顔をのぞかせた芽生えや流れ星が喜びをもたらすかもしれない」(ibid. : 138)。ケアリングの倫理はこうしたとるに足らないように思われながら、しかしその実、毎日の生活を有意味にしている支えのような経験を描くのに適した思想なのであろう。

だが、人生の重大事もまた同じようにひそかに、かつ、たまたま訪れてくるものではあるまいか。クンデラの小説『存在の耐えられない軽さ』では、年齢も経歴も生活もかけ離れている、三週間前に旅先で出会った女性が主人公トマーシュにとって、突如、欠くことのできない存在に思えてきた経緯がこう語られる。「そのとき彼はこのほとんど何も知らない娘に説明しがたい愛情を感じ、これこそ誰かがピッチを塗った籠の中へ入れて、トマーシュが自分のベッドの岸で捕えるように川に流して送った子どもに思えた」(クンデラ : 10)。その出会いは偶然が重なってできたにすぎない。しかし、「ある出来事により多くの偶然が必要であるのは、逆により意義があり、より特権的なことではないだろうか」(同上 : 63-64)。ケアリングの倫理はこうした一回的なできごと、人生が一回かぎりであることを深く意識した思想だともいえる。ケアリングの倫理の趣意からすれば、ひとやそのひとの人生の個別性は身に添うようにして理解すべきものであって、他の事例と比較して評価すべきものではない。「人生はたった一度きりだ。それゆえわれわれのどの決断が正しかったか、どの決断が誤っていたかを確認することはけっしてできない」(同上:282)。ただし、クンデラの小説がそこから「ただ一度なら、全然ないことと同じである」(同上:283)という「存在の耐えられない軽さ」へと読者を誘っていくのにたいして、ケアの倫理の擁護者たちは、この生の日々がいつ無に帰してしまうかわからないからこそ、今、生きていることに超絶した価値があり、維持し、展開しなくてはならないものとみなすのである。

この脈絡から、ノディングスが倫理的自己を事実としてのこの私から遊離した超越的なものとして語らなかったことについての解釈を求めるとすれば、次のようになるだろう。それは、ひとつには、日常的・社会慣習的に行なわなくてはならないケアのなかにも生の根本的な意義と喜びとが含まれていることを指摘するためである。そしてまたひとつには、倫理的自己が個々の経験とは独立に堅忍不抜なものとして確立されると主張するのではなくて——もし、ノディングスが実際にそう主張していたなら、ケアリングの倫理を批判する者がノディングスはそう示唆していると指摘しているよりもはるかに明白に、ケアする者の他者理解はつねに的確であり、ケアする者のケアする能力は無限であると断言することができただろう——、ケアリングとそれを支える倫理的自己は、それ自体、つねにケアされなくては保たれない、傷つきやすいものであることを表わすためである。今のところ、私にはこの解釈がノディングスのケアリングの倫理にたいする最も整合的、かつ、適切な解釈であるように思われる。

第九章　ケアの倫理、ニーズ、法

ケアの倫理をめぐっては、ケア対正義論争と呼ばれる論争が展開されてきた。第七章では、主としてギリガンとコールバーグ派との争点を確認した。しかし、論争において対立する陣営はギリガンとコールバーグ派から、しだいにギリガンおよびその擁護者とこれを批判するフェミニストたちに移っていった。というのも、ギリガンの発掘したケアの視点は多くの女性が歴史的に経験してきた価値観を反映している反面、同じ理由から、歴史的な事実を倫理的に肯定し、女性にたいする抑圧を再生産するおそれがあったからだ。ケアの倫理にたいするフェミニストの反応はさまざまである。一方に、ケアの倫理を男性に好都合な女性観に女性みずから一体化する態度として厳しく否定する論者がいる。他方に、女性と結びつけるしかたでケアの倫理の道徳的卓越性を語る論者がいる。前者の例はマッキノンである。マッキノンについては第十一章でコーネルとともにとりあげる。後者の例はノディングスである。しかし、その中間には、ギリガンの問題提起に触発され、ケアの視点を重視しながら、ケアの倫理をいっそう広い社会的文脈のなかに展開しようと試みる論者たちがいる。しかも、上記のスペクトラム全体はアンチフェミニストと対立する。後者の大半は正義の倫理を支持するだろう。[1]本章では、前章に論じたノディングスにたいする批判を糸口にして、論争における論点の推移をおさえ、ついで、その推移にたいするノディングスの応答をとおして、ケアの倫理による社会政策論の可能性をみることとする。

一　ケア／正義、女性／男性、私的／公的

ケア対正義論争の最大の焦点は、二つの倫理は相互に排除し合うのか、それとも両立しうるのかにあった。ギリガンの立場も一定しているわけではない。第七章に確認したように、当初、彼女はケアの視点と正義の視点との「結婚」を説いていた（Gilligan 1982:174）。だが、のちには両者を「反転図形」に喩え、切り替えは可能でも、統合、融合されるものではないと説いている（Gilligan 1995:32-43）。

論争に拍車をかけたのは、ノディングスの『ケアリング』の登場だった。なぜ、ノディングスがとくにしばしば批判の標的とされるのか。ノディングスの基本的な態度に立ちもどろう。ノディングスによれば、真のケアは他者一般を気にかける（care about）のでは足りず、特定の相手にむけて、相手のため（care for）を動機とするものでなくてはならない。後者は原則として対面的な場面で生じる。そして、ノディングスは、ケア関係を維持することとそれ自身を善とし、何よりも優先する。

このスタンスはケアの倫理に対する典型的な批判を呼びおこす。第一に、ノディングスのいうとおりであれば、真のケアがおよぶ範囲はかぎられるのだから、ケアの倫理は身近な人間関係のみを重視する偏狭に陥るのではないかという批判である。とりわけ論議の的となったのは、「私がケアする責務を負うている人びとを見捨てないかぎり、アフリカの飢えている子どもたちへのケアをまっとうすることができないなら、アフリカの飢えている子どもたちをケアする責務は私にはない」（Noddings 1984:86）という一節だった。第七章二節に示したように、こ

れはケアできる範囲の有限性を指摘しているととるべきであって、一部の論者からそう誤解されているように、見知らぬ人びとをケアする責務を否定しているわけではない。クレメントは「多くの批評家によれば、ノディングスのケアの説明からすると、われわれは遠くにいる人びとへの責務をもたないという結論になる」(Clement:17)と紹介しつつ、ノディングスがそう言明しているわけではないと述べている。この指摘は正しい。むしろ、ノディングスは見知らぬ人びとがケアの対象になる可能性を想定している。第八章四節にそれを確認した。だが、そうだとしても、なお争点は残る。カードが的確に指摘しているように(Card:101)、見知らぬ人びとにたいするその責務は彼らがケアする対象になったときに初めて成立するのか、それとも、その潜在性の時点ですでに成立しているのかという問題がそれである。他者一般を気にかけるだけでは真のケアとはいえないという『ケアリング』のなかの説明だけでは、見知らぬ人びとと私たちがどのような関係にあるのかは――気にかけるほうが気にかけないよりも善であるという答えが予想できるにしても――はっきりしない。

第二に、ノディングスのいうように、関係の維持を無条件に善とすれば、ケアする者に過剰な負担を強いかねない。生きるための基本的なニーズである衣食住への配慮、子育て、病人や老人の世話。ケアといえばすぐに思い浮かぶこうした務めに従事している人間の多くは女性であり、しかも多くの場合、家庭のなかで無償労働によってまかなわれている。こうした状況のなかで、ノディングスのように、ケアリングを女性の倫理として称揚すれば、女性の抑圧を正当化することにならないか。

ケアの倫理に疑問を呈するフェミニストはこの二点を追及する。その指摘によれば、この二点はあいまってケアとケアする者、したがってその大半を占める女性の貶価を助長している。その貶価を支える論理はこうである。すなわち、ケアの倫理は身近な関係にある者を偏重する。つまり公平ではなく、したがって正義に反する。それゆえ、見知らぬ人びと同士から成り立つ公的領域には適用しがたい。けれども、正義が最優先されない領域がある。家庭を代表とする私的領域がそれである。だから、ケアの倫理が女性の倫理と呼ばれるのは当を得ている。というのは、ケアの範型である子ども、病人、弱者への世話は、歴史的にみても、たいてい女性によって、しかも家庭のなかで行なわれてきたからだ。だからこそ、家庭内のケア活動は無償労働と呼ぶにはあたらない。なぜなら、労働とは家庭の外で行なわれる賃金労働をさし、公的領域の倫理である正義によって評価されるものだが、正義の基準は家庭には適用されないからである——。こうして、ケアする者の負担を等閑視しつつ、ケアとケアする者を私的領域に閉じこめる構図ができあがる。実際、正義の倫理に依拠する論者の多くは（上記の論理への賛意を表明しているか否かはともかく）、ケアの倫理は家庭や友人関係という狭い世界のみに妥当するとして（Rachels：174）、二つの倫理の棲み分けを提唱している。その見解に従えば、ケアの倫理に根ざした社会理論など、はなから否定されるわけである。

二　ケアの倫理の第二世代

しかし、どの人間もケアを必要としており、少なくとも一生のある時期は実際にそうである。ケアの倫理のこの指摘が正しいなら、ケアを人間生活のかぎられた一部である私的領域に収束してしまうことはできない。

実際、二つの倫理を公私の領域にふりわける正義の倫理の擁護者の見解は実態に合わない。幼児は保育園に、子どもは学校に、病人は病院に、老人は介護施設でというふうに、現在、ケアワークの多くが家庭内のみならず、家庭外の公共ないし民営の施設で行なわれている。自律した平等な人間同士の倫理が公的領域を支配しているという主張の裏には、トロントのいうように、人間の傷つきやすさを「隠蔽」（Tronto：135）したいという欲望が隠されているのかもしれない。さらに問いつめれば、公的領域に正義の倫理しか見出せない論者には、ギリガンのいう反転図形の一方の見方しかみえていないのかもしれない。

だとすれば、ケアの倫理に依拠しながら、公的領域に適用しうる理論が構想されなくてはならない。そのためには、ノディングスがつきつけられた二つの論難――身近な人間関係への閉塞とケアする役割の女性への押しつけ――を克服しなくてはならない。それゆえ、ケアの倫理による社会哲学をめざす論者たちの課題のひとつは、歴史的に継承されてきた公的領域と私的領域の峻別を打破することとなる。もちろんその根底には、「個人的なことは政治的なことである」というフェミニズムの基本的な原理がある。もうひとつは、ケアの倫理を女性固有の倫理であるかのように示唆してしまう本質主義の連想を断ち切ることである。ギリガンもノディングスも本質主義を言明したわけではなかった。それでもギリガンは道徳心理学の発達理論に潜む性差別にあれほど鋭敏であったにもかかわらず、女性観は社会的に構築されたものであるという認識は強調していないし、ノディングスが女性的なものの出自にあたえた説明が明確でなかったのは第八章にみたとおりである。

ギリガンがケアの倫理を提唱してからすでに四半世紀が経過した今、早くも回顧の試みが始まるなかで、ケアの倫理の第二世代という呼称が使われるようになった。ハンキフスキーの区分では、ラディック、ノディングス、ヘルドらが第一世代に数えられる。その説明によれば、第一世代は、女性の子育ての経験を強調するあまり、ケアの倫理が公的領域にも適用可能だという説得的な議論を示せなかった。これにたいして、クレメントやトロントらの第二世代はケアの正義にたいする優位を主張せず、「ケアと正義との有意義な関係の発見に協同してあたる」とともに、ケアを正義の倫理に「同化」する解釈には抵抗している（Hankivsky: 11-14）。とはいえ、生命を守るケアの信条から反戦論を唱えたラディックが公的領域に無関心だったとはいえまい。本章にみるように、ノディングスも社会政策論に着手している。ヘルドについては、セヴェンヒュイセンが本質主義ではないと擁護しつつ、経済的人間（homo economicus）にかわって母子関係を人間関係の範型にするその代替案の素朴さを批判しているが（Sevenhuijsen:12）、ヘルドもまた第十一章にみるように、社会哲学に深く関わる著作を発表している。それゆえ、それほど判然と世代を分類できるものではない。しかし、この世代理解はたしかにケア対正義論争の論点の推移を表わしている。また、第一世代と第二世代とのあいだでは、正義の倫理の諸概念との距離のとり方も違う。というのも、第一世代がケアと正義の対比を強調したのにたいして、第二世代が示した処方箋は、ケアの対象を見知らぬ他人に拡大するには、そしてまた、ケア関係に生じがちな搾取や抑圧を防ぐには、ケアの倫理は正義によって補完されなくてはならないというものだからである。そこで、第二世代の代表者であるクレメントとトロントを参照しよう。

クレメントは自他を分断する個人主義を批判し、ケア関係を重視する。かつまた、ケア関係がもたらす搾取は断固として拒否する。「われわれが社会的に構成されているからといって、関係を維持すべしという道徳的責務を課されているわけではない」（Clement:41）。ケア関係を継続するかどうかはケアする者の自律によらなくてはならない。ケア関係の健全は、正義の倫理の規範である自律によって保たれる。しかし、ケアに携わる者にたいしては、無償でケアしている主婦であれ、有償労働で働いているケアワーカーであれ、ケアをひきうけざるをえないようにさせる社会の圧力が働く。「ケアする者」という象徴にその圧力はこめられている。それゆえ、ケアする者の自律はつねに脅かされやすい。ケアと自律の葛藤を克服するには、「家庭のみならず、あらゆる職域で責任の分業」（ibid.:65）をしなくてはいけない。以上のクレメントの推論は正当である。けれども、ケア関係には、ケアする者による抑圧的な干渉もありうるのではないか。それを防ぐには、ケアされる側の自律も必要だろう。ところが、クレメントはもっぱらケアする側の自律のみを強調する。また、分業に言及するものの、誰がどこまでケアすべきかに関わる分配的正義の問題に立ち入っているとまではいえない。したがって、クレメントのめざすケアと正義の統合は、ケアする者の自己防御のために自律という個別の規範を導入したにとどまっている。

トロントがケアの倫理に惹かれる理由のひとつは、ケアの倫理が指摘する人間の傷つきやすさが「われわれはつねに自律している、潜在的に平等な市民であるという神話」（Tronto:135）を暴く点にある。ケアする者とケアされる者との力関係は不均衡であらざるをえないからだ。だが一方で、トロントは、「平等の達成を政治目標として認識させるのは、すべての市民が平等だという虚構の想定よりもケアの視点だろう」（ibid.:164）と述べている。あたかも、ケア関係の存在しない社会が目標であるかのように聞こえる一節だ。しかし、傷つきやすさが人間に通有の性質であれば、そのような目標は実現されようがない。もちろん、ケアの倫理も個別のケア関係の永続を望むものではない。ケアされる者が自分自身を、さらには他人をケアする力を回復した時点でケアする関係はひとまず終わる。だが、この語り口からわかるように、ケアする者とケアされる者は変わっても、誰かが誰かをケアする事態は続いていく。自律や平等という概念にはそうした関係への開けは含意されていない。

本書は第七章一節でケアの倫理をめぐる問題連関を発達心理学に関わる実証的次元と倫理的次元とに切り分けるように提言した。

ケアの倫理が実際に性差に関係するかどうかを決する統計上の争点は前者に属す。けれども、統計上の争点とは別に、性差別は社会的に構成され、象徴化されてきた女性観によって再生産される。ケアの倫理の第二世代はまさにここを剔出した。そこにクレメントやトロントらの第二世代の進展があった。

それでは、倫理的次元においてはどのような進展がみられるか。倫理的次元では、ケアの倫理と正義の倫理との対立を規範レベル、基礎づけレベル、メタ倫理学レベルに分けて論じなくてはならない。それぞれの倫理理論は固有の言語、語り口《トーク》、規範群をもっている。正義はふさわしい者にふさわしい処遇をすることを意味するから、正義の倫理は、ふさわしい処遇をうける根拠としての「権利」、相応の処遇に「値する（deserve）」資格、「権原」、等しい者を等しく処遇する「平等」、偏頗なき「公平」、公平を実現するための原則の「普遍妥当性」「普遍化可能性」、その原則にのっとった万人に妥当する「義務」、そして万人が平等である根拠としての「自律」といった概念に訴える。これにたいして、ケアの倫理では、他者を気づかい、助けることが善なのだから、他者の呼びかけ、訴えに「傾聴」する「感受性」、「応答＝責任（responsibility）」、他者が必要としていること（「ニーズ」）といった概念に訴える。二つの倫理が率いる規範群が重なり合わないのは、両者の最も根底におく規範が異なるからだ。つまり基礎づけレベルでの違いに由来する。その違いはまた、倫理とは何かをめぐるメタ倫理学上の対立でもある。正義の倫理は複数の類似の事例に等しく適用できる普遍妥当性を倫理的判断の本質とみるから、偏頗なき正義を倫理の基礎におく。ケアの倫理は助けを必要とする者への呼応を倫理的態度の不可欠な要素とみるから、ケアを倫理の基礎におく。したがって、語り口が違えば、依然として描象は異なる。だとすれば、一方の群に属す個別の概念を他方の群のなかにくみこむことができるかどうかという規範レベルでの統合の可能性は、受け容れる側の群の描像全体が調和を失わないかどうかという問題にとどまる。一方の群に属す個別の概念を（それがきわめて重要な鍵概念だとしても）他方の群に輸入するだけで二つの倫理理論全体の統合がなされたわけではない。こう考えると、上に記したクレメントとトロントが主張するケアと正義の統合は、正義の倫理の規範群に属す個々の規範をケアの倫理のなかにくみいれているにすぎないように思われる。なお、クレメントはメタ倫理学レベルの議論も展開しているが、それについては第十章にとりあげる。

とはいえ、ケアの倫理の第二世代はケアと正義を結びつける試みのうえに、人間の傷つきやすさに対応する社会政策論を構想した。それによって、ケアの倫理は私的領域にのみ妥当するという先入見の打破を図ったわけである。トロントによれば、それは「自律していて平等で合理的でそれぞれが別個の目的を追求する行為者の視点からではなく、相互依存する行為者の視点、そのそれぞれがさまざまなしかたでケアを必要とし、かつ供給する行為者の視点から公共生活の問題を論じる」（Tronto : 168）社会政策論である。クレメントによれば、それはまた、

「誰が何にどれほど値するか」に応じた再分配にとどまらず、「関係の質について配慮」する福祉国家擁護論でもある（Clement:105）。というのも、ケアの倫理は、相手が何をされることを望んでいるかのみならず、どのようにそうされることを望んでいるかについても心を砕くからだ。

ところで、社会正義に対する認識の欠如をしばしば批判されてきたノディングスもまた、社会政策論『家庭《ホーム》から出発する』を提示するにいたった。ケアの倫理の語り口に最も忠実なノディングスがどのような社会政策を提言するのか。次節にそれを参照しよう。

三　ノディングスの社会政策論

特定の相手にむけて、相手のために行なうケア（caring for）こそが真のケアであり、他者一般を気にかけること（caring about）はその堕落した形態である——ノディングスは『ケアリング』でのこの評価をあらため、『家庭から出発する』では後者のなかに「正義感覚の基礎」（Noddings 2002:22）を認める。これによって社会政策論の展開が可能となった。ただし、真のケアは依然として特定の相手にたいするケアにかぎられる。他者一般を気にかける正義感覚は真のケアを「励行しうる条件を確立する手段」（ibid.:23）にすぎない。だから、気にかけているだけにとどまれば、道徳的な価値は乏しい。それでも、ノディングスは本章一節に記したカードの問いに答えを出したことになる。すなわち、見知らぬ人びとは、真のケアの対象になる以前にすでに道徳的責務の対象であり、私にその余裕があるかぎりケアすべき対象となった。

さらに、ノディングスは権利の概念も積極的に摂取する。それでは、ケアの倫理の語り口に即した権利概念とはどのようなものだろうか。権利という概念は権利保有者とそれ以外の者とを截然と分けてしまうきらいがある。

ケアの倫理の擁護者はこの点に反発してきた。子ども、病人、老人など、ケアされるべき者ほど往々にして権利保有者から外されてきたからだ。ミルは判断力をもつ成人に両立可能なかぎりの最大の自由を認める一方、子どもについては一転してパターナリズムを正当化する。ノディングスはこうした二分法を忌避する。ケアされる必要のある者にたいして、まずケアされる資格があるか、ケアされるに値するかを問うべきではない。ケアされる権利を主張する根拠、権原は、そのひとが所有している積極的な特性や功績にあるわけではない。ノディングスによれば「権利はニーズから生じ、ニーズに根ざしている」(ibid.:53)。しかも、ニーズは「ケアを必要とする生き物としての人間」(ibid.:56) に由来する。したがって、ニーズの基本は身体的ニーズ、安全である。とはいえ、もろもろのニーズに優先順位をつけ、それに応じて資源を分配する規則を確立することを、ケアの倫理はめざさない。状況の個別性を重視するからだ。ニーズはさまざまである。物質的ニーズ以上に、役に立ち、社会に受容されたいというニーズが重い意味をもつ場合もある。幼い子どもでは、当然、本人がニーズを表明できるとはかぎらない。ケアする者がニーズを推測しなくてはならない。それどころか、ケアの倫理によれば、どの人間も、程度の差はあれ、完全に自律的というわけではないのだから、成人についても他者がそのニーズを推測することも許される。これにたいして正義の倫理の支持者は、自律を侵害するパターナリズムだと非難するだろう。ノディングスの考えはこうである。まず、ケアする責任や権威ある者が外的条件と利用可能な資源を見積もり、ニーズを推測する。ついで、推測されたニーズを本人自身が望むように対話による交渉を始める。その結果、本人がそのニーズを表明するようになれば理想的である。そう進まない場合にはどうするか。ケアの倫理もまた、強制はしない。同時に、危害原則にふれないかぎりは不干渉を貫くタイプのリベラリズムと違い、交渉を打ち切りもしない。本人にとっての害を避けるために教育的な介入を続ける。目標は「本人がみずからコントロールする」(ibid.:278) ようになることである。このようにケアの倫理もまた他者を独立の価値観をもった人間として認めている。だからこそ、相手に傾聴し、相手の言葉で相手の状況を理解するように努めよとつねに要請するわけである。すると、リベラリズムとケアの倫理との根本の違いは何か。争点は自己概念に帰着する。本人のニーズは本人が最も熟知していると考え、自己主張を不可侵とみなすのか、それとも、自己は他者との交流のなかで可塑的に形成されていくと考えるのか、という違いである。

ノディングスの「関係的自己」(ibid.:92)の観念は、もともと発達理論から出発したケアの倫理の系譜にふさわしく、発生論的である。誰しも生まれたときには他者に依存している。生命の維持、心身の成長、社会に受け容れられる人間となるというラディックのあげたニーズは家庭において満たされる。ケアを通じてケアする者(通常は親)の存在が子どもに伝わり——「私がここにいる(I am here)」(ibid.:129)——、ケアされる側もまた、たとえばほほえみ返すというふうに、ケアに応答しはじめる。関係が始まる。子どもは成長するにつれて玩具やペットを対象にしてみずからケアする者となる。家庭を訪れる客を「歓待」(ibid.:172)する作法は、家庭の外に出て見知らぬ人びととの関係を構築する出発点だ。人間はこうした出会いをとおして形作られる。出会いは自由に選択できるものではない。だから、関係的自己は主体の計画の産物ではなく、関係のなかで相手とともに塑造されてゆく。その実質的な同一性は周囲の事物や人間をケアする習慣が支えている。ケアを通して感得した生の充実を糧として、ケアする自分を理想とする倫理的自己が培われる。第八章にみたように、ケアすることに倦んだときに、倫理的自己は支えともなり、またケアする限界の設定にも関わる。だが、倫理的自己は自分の行為を裁可する超自我でもなければ、孤独のうちに決断する実存でもない。孤立した自己決定を頼りとするかわりに、ケアの倫理はケアする負担に「苦しんでいるひとがいれば、周りの人間がその失望をみてそれに応答する必要」(ibid.:169)を充たすネットワークの構築を提唱する。

こうしてノディングスはその社会政策論を『家庭から出発する』と命名した。というのも、家庭で充足されるニーズ――生命の維持、心身の成長、社会に受け容れられる人間となること――は社会においても充たされなくてはならないというのがその趣旨だからだ。ここにいう家庭は夫婦と子どものそろった標準的な家庭だけを意味するわけではない。人びとがそこで安らぐ（at home）場、誰かが「私がここにいる」と応えてくれる場を象徴している。したがって、ノディングスの社会政策論とは、現代社会全般にみられる故郷喪失（homeless）の風潮にたいする対案なのでもある。ノディングスは、医療、教育、人びとの共有するホームとしての都市の建設、ホームレスの人びとへの対応、麻薬など、現在のアメリカ社会にたいしてさまざまな具体的な社会政策をその著作のなかでくりひろげている。

四　ニーズをめぐる議論
――イグナティエフ、テイラー、ノディングス――

ノディングスは権利の根底にニーズをおいた。イグナティエフやテイラーもニーズについて論じている。対比してノディングスの議論の特徴をみてみよう。

イグナティエフもまた権利の言語では語りえぬニーズの存在を指摘する。友愛、愛情、帰属感、尊厳、尊敬などがそれにあたる。生きていくのに必要な物質的ニーズが充足されるだけでは十分ではないというその指摘はケアの倫理と響きあう。そしてまたイグナティエフにおいても、ニーズは生き物としての人間に由来する。ニーズの言語を特徴づけるものとして、彼は飢え、渇き、寒さ、疲労、孤独、欲情を数えたてる。「人間的連帯の可能性は、人間は自然的存在としては同一であるというこの考えにこそもとづいている」（イグナティエフ:39）。ある個人が必要とするものがその手元へ贈り届けられるのは、複雑な社会機構を介してであり、したがって誰もが見知らぬ他人のニーズの充足に間接的に寄与しており、また自分のニーズの充足を見知らぬ他人の寄与に負っている。ひとつの道徳共同体が成り立つ基底は、「見知らぬ他人たちのあいだでのこの連帯、分業を通じてニーズを権利へと、さらには権利を配慮《ケア》へと変えるこの転換作用」（同上：16）にほかならない。それは、ノディングスの用語を借りて表現しなおせば、その成員が必ずしもたがいに気づかいも（caring for）気にかけ（caring about）すらもしないままにすでにそのなかに包摂されている潜在的に形成されているケアのネットワークだということになろう。だが、この転換作用は自然に進むわけではない。この地点からイグナティエフの議論はノディングスが想定しない問題に進んでゆく。「ニードは、力ある者たちがそれによって責務を負わされていると自己認識する場合にだけ、ある権原を正当化する」（同上：38）。すなわち、乏しき者の必要が満たされるのは、豊かな者がその必要が満たされるべく手助けしなくてはならないと認めるかぎりのことである。一方、ある人格がまさに他ではないそのひとにふさわしいものとして手にすることを望むものは、古来の分配的正義の定義にあるように、そのひとの功績に応じてあたえられるものである。だとすれば、生きるのに必要なものだけをあてがわれるだけでは、ひとは自分が他とは異なる個人として認められていないと屈辱を感じざるをえない。イグナティエフは『リア王』を引いてこの承認をめぐる弁証法――人間として認められるには人間であるだけでは足りぬ――をあざやかに示している。先王には多数の従者は必要ではないと説く娘に、リア王はこういう。「ニードを論じるな！最も卑しい乞食もその最も貧しい持ち物のなかに余分なものをもっている。自然が自然のニーズ以上のものを許さぬなら、ひとの生活は獣のそれと同じくらい安っぽいものとなるだろう」（Shakespeare 1996：II.4,257-259）。それゆえ、たしかにニーズは生き物としての人間に由来するものの、人間が人間として承認されるのは、たんに生き物としての人間であるがゆえではない。「差異、個人性、来歴」（同上：83）などの属性を介してなのだ。したがって、裸の人間は他者にニーズを聞き届けてもらう力を得るために国家、家族、近隣集団、共同体に帰属する機会を保証されていなくてはならない。いったん荒野にさまよい出たリア王は自然の世界から戻らざるをえない。イグナティエフはこの点を力説する。ノディングスでも、ニーズの推測から明らかなように、ニーズの力は他者による承認にかかっている。だが、そこには国家などへの帰属は媒介していない。承認をめぐる弁証法は想到されていない。生き物としての人間の訴えに耳を傾ける敏感さがあれば、ただちに相手をかけがえのない人間としてうけいれるようになると考えている。この点、素朴である。自然にたいする表象の違いもここには影を落としている。『リア王』の自然がヒースの荒野であると同時に「動物的な「自然の」衝動を何者にも拘束されることなく自己追求しようとする徒」(江藤:129) を表わすのにたいして、ノディングスはケアする性質を人間の自然本性とみなすからである。はたしてそう期待してよいだろうか。帰属に関わりなく、その人間もまた生きている人間だというだけで誰かに思いを馳せるということがあろうか。けれども、自国の爆撃によって生命の危機に曝されている敵国の市民の利益を支持するような例もないわけではない。そこには政治的立場やマスメディア等の複雑な要因が絡んでいるにしても、ケアの倫理の擁護者ならばこうした稀少な事例に帰属を超えたケアの発露を確信しようとするだろう。

もう一点、イグナティエフが強調し、ノディングスにはみられない論点がある。生きている意味を求める霊的ニーズがそれである。イグナティエフの描く近代人は、自由と平等を曲がりなりにも獲得し、物質的な満足は得たが、霊的ニーズはついに充足しえない。ノディングスにはこのような悩ましさはない。彼女にとって「聖なるものは日常のなかに」(Noddings 2002:133)、つまり人間関係のなかに見出されるからだ。ケアされる者はケアを通して、それに値するかどうかを問われることなく、受け容れられる。ケアする者にとってケアされる者の応答が喜びである。それは報われた喜びというよりも、関係のなかで自分が相手とともに変容して生きていく手応えのようなものである。この違いはどこから来るのか。イグナティエフはリベラリストとして正義の倫理の系譜に属し、したがって個人の分離から出発する。これにたいして、ケアの倫理は人びとの結びつきから出発し、それゆえ関係のなかにある種の安心が約束されている。

とはいえ、「わたしたちは帰属を不変のものと考えているが、ホームというのはすべて束の間のものではないだろうか」（イグナティエフ:195）というイグナティエフの結論をケアの倫理も共有できる。一部の論者が誤解しているのとは違い、ケアの倫理は共同体主義ではない。ケアの関係が成立するには、相手が共同体の一員であることはなんら必須の条件ではない。身体から出発するノディングスは、幼児期と家庭を看過して文化的同一性から説き起こす共同体主義を批判している（Noddings 2002:71）。さまざまな違いを超えて、イグナティエフとノディングスとを近づけているものは何だろうか。一言でいえば、生身の人間そのものを尊重しないかぎり、人間の他のいかなる側面も尊重しえないという認識だろう。第五章に、ヨナスとハーバマスについて、（カントの区別を借り、かつカントの位置づけを逆転させた表現をすれば）本体としての人間を守るためには現象としての人間こそを守らねばならないという認識があると記した。この認識は、生き物としての人間のニーズに依拠する議論にも通底している。

テイラーもまたニードに言及している。テイラーが焦点をあてるのは、「他の誰にも真似のできない自分らしいあり方」（テイラー:65）をみずから認め、他者からも認められたいというニードである。現代の個人主義者は自分ひとりの手でこのニードを満たしうるように考える。テイラーによれば、それは誤りだ。人間は対話的存在だからである。この人間観をケアの倫理も共有する。テイラーもまた、技術的・官僚的な対応ではなく、患者に固有の来歴、物語に配慮するケアの意義を評価している（同上:8, 14）。文脈を重視するケアの倫理は物語的自己理解に通じやすい。とりわけテイラーも引用するベナーではそうである（Benner/Wrubel:9）。それでは、テイラーのいう「ほんもの（authenticity）」に対応する概念がケア論のなかに見出されるだろうか。フランクファートの第二階の欲求が挙げられる（Frankfurt 1997:14）。私のそのつど個々の欲求ではなくて、そういう欲求を欲求する私でいたいという欲求である。しかし、ケアの倫理は一方で、強い自己同一性をむしろ危険視する傾向もある。ノディングスの場合、自己同一性を求めるニードは強すぎればむしろ危険視される。私たちが出会う関係の大半は偶然身にふりかかるものであるのに、物語的自己理解は自己を過度に統一的に描いてしまうからだ（Noddings 2002:95）。ノディングスは、出会いによって自分が変わり、思い描いていたとおりには納まらないしかたで人生が展開していく力動感こそを同一性よりも貴重とみなすのだろう。テイラーが自己同一性を定義するさいに「歴史、社会、自然」（テイラー:57）に言及するのにたいして、ノディングスは関係を外的に規定する諸条件を積極的には明記しない。それらの契機はこの今の状況のなかに進入し、浸透しているにちがいないが、それらがどのように、また、どれほど効力を発揮するかはそのつどの他者と私との関係によって決定されるからである。

五　ケアの倫理と法

ノディングスの特異な社会政策論――これは特異である。公的領域と私的領域の境界の突破どころか、従来は私的とみなされてきた領域を範として公的領域全体を構想するのだから――には、しかし当然、いくつかの難題が待ちうけている。そのひとつは刑罰の問題である。関係を重視するケアの倫理にとって、関係の破綻は悪である。だが一方、それを招いた者を断罪するためにケアを放棄してはならない。「苦痛に値する者はいない」（Noddings 2002:145）からだ。それゆえ、ノディングスは刑罰の正当化よりも予防、介入、抑制に力点をおく（ibid.:196）。苦痛を課する刑罰には充分な抑止効果を期待できない。刑罰は教育的であるべきである。ノディングスが応報的正義に依拠していないのは明らかである。それどころか正義の視点からは不当にみえる叙述がある。

犯罪に巻き込まれるのを回避できなかった場合に被害者のうかつさを指摘し、被害者にも「責めの共有」(ibid.:198)を求める箇所がそれである。関係を維持しようとしたからこそ被害者となることもあるではないか。当然こう反問したくなる。ノディングスも他者への隷属を提唱しているわけではない。暴力を暴力で防ぐことを認めている箇所もある(ibid.:147)。ただし、それは相手にこちらの苦痛を気づかせるためである。相手のケアをまだ期待している。それも望めない場合には、形式的な関係にとどめ、ケアする関係を絶つことで身を守ることを指示している(ibid.:198)。だが、これは被害者となるおそれのある側にたいしてあまりに過剰な要求だろう。ケアする側が搾取される危険を、ノディングスは依然として脱却していないようにみえる。しかしその反面、ノディングスは「他者に犯した悪は完全には償いきれない」(ibid.:217)とも語る。ひとことでいえば、その主張は寛大にして、かつ苛酷である。一見矛盾してみえる対応をどう考えればよいか。おそらく整合的に読み解く鍵は関係的自己の概念にあるだろう。自己が関係のなかで形成されるとすれば、加害者の責任のいくぶんかは社会がひきうけざるをえない。「私がどれほど善くなるかは、あなたが私をどのようにあつかうかに一部依存している」(ibid.:210)。一方、関係が変質すれば、関係的自己も元のままではありえない。その原因を作った加害者はその意味で永久に罪を償うことはできない。関係は修復されず、再構築されうるのみである。関係的自己から導かれるこの二つの結論が一見矛盾してみえる対応となったと解釈するのが適切だろう。

さて、以上を手がかりにして、ケアの倫理の問題提起が法の領域ではどのようにうけとめられるか、考えてみよう。ケア対正義論争における三つのスタンス——ケアの倫理と正義の倫理の棲み分け論、一方による他方の摂取、基礎に達する対立——に対応して三つの選択肢が考えられる。

五・一　法の基礎は応報的正義である

カントによれば、処罰は本人と無関係な一方的な断罪ではない。「純粋に法的立法的理性（本体としての人間）」である私が「罪を犯しうる者である別の人格（現象としての人間）」である私を裁いているからだ（Kant 1968c:335）。本体としての人間のみが尊厳をもつ。この論理からすると、「苦痛に値するひとはいない」というノディングスは現象としての人間に尊厳を帰属させている点で誤っている。カントの図式にしたがえば、私が私を裁くとき、私は自分が行なった法への違反行為にたいして、自分もまたその立法者の一員である法を維持するために、その法のまえで、責任をとることになるだろう。法のまえでとは、外形的には、法を体現している裁判官のまえでということであり、内面的には本体としての人間としての私のまえでということである。法が国家の法である以上、ここには、国家は本体としての人間の集合体である目的の王国の世俗的な実現であるはずだという暗黙の前提が含まれている。他方、この図式のなかに被害者は直接には含まれない。そしてもし、私が自分もまた立法者であるという認識をついに内面化しえないなら、私が法に従う理由は苦痛の回避を措いてほかにない。刑を終えれば赦された気持ちになるかもしれない。だが、ノディングスが的確に指摘しているように、「赦しが被害者とは別の通路から来るなら、回復や関係の再構築に必要な努力の妨げとなる」（Noddings 2002:219）。そこで、被害者と加害者の関係の再構築を図るには別の論理によらなくてはならない。

五・二　法の一部に修復的正義をとりいれる

こうして被害者には「安心、修復、正しさの確証、力の回復」（ゼア:196）が必要となる。法廷は被害者のニーズをまず充たさなくてはならない。法廷は被害者、加害者双方に傾聴し、事件の経緯、背景、原因を当事者全員のまえに明るみに出す。その過程で、加害者が他人にたいしても自分自身にたいしてもよい関係を望む自己をとりもどすならば、加害者は、自分が他人を傷つけたことにたいして、被害者のために責任をとるだろう。このとき、法は被害者も加害者もその構成員のひとりである共同体の秩序を維持するための規則を意味する。こうまとめられるとすれば、この図式のなかで国家の権威はどれほど必要だろうか。国家のみに裁く権限を認める以上、法は依然として国家の法に変わりないが、被害者と加害者にとって法が実効性をもつのは、それが自分たちの日常生活に深く関わっている共同体の安寧を支えるものだからである。

ゼアは当初、修復的正義と応報的正義を二つのレンズに喩え、見方の違いを強調し、のちに両者の連続性を主張した（同上：5）。だが、両者の差異は依然として明らかだ。かりに、関係の修復が罪過による損害の矯正という意味しかもたないなら、修復的正義は矯正的正義の範疇に属す。けれども、関係は厳密には原状回復できるものではない。ノディングスの指摘するように、悪が償えないものであるならば、関係はせいぜい新たに構築するほかないものだからである。

ノディングス自身は修復的正義という語に言及していない。しかし、関係を重視するケアの倫理が法的領域で修復的正義を支持することは十分に想像できることである。修復的正義の議論では、当然、ケアがしばしば論じられているが、ケアの倫理と修復的正義の相似性を指摘している論者はまだまれである。管見にふれた例として、ウォーカーの論文を参照しよう。応報的正義があらかじめ定められた基準にしたがって加害者にその行為に値する罰を科することであるのにたいして、修復的正義とは「犯罪のもたらした害を、被害者、加害者、両者もそこに属している「ケアの共同体」として定義される「ステークホルダー」の手で修復する」（Walker：151）である。修復的正義が進められる場で必要な要素を、ウォーカーはつぎのように列挙する。まず、害や犯罪の事実によって生じたニーズを特定しなくてはならない。その特定のニーズに注意して応答する責務が求められる。すなわち、この犯罪に関わっているさまざまな立場の人びとのあいだで耳を傾け、表現しあうことが重要である。加害者が被害者の憤り、怒り、恐れ、苦しみにたいして責任をとり、直接に応答する機会を確保すべきである。修復に関わる人びとは事前に決められた手続きや規則にではなく今ここの個別の事例についての解決に対話と合意をつうじて到達しなくてはならない（ibid.:151-152）。ここに含まれている「ニーズ」「応答」「傾聴」「責任」「個別の事例」「対話」、ここで否定されている「事前に決められた手続き」「規則」を数えれば、明らかに、修復的正義は「ケアの言語と同じ言語を語っている」[2]（ibid.:149）。したがって、ケアの倫理は修復的正義を支持するだろう。

五・三　ケアの倫理に基礎づけられた法

ノディングスは、法廷が真のケアに根ざしたものになるとき、現状とはすっかり変容すると予言している（Noddings 2002:63）。だが、具体的な叙述はない。しかし今までみてきたことから推測すれば、修復的正義の延長上にケアの倫理に基礎づけられた法の構想を予想することが許されるだろう。すなわち、加害者は、関係を損なったことにたいして、一次的には被害者のために、それをとおして二次的には自他の関係の再構築のために責任をとることになろう。しかも、ケアの倫理が法の基礎となるとは、修復的正義が法的領域の一部として受容されるというだけではなく、法の根幹がそのようなものとして理解されるようになることを意味するだろう[3]。このとき、法の機能は、傷つきやすく相互に依存せざるをえない人間同士の対話を可能にし、導くことにある。つねに自他をケアする存在でありたいと願う倫理的自己がこの意味での法を要請するだろう。こうした法は狭い地域にのみ有効にすぎず、共同体への順応、服従を強いるおそれもあるとみるべきだろうか。実際にはおそらくそうであろう。しかし、これらの制約を超える可能性がないわけではあるまい。ケアの倫理は伝統的な共同体に固執するものではなく、見知らぬ人びと同士がケアする人間として出会う場から醸成される関係まで視野に入れるものであるはずだからだ。

それゆえ、国際的な場面でも、この意味での法の精神が働くこともあるかもしれない。たとえばティックナーは、「独立を求める気持ちと同じように、共同体や他者との連携を求める気持ちもまた、人間の本質の一部だという考えから出発」(ティックナー:159)するフェミニズム理論に立脚した国際関係論を展開している。兵士だけでなく誰もが戦争で死ぬ危険をもつほどに開発された軍事技術、経済のグローバリゼーションのもとでの格差の拡大、地球規模での環境破壊のもとでは、勝利をめざす戦士の姿に国家をなぞらえるような発想は危険というほかない。かわりにティックナーは「調停者」(同上:167)のモデルを推奨する。調停者には「忍耐、共感、感性が必要」(同上)である。いうまでもなく、これらはケアの倫理で重視される性格である。「ケアや責任は、公私の生活のあらゆる局面で必要なことである」(同上:166)。本章にとりあげた公私の領域の境界の打破という発想が国際的な場面まで広がりうる可能性は、ティックナーの例にすでに現実化されている。

ケアの倫理にもとづく社会政策論を分配的正義や応報的正義等に関するその理論的弱点から批判するのはたやすい。しかし、正義の倫理に依拠しているはずの社会政策論のもとでは、生きるのに必要な資源についてすら、まずそれを入手する資格が問われ、それに値する実績を示さないかぎり入手できない場合もある。孤立した個人ではなく関係を基礎におくケアの倫理論者の社会政策論は、社会のこうした実像を反転してみせる。

一九八〇年代以降、経済面でのグローバリゼーションと共同体の伝統への回帰とを表裏一体化させた政策が多くの国家で進められてきた。前者から疎外された層が後者に傾倒することで、偏狭なナショナリズムが広まりつつある。ケアの倫理にもとづく社会政策論は、まだ十分な展開をみせているとはいえないとしても、一方で人間関係の連帯を説くとともに、他方で特定の伝統的文化的同一性から距離をおく点で、別の選択肢に通じる萌芽を用意しつつあるようにみえる。

第十章　ケア対正義論争
――統合から編み合わせへ――

ケアの倫理の第二世代の関心のひとつは、女性は本質的にケア志向をもっているという伝統的な女性像からケアの倫理を解放することにあった。伝統的な女性像は他のさまざまな想定によってとりまかれ、強化されている。その要因のひとつは公的領域と私的領域の区分である。第二世代の論者はこの区分の虚構性を暴き、ケアの倫理が公的領域に適用できることを証明しようと試みた。公的領域は正義や権利などの正義の倫理の諸規範を用いて解釈されてきた。だから、論者たちは必然的にケアと正義の二つの規範の両立可能性の裏づけに力を割くこととなった。しかし、第九章にみたように、その提案は正義の倫理の個別の規範をケアの倫理の理論のなかにくみこむ結果にとどまっている。本書が提示してきたケア対正義論争の問題連関の切り分けからすれば、第二世代の論者は個別の規範レベルでのケアと正義の両視点の両立を重んじるあまり、基礎づけレベルやメタ倫理学レベルでの対立を注視しなかった。つまり、第二世代がかちえたとハンキフスキーが肯定的に語っている「ケアと正義の有意義な関係」(Hankivsky:11) は、基礎づけレベルとメタ倫理学レベルに深入りしないこととひきかえに得られたものである。しかし、だからといって、二つの倫理理論の根本的な違いがすっかり消え去ってしまったわけではない。ハンキフスキーも指摘するように、第二世代もまた正義の倫理へのケアの「同化」（ibid.:14）を拒否しているからである。そこで本章では、メタ倫理学のレベル（一節）、基礎づけのレベル（二節）に注視してケア対正義論争の現時点での帰趨をみることにしたい。

一　反転図形の比喩再論

メタ倫理学レベルでの対立点はどこか。バベックによればこうである。ケアの倫理は、状況の個別性を顧慮しないかぎり適切な行為は確定できないという個別主義（particularism）をメタ倫理学上の立場とする。この立場を先鋭化した例がノディングスである。一方、正義の倫理は、公平に適用される原則を重んじる普遍主義をメタ倫理学上の立場とする。この立場を先鋭化した例がベリーである。ベリーは、親は罪に問われて隠れている息子の居場所を警察に教えなくてはいけないとすら主張する[1]（Bubeck:239）。この対立は調停しがたくみえる。ところが、第八章に言及したように、バベックはノディングスも原理に拠った思考に依拠する部分があると指摘する。ギリガンにも、ケアの倫理と正義の倫理を二者択一的に提示する文脈とともに、二つの考慮、志向、パースペクティヴを並立させる文脈がある。そこで、バベックはメタ倫理学レベルでの対立を不毛と断ずる。同じ人間が正義の考慮（consideration of justice）もすればケアの考慮もなしうる。「ケアの考慮と正義の考慮という対と、ケアの道徳性と正義の道徳性もしくはケアの倫理と正義の倫理という対を区別すれば、道徳性や道徳的枠組みのレベルでの違いを特定の考慮や概念化のレベルにあてはめなくてもすむ」（ibid.:195）。だが、ここでバベックは留保せざるをえない。「ギリガンは一九八七年の論文以降、ケアと正義は「別々のことばで問題を枠取りする」異なるパースペクティヴだと語っている」（ibid.）からだ。その論文とは、第七章に論じた反転図形の比喩を提示した

論文にほかならない。たしかに反転図形の比喩は、同一の人間がケアと正義のどちらのパースペクティヴもとりうることを述べている。だが、反転図形という比喩は依然として二つの見方の両立不能を示唆してもいる。そこでバベックは自分の解釈を強調する一方、「ギリガンの「パースペクティヴ」という用語は、不幸にもふたたび形式的な対立を示唆してしまいかねない」(ibid.:196)とギリガンを批判する方向に論を進めている。さて、バベックの解釈の力点の置き方は適切だろうか。

　ここであらためてギリガンの反転図形の比喩の意味を確認しよう。反転図形とは何か。アヒル－ウサギを例にとる。図が左をむいているアヒルにみえるときのアヒルの嘴は、右をむいているウサギにみえるときのウサギの耳にあたる。ウサギの鼻からあごにかけての曲線はアヒルの後頭部にあたる。反転図形の全体の見え方が一転すると、各部分は意味を変える。だとすれば、ギリガンの反転図形の比喩でも、枠組みが変わればその枠組みのなかの個々の要素の意味も変わらざるをえない。すなわち、正義の枠組みのなかで公平にみえた態度は、ケアの枠組みのなかでは共感の乏しさにみえるかもしれないし、ケアの枠組みでは専心とみられた態度は正義の枠組みのなかでは不公平や身びいきにみえるかもしれない。さらには、正義の枠組みのなかでの自律の尊重がケアの枠組みのなかでは人間の傷つきやすさの隠蔽に、ケアの枠組みのなかでの相互依存は正義の枠組みのなかでは甘えにすら転じるかもしれない。同様に、ケアの枠組みのなかでは、権利についてはそれが一部の集団の特権と結びついていた歴史的出自のうさんくささが指摘され、原理原則的思考は状況の個別性への鈍感さとみなされる一方、正義の枠組みのなかでは、ニーズの充足の要求は不完全義務の履行を迫る厚かましさ、文脈的思考はご都合主義とみなされることもありうる。このことは、バベックの主張とは逆に、特定の考慮や概念はそれがおかれている枠組みを捨象しては解釈することができないことを意味しているのにほかならない。

私は二つの倫理のメタ倫理学上の硬直した対立を固持すべきだと強調したいわけではない。この対立をもう少し生産的にみたいのだ。異なるパースペクティヴを交互に用いながら、それぞれのパースペクティヴからみて像がいっそう許容しうるものとなるように修正してゆくことは可能である。描かれた図形なら加筆はできない。だが、ここにいう像とは行為のことであって、行為はその進展とともに修正することができる。その結果、正義は傷つきやすさにたいしてより抑圧的でなくなり、相互依存は他者にかかる負担のより軽いものに修正されてゆくかもしれない。しかし、反転図形の比喩をまともにうければ、その修正を可能にするためのひとつのパースペクティヴはない。そこが反転図形の比喩を肯定的にみる本書と二つの倫理理論の統合を説く論者との違いである。反転図形の比喩にギリガンが託した意味がそうだとすれば、それぞれのパースペクティヴで見られた像を忠実に追理解するように努めなくてはならない。

第八章に詳説したノディングスはもっぱらケアのパースペクティヴから描き出し、コールバーグらはもっぱら正義のパースペクティヴから描き出す。ただひとつのパースペクティヴしかないかぎり、それはパースペクティヴという意味をもたない。だから、ノディングスでは正義の倫理の諸規範がケアのなかに吸収され、コールバーグらではケアの倫理の諸規範は正義の倫理にせいぜい副次的に付加されるにすぎない。これにたいして、ギリガンの反転図形の比喩では、二つのパースペクティヴの力は対等で、だから相補的な関係を築きうる。けれども、だからといって、二つのパースペクティヴを認めればただちに両者が対等の力をもつようになるとはかぎらない。フェミニストはこの点に敏感だった。トロントはケアをもって正義を――女性の道徳をもって男性の道徳を――補完させようとする論者についてこう批判している。「「私たちはあなたがたの役に立つことができる」という形式をとるものはすべて、何が役に立ち、何が重要か、したがって、何が修正する必要があるかを決めるのは、特権を有する男性であることを看過している」(Tronto 1987 : 655-656)。たとえば、育児や看護や介護が家庭の役割として課されれば、それにたいする公的支援が廃止されたり、削減されたりすることからも、この指摘の正しさは明らかである。「正義の要求がケアの境界を設定する」(ibid. : 654)。ここからトロントはメタ倫理学上の対立はケア対正義論争では解決できないと判断し、公私の領域の区別を打破する政治理論に進んだ(ibid. : 662)。トロントのこの転換を真摯にうけとるなら、メタ倫理学の次元のもつ性質をあらためてみなおさなくてはならないだろう。

メタ倫理学の分析は、通常、それが分析する規範や価値にたいして中立的なものと考えられている。しかし、倫理とはどのようなものかというその関心が倫理の究極的な根拠は何かという基礎づけの問題と連関するかぎり、メタ倫理学上の態度が根本的に価値中立的であるはずはない。[2] トロントの指摘は、メタ倫理学レベルでの対立が力関係をまぬかれない点を明らかにしている。しかし、だからこそ、ケアの倫理はメタ倫理学レベルにおいても正統的な倫理理論にたいする異議申し立てなのである。メタ倫理学レベルにおいてもこの理論は既存の理論の偏向や抑圧を暴く力をもつことに留意しなくてはならない。ギリガンの反転図形の比喩が正しければ、トロントがその政治理論のなかで依拠する諸規範はケアと正義の異なる道徳的枠組みのいずれか一方のなかで初めてその十全な意義を発揮するはずである。そのために、ハンキフスキーのいう第二世代はケアと正義を関係づけながら、正義によるケアの同化に抵抗しなくてはならなかったのだ。だとすれば、ケアの倫理の語る諸規範の意義を的確に理解することを目的とするかぎり、メタ倫理学的レベルでの対立を視野から外すことはできない。本考察はこの目的のために、メタ倫理学を捨てて政治理論に進むトロントの方針を採らない。

ケア対正義論争には、ケアと正義いずれに比重をおくかによってさまざまな立場が存在する。以下、正義の倫理にケアの視点を統合したオーキン、ケアと正義の相補的な基礎づけを説いたクレメント、ケアと正義の相補的関係を編み合わせという新たな比喩で捉えなおしたヘルドを順に素描し、ついで重要な争点を二点とりだすこととする。

二　統合から編み合わせへ

二・一　オーキン——正義によるケアの統合

「現代の正義論者は、ジェンダー構造をもつ家族のなかで、女性が子どもを養育し、社会化し、親しい関係からなる安らぎの場《シェルター》を今後も用意していくと想定しているにちがいない。そうでなければ、正義論者が論じる道徳的主体は存在しなくなるだろう。しかし、これらの活動は正義論者の理解の届かぬところで営まれている」(Okin 1989b:10)。正義の倫理はそれだけでは正義の倫理を継承すべき次世代の存続を含意していない。本書は、ケアの倫理、責任原理のなかにそれにたいする批判をみてきた。オーキンはこの批判を共有する。だが、ケアの倫理には与さない。性差にはジェンダー構造がつきまとい、性差とケアの倫理の結びつきを強調すれば、女性の抑圧に通じると考えるからである。かわりにオーキンは、「ケアや共感の概念と正義とを統合し、われわれとまったく異なっているかもしれない他人の利害と福利について考えることと正義とを統合」(ibid.:15) した最善の正義論の構築をめざす。なぜ、正義が基底なのか。オーキンがそう考える理由は、サンデルのロールズ批判にたいするオーキンの論駁に明らかである。サンデルは友愛が正義よりも高貴な徳だと説く。だがオーキンによれば、問題は高貴さではなく、基礎づけにある。たとえ、友愛がより高貴な徳だとしても、高貴な諸徳は「正義という基礎によって支えられている」(ibid.:29)。同様に、ケアなき正義は正当化されても、正義なきケアは正当化できない。正義にかなった社会を実現するには、自律する主体を育てなくてはならない。家族はそのための「最初の学校」

(ibid.:7) である。ノディングスは家庭でのケアを生活全般に適用しようとした。オーキンは逆に、家庭を含む人間生活全般に正義を適用しようとする。オーキンのみるところ、伝統的な形態の家族は正義を充たしていない。家事労働が夫婦間で公平に分担されておらず、女性が家事という名の無償労働を強いられているからだ。こうしてオーキンは、伝統的な家族を称揚する共同体主義者はもちろん、家族の問題にこれまで焦点をあててこなかったというかどでリバタリアニズムもリベラリズムも告発する。

オーキンによれば、ノージックのリバタリアニズムは「母権制と奴隷制の結合に帰着する」(ibid.:75)。奇怪な結論だ。なぜ、そう推論できるのか。オーキンの論証は次のとおりである。ノージックは所有権を他のあらゆる権利よりも優先する(前提①)。「生きる権利はせいぜい自分が生きるのに必要なものを、他の誰かの権利を侵さぬかぎり、所有し、獲得しようとする権利にすぎないだろう」(Nozick:179)。所有の権原は労働によって発生する(前提②)。ところで、オーキンによれば、出産は労働である(前提③)。労働とは、リバタリアニズムが自説の遡源とするロックでも、意図して身体を動かすことという説明の域を出ない[3]。だとすれば、「もし、女性が精子を自由に［引用者註。つまり男性の自発的な譲渡ないしは所有権の放棄によって］与えられるか、購入したのであれば」(Okin 1989b:83)(前提④)、女性は自分の身体とその栄養だけを資源にして妊娠出産したのと同じであり、子どもは産んだ母親の所有物になるという結論が導かれる。所有物とは奴隷にほかならない。母親はその子どもをどのように利用してもかまわない。ノージックはこれに反駁できない。なぜなら、「生産者だけがその活動の目的を決定する資格がある」と断定しているからだ(Nozick:234-235)。さらに、ノージックは奴隷を否定しているわけでもない(ibid.:33)。以上から、リバタリアニズムは母権制と奴隷制の結合に帰着する。もちろん、この結論がオーキンの真意ではない。この結論が受容できないことは明らかだから、その前提(①かつ②かつ③かつ④)が否定されなくてはならない。②③は労働と所有の定義から否めず、④は所与の前提である。したがって、①が否定されるべきである。「人格が生産した物は何であれ、他の誰かの必要にかかわりなく、それを生産した人格が権原をもつという理論自体から身を引くほかない」（Okin 1989b: 86）。すなわち、生きるためのニーズの充足によって所有権は制限されなくてはならない。これがオーキンの真意である。所有権の保有者たるべき道徳的主体もまた、母親によってそのニーズを充足してもらってきた。「ノージックの理論がこの生の事実を無視できた」のは、その正義論の届かぬところに「家族と大方の女性の人生の大部分を前提」（ibid.: 87）しているからにほかならない。それは単純な見落としではない。生きるためのニーズを他人に依存しなくてはならない人びとを放置するような結論にいたったのは、「傷つきやすい人びとにたいする責務から逃れたいという熱望ゆえ」（ibid.: 84）である。オーキンはリバタリアニズムにたいしてこのように厳しく論断している[4]。

これにたいして、オーキンはロールズを高く評価する。自分に価値があるという感覚や他者の視点をとる公正の感覚は子どもが育つ過程のなかで養われるというふうに、ロールズは家庭の意義を指摘しているからである（Rawls: 405-409）。ロールズはまた未来世代の利益にも配慮していた。家族の長を原初状態の成員としたのも、原初状態での討議に未来世代への配慮を反映させるためである。しかし、オーキンはロールズの家庭や次世代への関心を評価しながら、反面、批判も加えている。第一に、ロールズはどのようにして正義にかなった家族が形成されるかを説明せず、ただ前提しているだけである。第二に、家長を原初状態の成員としたことで、分配的正義が適用される最小単位が家族となり、家族のなかでの正義の適用を阻んでしまった。したがって、正義が適用される公的領域と正義を超えた私的領域という二分法をロールズもまた採用し、他の論者と同様に「家族内の正義を看過」（Okin 1989b: 100）する結果となった。

そこでオーキンは「ロールズのフェミニスト的読解」（ibid.）によって修正を試みる。ロールズは公正な推論を促すために、社会のなかでの有利・不利に結びつく自分自身のさまざまな特徴を覆い隠す無知のヴェールを仮設した。それならば、性もまた無知のヴェールによって隠されなくてはならない。原初状態の成員は自分が男女いずれの性であるかが不明である以上、性差による不利益の生じない結婚制度を採択するだろう。ところで、無知のヴェールというこの仮設は、共同体主義者からは、原初状態の成員を「負荷なき自我」（サンデル：20）にしてしまい、彼らが合理的に選択する根拠を奪ってしまうと批判されてきた。だが、オーキンによれば、原初状態の成員は無知のヴェールで自分の立場を覆い隠されているからこそ「順番にあらゆる人びとの立場になって考える」（Okin 1989b：101）ように促される。第七章に言及したように、役割取得による自己中心性の克服は、ピアジェ、コールバーグにとって道徳性の発達の重要な基準だった。コールバーグの発達理論とロールズの親近性から考えるかぎりは、オーキンのこの解釈はロールズの文脈に即しているともいえるだろう（本章四節に別の評価を述べる）。しかも、認知発達の評価基準が「現実の他者と向き合い対話をしなくても、その他者の立場をとって考えることができる」（山岸：247）ことだとすれば、役割取得が原初状態という仮説の思考実験のなかで行なわれることは大きな意味をもつ。この発達の先にオーキンは最善の正義論の目標――正義とケアとを統合した「いっそう完全な人間のパーソナリティ」（ibid.：107）の実現をみる。「ロールズの理論は（中略）他者と同一化する能力を要する。ロールズ理論のこの一面は、ジェンダー化されている社会ではとくに女性のものとされている自他の把握で強化されるが、しかしジェンダーフリーな社会ではこうした自他の関係の捉え方は両性の成員に多少なりとも等しく共有されるだろう」（ibid.：108）。オーキンの思い描く成熟はギリガンの結婚の比喩と同様に正義とケアの一体化にある。

家族内の不正義についてもう少し立ち入ってみよう。それは、直接には、子育てその他の家事が夫婦間で等しく分担されていないことをさしている。だが、この不平等はもともと家庭の外で行なわれる労働にたいする男女の賃金格差に起因している。男女の賃金格差がある以上、平均的家庭では、妻が家事に多くの時間を割くほうが家計全体の増収につながるからだ。多くのひとにとって「家事の多くは退屈、楽しくない、のいずれか、ないしはその両方」であり、しかも不意のニーズが生じるために「予定が立てられない」(ibid.:150-151)。だから、子育てとフルタイムの仕事は両立しがたい。そのために妻は昇進や増給を妨げられ、夫への経済的依存度を高めざるをえない。逆に、夫は家事労働の成果を無償でうけとり、かつ、家事に割くべき時間と労力を職務にあてることができる。つまり、「平均的な結婚で獲得される重要な財は、キャリアにおける資産、人的資本であり、そのほとんどが夫に投資される」(ibid.:163)。結婚のこのような実情は結婚前から予想される。それゆえ、結婚前の女性の進路選択にも影響をおよぼす。さらに、子どもができてから離婚する場合には、母親が子どもをひきとる事例が多い。もともと就業訓練が不足していたり、出産と子育てでキャリアが分断されたりするために高い収入が望めない女性が自分と子どもとを経済的に支えなくてはならない。その結果、離婚後の夫の家計と妻の家計のあいだには大きな格差が生じる。その格差は子どもに影響する。こうして「女性は、ジェンダー化した結婚を予想することで傷つきやすい存在となり、ジェンダー化した結婚生活に入ることでさらに傷つきやすくなる。しかし女性が子どもをもち、結婚をまっとうできぬなら、この上なく傷つきやすくなる」(ibid.:167)。離婚後の不利益が予想される以上、女性のほうが婚姻を解消しにくい。したがって、「傷つきやすい者同士の正義にかなった関係」というふうに優しさを基調とする相互関係として結婚を描き出すことはできない。結婚を媒介した男女それぞれの傷つきやすさは「非対称的」である(ibid.:168)。

この不正義を正す処方は何か。オーキンは両性が「収入にたいする平等な法的権原をもつ」(ibid.:181)ようにする制度を提案する。それには、稼ぎ手の賃金が稼ぎ手にではなく、家計単位で払われるようにするとよい。オーキン自身断っているように、その意図は賃金を得た配偶者が家事担当の配偶者に家事の対価を払うべきだとか、現金による結びつきをそれがそぐわない人間関係のなかにもちこむべきだといったことではない。「賃金を平等に分けることで、家族内の現行の無償労働が有償労働と等しく重要なことが公に承認される」効果が提案の意図である（ibid.）。離婚後に子育てを続ける女性については、以前の夫との格差の広がりを防ぐために、「離婚した両者の家計は同じ生活水準を享受すべきである」（ibid.:183）。すると、通常の場合は、離婚後の夫の家計から離婚後の妻の家計に財が移転されることになるだろう。このような措置を正当化する根拠は何か。オーキンはウォルツァーの複合的平等の議論を援用する。ウォルツァーは、歴史、文化、メンバーシップの異なる領域に他の領域における財の分配の基準を持ち込んではならないと説いている。それぞれの領域において財の「意味が別個のものであるなら、配分は自律していなくてはならない」（ウォルツァー：29）からだ。男女の賃金格差が家庭内の不平等を生み出すのは、市場原理が家庭という異なる領域を侵犯しているからにほかならない。オーキンは家族を市場と異なる領域とみなしてその家族論を展開しているわけである。

二・二　クレメント――相補的基礎づけ

基礎づけを主題とした議論を展開しているケアの倫理の擁護者は数少ない。クレメントはその稀少な論者のひとりである。正義の倫理とケアの倫理との関係は、クレメントによれば、三種類に整理できる。収束、反転図形、統合がそれである。通常いわれる統合は、クレメントによれば、ケアの意味を変容して正義の倫理の枠組みにくみこんでおり、正義の倫理のなかにケアを収束したにすぎず、統合とはいえない。一方、ギリガンの反転図形の比喩では、二つのパースペクティヴはたんに並立している。だが、ギリガンはまた、二つのパースペクティヴを交互に用いることで、道徳的な成熟が進んでいくとも説明している。この説明からすると、クレメントは反転図形という比喩は不適切だと考える。というのも、真の反転図形なら、一方の見え方に通暁しても、他方の見え方に何の資することもないからだ。両者に習熟することが成熟に通じるなら、「正義志向とケア志向とのあいだには相互依存の関係がある」(Clement: 120) はずだ。クレメントはケアと正義の相補的な基礎づけ関係を想定し、これこそを真の意味での統合と考えている。

さて、クレメントは基礎づけという概念を二通りのしかたで説明している。ひとつは、一方の倫理が他方の倫理にとって「道徳的に適切であるための条件である場合」(ibid.: 117) である。というのも、正義を充たさないケアは、ケアする者の搾取やケアされる者にたいするパターナリズムに陥る傾向があり、ケアを充たさない正義は杓子定規な官僚的対応に変質する傾向があるからだ。もうひとつは、「一方の倫理の最小限レベルが他方の倫理を可能にする条件」(ibid.: 119) となっている場合である。正義の倫理を体現する人間もそういう人間に成長するまでには他人のケアを必要としている。不正義の蔓延しているところでは、ケアする余裕をもつ人間は存在できない。この意味でも両者は相補的である。

クレメントの最初の基礎づけ概念にいう、ケアを満たさない正義とはどのようなものか。第九章に言及したイグナティエフが指摘しているように、生きていくために必要なのはたんに物資の供給ばかりではない。生きるための物質的条件が社会的正義のもとに分配されたとしても、独自な個人として承認されることも基本的ニーズであり、これを軽視したあてがいぶちの対応はたしかに道徳的に不適切である。これはケアを満たさない正義の一例だろう。それではこの場合、ケアを満たすとはどういうことか。承認のニーズを充足せよというこの要求は、正義の倫理からすると、イグナティエフが論じたように、権利を超えた要求であり、権利によっては正当化されず、他者の善意という不完全義務を待たなくてはならないものかもしれない。この脈絡からすれば、クレメントはケアの倫理の擁護者として権利を超える要請を正当化するまで道徳の要求を高めたわけである。クレメントの最初の基礎づけは、このように正当化を意味している。

これにたいして、第二の基礎づけ概念は、他方が事実として成立するための条件、発生論的ないし因果論的な現実化の条件を構成している。しかし、発生論的因果論的な基礎づけは、まさに事実として成立するための条件であるゆえに、ケアと正義という規範相互の基礎づけを証明しているわけではない。たしかに、正義を実現する次の世代が育つにはケアを要する。だが、ケアによって育てられた世代が実際に正義を具現するには、ケアとは異質な正義の原理がどこからか導入されなくてはならない。同様に、クレメントの想定するように、ケアする余裕が成立するには最小限の正義を要するかもしれないとしても、不正義が緩和し、ケアする余裕が生じたときに、ケアする人間が実際に出現するには、正義とは異質なケアの視点がどこからか導入されなくてはならない。オーキンも発生論的因果論的基礎づけを共有していた。だがオーキンはさらに、子どもが確実に正義の感覚を習得するようにするために正義にかなった家族を要請した。正義の現実化にはあらかじめ正義の導入を要するというわけである。だとすれば、クレメントの発生論的因果論的基礎づけは、ケアという規範によって正義という規範の基礎づけができたと主張することはできない。

クレメントは、正義や権利の概念を徹底して避けたノディングスとも正義を基底におくオーキンとも異なり、ケアと正義の相補的関係の提示を試みた。だが、その立論は発生論的因果論的基礎づけの限界ゆえに、ケアと正義の規範相互の密接な相補的関係、規範相互の内的な連関の証明にまでは到達しているとはいえない。

二・三　ヘルド――ケアと正義の編み合わせ

ケアと正義の一方による他方の収束、同化を否定する姿勢はヘルドもまた共有する。そもそもケア対正義論争といっても、ケアも正義もそれだけで十全の意味をもつわけではない。反転図形の比喩に明らかなように、もろもろの規範や価値と関連しあいながらそれぞれの見方を構成している。正義の倫理では、公正、平等、権利、原理、自由等が正義の周囲に布置されており、ケアの倫理では、傾聴、信頼、応答、共感、連帯等がケアの周囲に布置されている。重要なのは「諸価値のどのような布置が優先するか」(Held 2006:14)であって、二つの倫理の「統合が行きすぎれば、この重要な違いがみえなくなる」(ibid.)。しかし、ケアと正義のどちらが基礎になるかといえば、ヘルドはケアをとる。「ケアを要求するのは生であり、ケアなしにわれわれは他の何ものももちえない」(ibid.:71)からだ。

それでは、ヘルドもまた他の論者と同じく発生論的ないし因果論的基礎づけにとどまるのか。たしかにその論理に訴えている箇所もある。「ケアなしには子どもは生き残らないし、尊重すべき人格も存在しない」(ibid.:17)。だが、ヘルドにはもっと端的に、生が爾余一切の価値の成り立つ基盤だとする発想がある。「経験界の住人であるかぎりの人格は畏敬の真の対象ではない」とするカント主義者にたいして、ヘルドは「ケアの倫理は逆に、経験界の存在としての新生児を畏敬の対象とする」(ibid.:92)。だとすれば、いずれ自律的な人格に成長する可能性とは独立に、新生児そのものが尊重されることになる。第五章に記したように、責任原理でも、本体としての人間が尊重されるまえに現象としての人間が尊重されなくてはならない。ケアの倫理と責任原理とを結びつける確実な一点がここにある。それでも今の説明だけでは、生つまり存在が一切の価値の基盤として尊重されるといっているにすぎない。

しかし、ヘルドは正義の存立にケアが不可欠であることのいっそう強力な基礎づけを見出した。「個人の権利の担い手として価値づけられる個人や自由国家における市民よりも、おたがいを共同体の仲間として尊重するに足るほどケアリングする社会的関係のほうが規範的に先行する」(ibid.:102)。まず個人が存在して、その個人が見知らぬ他人と契約を交わすことで社会的関係が成り立つのではない。そのような契約や合意を結ぼうとするなら、そのまえに、「自分が誰と同意を求めるかについて同意していなくてはならない」(ibid.:129)からだ。いいかえれば、たがいに対等の権利を授与し、尊重しあう「われわれを形成する相手は誰なのかを決めなくてはならない」

(ibid.)。その相手はまだ私に尊重を要求する資格も権利も有していないし、逆に、相手からみた私もそのような資格や権利を有していない。だから、最初の結びつきは権利や権原によってもたらされるのではない。それをもたらすのはケアである。なぜケアなのか。その鍵は「ケアの倫理は、ケアされた経験という普遍的経験に根ざしており、それゆえ、連帯の拡大に役立つ」(ibid.:132) という説明に窺われる。ヘルドが示唆しているのは、およそこういう事態だろう。すなわち、どのひとも自分のニーズを自分だけでは充足できない。他のひともそうである。(場合によっては幼少時にまでさかのぼる) 過去にケアされた経験に照らせば、誰しもそこに思い当たるだろう。こうして、たがいをケアされる必要のある存在として、かつ、他人をケアするなにがしかの能力をもつ存在として自覚することで社会的関係は結ばれる。いったん関係が結ばれたあとでも、「社会の成員は、たがいを同一の社会の成員と認識するに足るほど、たがいをケアし、信頼しなくてはならない」(ibid.:135)。発生論的ないし因果論的基礎づけは次世代に焦点をあてていた。したがって、すでに自律した成人にもケアが必要であることがそれでは示せなかった。これにたいして、ヘルドによる規範的基礎づけは、自律した成人がそれとして認められ、正義を適用されるためにも、他者から関心を払われ、尊重すべき権利を有する者として承認されているという前提がつねに働いていなくてはならないことを示している。「権利や正義が争点となるときにはそれらの原理に依拠することができる。優先するのはケアという背景だが (そうでなければ、社会は解体するだろう)、ケアでは当該の争点をあつかえないとわかっているからだ。同時に、われわれは権利と正義の道徳がふさわしいのはかぎられた関心領域のみであって、伝統的理論が示唆してきたのと違って道徳の領域全体ではないことを明記している」(ibid.:136)。こうしてヘルドはケアを地として正義を図とするような包括的な道徳の像を描き出そうとする。ケアと正義は異質だから、「正義、平等、権利、自由を構造化する枠組みがいかにして、ケア、関係、信頼を描くネットワークと編み合わされるべきか」(ibid.:66) が課題となる。

この編み合わせ（enmeshment）という比喩は秀逸である。あたかもケアと正義という二色の糸を縦糸と横糸にしてひとつの網を編み上げ、それで社会全体をすっぽり包み込もうとするかのようだ。そこにはギリガンの用いたケアのネットワークの比喩、ケアと正義の異質さを示した反転図形の比喩がうけつがれている。ただし、ヘルドはギリガンにたいして不満ももつ。ある問題を考えるときに「二つの解釈のどちらを選ぶかのアドバイスがない」（ibid.:62）からだ。かわりにヘルドは「ケアと正義のいずれが優先すべき領域を画定すべきだ」（ibid.:17）と提言する。具体的にはどのようなことだろうか。生命の維持と人びとのあいだのケア関係の構築がヘルドのめざす社会の最重要課題である。したがって、生命と健康に関わる医療、環境、子育てに関わる教育や文化に関わる事業は、経済的利益とは別の原理によって営まれなくてはならない（ibid.:110）。これらの事業は市場にも属している。市場は権原、権利、所有等の概念が適用される領域である。したがって、ヘルドは領域の区分を提言していても、ケアないし正義だけが適用される領域を想定しているわけではない。いわんや、ケアを私的領域に、正義を公的領域にわりあてるわけではない。われわれはたがいを市場における自由な個人として独立、自律、合理的とみなしてもよい。「限定された目的のためには、われわれはたがいを市場における自由な個人として独立、自律、合理的とみなしてもよい。（中略）しかし、人間の相互依存といういっそう深い真相と、ケアする関係がそのような構築物を下から支え、とりまいている必要のあることを見失ってはならない」（ibid.:43）。こうしてヘルドは、市場における交換もまた社会的に結びついている人びとのあいだの交換にほかならず、したがって市場価値とは別の価値の交換をも含んでいることに注意を促す（ibid.:182）。なるほど、買い物のさいに売り手と買い手が挨拶をかわしたり、顔なじみになったり、商品に関する以外の種々の情報のやりとりといった類のことは日常的に行なわれている。だが、市場は市場価値以外の価値さえも市場価値に変換してしまう強力なシステムである。しかもグローバル化した市場にたいして、ヘルドの注意はどれほど有効だろうか。しかし、現状がそうだからこそヘルドは、人間の交渉が社会的関係であり、社会的関係はケアによって支えられているとあらためて指摘するのである。「企業の力の拡大を抑制するには、ケア、信頼、人間の連帯のような別の価値の確保が必要である」(ibid.:151)。そのための具体的な処方は何か。ヘルドの立論からいえることは、消費者・生産者である私たちが市場価値以外の価値を評価することのできる生身の人間であることを自己忘却すべきではないということだろう。その自己理解に立って「今以上に経済それ自体がケアの関心によって導かれる可能性」(ibid.:120)を含んだ政策決定に市民として参与すべきだというのがその主張だと思われる。

だとすれば、ケアの倫理が要請する生命の維持とケア関係の維持はいたるところで基底をなすべき規範である。優先領域の画定といっても、とくにその二つの目的に直結する領域がケアの正義よりも優先する領域として指定されるにすぎない。逆に、通常、ケアの倫理の適用しがたい領域とみなされている国際経済や国際関係にもケアの規範が適用される。ヘルドによれば、経済のグローバリゼーションは、収奪や搾取の対象となるのを防ぐべくケアしなくてはならない人びとの範囲の拡大を意味している(ibid.:81)。豊かな社会の成員は貧しい社会に生じる飢餓やケアの不足を軽減する責務がある(ibid.:160)。この提言は、ケアの倫理に依拠する以上、不正義を防ぐためというよりも、相互依存関係にある他者の生活状況にたいして当然もつべき関心によって要請されている。

正義の倫理が自己は他者からの分離によって形成されると考えるのと違い、ケアの倫理では、自己は関係のなかで形成されていく。それぞれの人格はみずから選んだ関係だけでなく、みずから選んだのではない関係のなかでたがいに応答しながら自己を方向づけていく。したがって、自律とは「われわれを今あるわれわれであるように作り上げてきた社会的関係のなかで選択」(ibid.:84)する能力を意味する。自己が特定の歴史的状況のなかで築き上げられていくという理解から、ケアの倫理は「無歴史的な合理的個人という抽象に普遍化することに抵抗」(ibid.:165)する。しかし、だからといって、ケアの倫理は歴史的に作られた特定の共同体をそのまま肯定するわけではない。社会的関係の紐帯はケアされたという普遍的経験である。したがって、「ケアの倫理は文化的近似性を必要としない」(ibid.:132)。この点で共同体主義と異なる。それどころか、「フェミニズムではないケアの倫理はケアの倫理の名に値しない」(ibid.:66) と主張するヘルドは伝統的共同体の権力関係を意識してこう指摘している。「平等な者として尊重されるとは、同 (sameness) に還元されることではない。というのも、同は歴史的に支配してきた集団の性格を反映しているからだ」(ibid.:153)。この反発は当然である。というのも、ケアの倫理はもともと、聞き届けられてこなかった「もうひとつの声」を伝える意図から始まっているからだ。ヘルドはケアの倫理のまさにこの所期の意図を継承するものである。

三　家庭と正義

以上、ケアを正義に統合するオーキンの議論と、統合に反対し両者の編み合わせを説くヘルドの議論をみてきた。はたして、正義によるケアの統合は成り立つのか。それとも、ケアは正義と独立の意義をもっていて、ヘルドのいうように編み合わせられるべきものなのか。オーキンの議論を対象にしてこの点について確認しよう。とりあげる論点はオーキンの議論の中核となる二つの論点――家族内の分配的正義と原初状態における異なる立場の理解の問題である。

オーキンは家族内の正義を実現するために二つの提言をした。賃金は家計単位で支払われるべきだという提案と、離婚後に子どもを養育する側が不利にならないように離婚後の二つの家計のあいだで財を移転して同等の生活水準にすべきだという提案である。第一の提案の根拠はこうだった。家事は無償労働である。妻は家事を負担することで職業上の不利を被る。さらには離職をする場合も多い。復職しても家庭外労働を継続していた場合より不利である。一方、夫は家事に時間と労力を費やさず、妻による家事の成果を享受する。そのことは職業上のキャリアにとっても間接的に有利である。一言でいえば、妻の家事労働が功績《メリット》に応じた分配をうけていない点で不正義に陥っている。第二の提案も同様の理由からだが、その提案はさらに、育てられる子どものニーズのため、離婚後の夫の所得にたいする夫の権原は制約されなくてはならないと示唆する。一般化すれば、財を生産した者がその財にたいしてもっている権原はほかの誰かのニーズによって制限されなくてはならないという議論である。

さて、試みに、もっぱら正義の倫理の人間観にもとづいて行動する一組の男女がいて、結婚を考えているとしてみよう。この男女は彼らの人間観を体現しているかぎり、自分の基本的なニーズを自分で充足できるという意味で自律しているとみずから信じている。自分の権原、権利を充分に自覚している。自分の利益に忠実に合理的に選択する。

この男女が結婚すれば、結婚後の夫婦間の不正義をオーキンの第一に提案にそって是正するにちがいない。けれども、まずそのまえに婚姻関係に入らなくてはならない。だが、その選択は合理的だろうか。女性の側からすると、現行の男女の賃金格差やキャリア評価の違いのために、一生をとおしてみた場合、通常、同じ職種の同じ能力の男性よりも生涯賃金は少ないと予想しうる。だが、結婚した場合に生じる不利益はそれ以上に大きいかもしれない。もしそうであれば、結婚しないほうが合理的である。男性についてはどうか。家事労働に焦点をあてれば、男性が有利になるかどうかは、自分自身で家事を行ない、ないしは、家事サービスを購入する場合と妻に家事を依存する場合のそれぞれにかかるコストの比較にかかっている。これは当人の家事能力、家事に割ける時間、機械による家事の省力化、外食産業等を利用できる生活環境、家事サービスを購入しうる収入に応じて変わってくる。食事・洗濯・掃除は生きるために必要であり、歯を磨いたり髭をそったりするのと同様、本来、自分でできるべきである。真の自律のためには、生きていくのに必要な家事を自分以外の人間に依存することは危険とさえいえるかもしれない。それでも依存するほうが合理的だろうか。オーキンが引用している調査では、離婚後の生活水準は女性の七割が低下しているのにたいし、男性の四割は上昇している（ibid.：160）。生活水準の指標を何にとるかによって判断は異なるが、この上昇分が妻にしてもらっていた家事労働にかかるコストを十分に補塡するなら、右の数値は男性にとって結婚しないほうが合理的である場合が少なからずあることを示唆していることになろう。

だが、この推論は男女間の不平等な現状をもとにして算出されているにすぎない。オーキンの批判はまさに現状を修正するためになされたものだ、と反論されるかもしれない。この反論は至当である。しかし、たとえ男女の賃金格差などの条件がどのように修正されたにしても、やはり家庭を築くコストは存在する。そこで、このコストを担うことの合理性を依然として問うことができる。ここに子どもの問題が関係してくる。

オーキンの第二の提案の根拠は、子どもを育てる責任はその子どもの両親が平等に分担すべきだという論拠に支えられている。たんにその子どもだけにかかる費用の分担を超えて離婚後の男親の家計と女親の家計とを平等にすべきかどうかが争点となろうが、家庭環境全体が子どもの成長に影響すると考えれば、家計全体で生活水準の平等が図られるべきだろう。だが、今は結婚前の問題である。負担を考えれば、男女とも子どもを育てることを合理的とは思わないかもしれない。以上から、自律した人間観と功績による分配の正義だけにもとづいた議論では、家庭をもち、子育てをするという選択肢は支持されないということも十分に予想できる。

むろん、この結論に反対するひとは多いだろう。実際、家庭と子育てが不合理という結論にいたるのは、ある前提を事前に捨象しているからだ。「自分の利益に忠実に合理的に選択する」という先の前提のなかの「利益」を経済的なものにかぎる必然性はない。家庭をもち、子どもを育てることを自分の善き人生として思い描いている場合には、そうすることこそが合理的である。しかしながら、そのような価値観は正義の倫理だけから導かれるものではない。それと独立の契機が必要である。正義の倫理だけで考えるかぎりは、むしろ、そのような価値観にたいして否定的な方向に傾くのではないか。そう疑う根拠は正義の倫理の擁護者の議論のなかに見出される。

オーキンの議論を論拠のひとつにしているキムリッカのケアの倫理論をみてみよう。「正義はわれわれが自律した成人であるというだけでなく、他者に依存せざるをえない人びとをケアする者ではない成人であると前提しているように思われる。依存する人びとの（予測不可能な）要求に傾聴する責任があるとすれば、自分の身についてももはや予測を請け合えなくなってしまう」。「自律とは抽象的基準に照らして形成された計画の自由な追求である――この自律の全体像は、依存する他者へのケアはおそらく誰か他のひとか国家に委ねることができるということを前提しているのだろう」（Kymlicka: 285）。ここでは、自分自身が「他者に依存せざるをえない人びと」のひとりになる（さらには、かつてそのひとりであった、それどころか、現にそのひとりである）可能性は視野に入っていない。子どもや家庭内の病人・障害者・老人は「他者に依存せざるをえない人びと」である。すると、家庭や子育ては自律にたいする脅威以外のなにものでもない。「傷つきやすい人びとにたいする責務から逃れたいという欲望」というオーキンの評言がノージックにあてはまるとすれば、その評言は同様にキムリッカの描き出した自律像にもあてはまるだろう。他者に依存することも依存されることからも独立の自律、功績による分配という正義の倫理の根本的な価値のみに依拠してくみたてた議論からは、ケアする責任は導出できない。ヘルドの指摘するように、「自己充足する個人というリベラルの描いた像のもとでは、その特権を有する者が、依存ということはめったに生じないのだという誤った想像を抱いたり、依存が明らかな場合でも、たとえば、親が子どもを世話するのをみて、それを私的な選好とみなしたりすることができてしまう」（Held 2006: 86）。これにたいして、自分のニーズを他人の助けを借りずに充足できるような「特権を有する者」は存在しないというのがケアの倫理の要諦である。

しかしながら、キムリッカにたいする反論はオーキンにはあてはまらない。オーキンはその著書『正義、ジェンダー、家族』序文のなかで、その執筆の動機はみずから経験した「十分に親であり、かつ職場の一員であることの困難」(Okin 1989b: viii) にあったと記している。家事分業の不平等や結婚によって増幅される女性の傷つきやすさについてのその分析は、困難のなかで両方の責任を担ってきた女性の経験によって裏打ちされ、否定しがたい現実感をあたえている。[5]キムリッカと異なり、オーキンでは、ケアする者であるという自覚はすでに所与である。しかし、だとすれば、オーキンの議論は家庭の存在を所与の前提として成り立っていることになる。したがって、その議論は家庭や子育てに関するケアの倫理の規範に潜在的に依拠しているわけである。あるいはリベラリズムのいいまわしを用いれば、家庭をもち子どもを育てることをよしとする特定の善がすでに前提されているわけである。

オーキンは、家事分業の不平等については功績による分配の正義に訴える一方、その正義を家事労働に完全に適用して稼ぎ手が家事担当者にその対価を支払うようには提言していない。家族内では特殊な分配方式が採用されるべきである。というのも、オーキンによれば、家族と市場とはウォルツァーのいう異なる領分だからである。だが、家族の特殊性は正義の倫理の用語だけでは説明しがたい。というのも、その特殊性は、他者に依存せざるをえない存在と自由な選択によって選びとられたのではない関係とによって成り立っているからである。この関係の意義をそのまま評価するのはケアの倫理である。[6] この点でも、オーキンの議論には潜在的にケアの視点が導入されていることがわかる。

以上から、正義の倫理とケアの倫理は異質であって、一方から他方を導出できないことが確認された。統合よりも編み合わせのほうが両者の関係を的確に捉えていると結論できよう。しかし、だからといって、オーキンの指摘した家族内の不正義という論点を相対的に軽視する理由にはならない。ケアの視点をとることは、正義の倫理が指摘する不正を温存することではない。ケアの倫理からみても、家事労働の分業をはじめとする家族内の不正義は、主たる家事担当者にたいする他の家族のケアの不足として非難されなくてはならないからだ。

四　具体的他者と一般的他者

ロールズの原初状態はサンデルの「負荷なき自我」という批判を招いた。これにたいしてオーキンは、無知のヴェールのもとに、自分がどのような立場になるかわからないのだからこそ、「誰でもない視点から考える」のではなくて「順番にあらゆる人びとの立場になって考える」ように要請されると主張し、したがって、原初状態の成員が「「具体性を欠いた」自己の観念」（Okin 1989b:101）だという解釈は誤りだと反論する。オーキンのいうとおりだとすれば、ケアの倫理の想定する具体的な他者の観念を正義の倫理もとりいれていることになる。はたしてオーキンの議論は成り立つだろうか。

原初状態はしばらくおいて、まず、現実に生きている他者の立場を想像する場合を考えよう。オーキンのマッキンタイア批判を参照する。マッキンタイアは、古代ギリシアのポリスを現代にも参照すべき社会生活の範型だと主張している。だが、現代からみれば、ポリスには平等な権利を認められていなかった集団がいた。そのことは古代ポリスの基準においては不正義でなかった。オーキンはこの点を再確認する。「支配者が自分たちのあいだで平等な正義を制度化するあいだ、彼らが十分に人間らしいあり方ができるように支えるために、他の範疇の人びとを働かせることは正義にかなってもいるし、共通の利益である」（ibid.:67）。しかし、ある共同体のなかで成り立っている正義はその共同体の成員として認められていない者からみれば不正義でありうる。このことは本書の一貫した主題にほかならない。オーキンもまたその点を指摘する。「けれども、農奴や不可触民や女性が自分たちも十分に人間的であり、抑圧者のあいだで適用される正義の原理のすべてが自分たちにも当然適用されるべきだと（万が一の確率で）ともかく確信したら、どうなるだろうか」（ibid.）。それは「万が一の確率で」にすぎないかもしれない。しかし、正義の側に立つ者が共同体の外にいる者の立場を顧慮する確率はそれよりも低い。そして、オーキンによれば、マッキンタイアはまさにその実例である。マッキンタイアは、古代ポリスを現代の範にとるにあたって、ポリスでは平等な権利を認められていなかった集団にいかに権利を授与するかについて説明していない。それはマッキンタイアが、自分自身が「アウトサイダーになる可能性を一顧だにしていない」（ibid.:51）からにほかならない。ことほどさように、現実には、共同体の一員が共同体の外部の立場を想像することはきわめて困難なのだ。

原初状態に移ろう。オーキンの主張するように「順番にあらゆる人びとの立場になって考える」ためには、あらゆる人びとの立場がきわめて具体的な内容とともに情報として共有されており、しかしそれが自分自身に関する情報か否かという点だけは無知のヴェールによって隠蔽されていると仮定しなくてはならない。だがそのためには、まず、現実の他者からそれぞれの立場に関する具体的な情報を入手し、その後、原初状態という思考実験にかけることになるだろう。この進行は、しかし、手続き的にも想定しがたい。第一に、原初状態はあくまでマクロに適用される原理を発案するためのものであろう。原初状態で採択された諸原理が現実社会で機能するには、それに続いて、現実社会での承認を得なくてはならない。つまり、各自の立場を生きている現実の人間に受け容れられなくてはならない。この想定が正しいとすれば、オーキンの解釈のもとでは、現実の個々人の情報が入手される時点で、なぜ、マクロなレベルでの討議から移行して、すでに現実の討議が始まらないのか。原初状態と上に述べた現実社会での討議の関係については、ハーバマスがロールズの『政治的リベラリズム』を援用しながらこう述べている。原初状態での討議という「第一段階で基礎づけられた諸原理は第二段階で公共的に討議されなくてはならない。なぜなら、ここで初めて多元主義という事実が働きはじめ、原初状態という抽象段階が撤回されるからだ。公共的な理性使用のフォーラムのまえでは、およそ理論は市民の批判に曝されなくてはならない。その市民とはもはや正義にかなった社会の、理論の内部で語られるような仮想された市民ではなく、血肉を備えた市民である」(Habermas 1999:80)。このようにロールズが二段階の理論形成を想定しているなら、原初状態で与えられるのは現実の個々の人間のおかれている状況についての情報ではなく、あくまで一般的な情報にすぎないととるべきだろう。だとすれば、あらゆる人びとの立場を原初状態で十全に想像しうるというオーキンの主張は、血肉を備えた市民と仮想された市民との落差を軽視したものといわざるをえない。原初状態の誰もが現実にその立場を生きているわけではなく、したがって代表しているわけでもない。現実にその立場におかれていない人間が現実にその立場におかれている人間と同様の把握をするとは期待できない。まさにそのことをオーキン自身がマッキンタイア批判のなかで明言していたわけである。そしてまた、オーキンのマッキンタイア批判が適切ならば、そもそも抑圧されてきた側がどのようにして原初状態の成員として認められるようになるのだろうか。「正義の原理は、それが適用される社会のすべての成員に受け容れられるものでなくてはならない」(Okin 1989b:71)としても、それは共同体の外部の声を現実に聞くことを保証しない。この前提が外部にも適用されるとしても、せいぜい承認の過程を非現実的に先取りしているにすぎない。

ケアの倫理のいう他者とは現実に生きている個別の他者である。第八章で確認したように、ノディングスは他者の自己への同化を防ぐためにケアを共感から区別した。この態度はケアの倫理の主唱者たちに共有されている。トロントもまた「他者のニーズを理解するのに、応答性(responsiveness)は、われわれ自身を他者の立場におくのとは違うやり方を示唆する。他者の立場を他者が表現するままに理解するのである」(Tronto 1993:136)と指摘している。ハンキフスキーはフレイザーを引用しつつ、ケアの倫理の他者理解についてオーキンの他者理解と対比してこう述べている。「ケアの倫理は対話を始める空間と機会を作るように要求し、他者が「語り、聴き手をもち、本人のライフストーリーを語り、本人の主張と視点を本人の声で語る」にまかせるように要求する」(Hankivsky:20;Fraser:428)。ケアの倫理は物語をとおして他者を理解しようとする。他者の今の状況は、どうして今あるようなそのひとになったかについての文脈や背景を捨象しては理解できない。

キムリッカは「依存する人びとの（予測不可能な）要求に傾聴する責任」を自律への脅威として語ったが、ケアする者は、どうしてそのひとがニーズを充足できないでいるかを文脈や背景のなかで理解しようとして耳を傾けるだろう。その要望を充たすかどうかはその後の問題である。充足しなくてはならない他のニーズやケアするひとの負担の制約からそのニーズを充足できない場合もあるかもしれない。しかし、ケアの倫理はまず他者に応答することを自分自身に要請する。これにたいして、「正義の倫理は、いかなる苦しみからも救ってくれるようにわれわれに期待するひとは無責任だという。行動は本人の責任であり、自分の不注意の代償を他人に支払わせるのは不道徳である」(Kymlicka:277)。こう考える正義の倫理は、まずニーズの充足を要求する権利の挙証を相手に求めるのである。

とはいえ、オーキンの描いた「支配者が自分たちのあいだで平等な正義を制度化」しているような状況では、ケアの倫理の要請が実現するだろうか。支配者がケアする者となって、その正義によって保護されない者の要求に応答することは期待できないと予想できる。そこにケアの倫理の無力さが露呈していると考えるひともいるだろう。ところが、このような状況では正義の倫理の主張も強力ではあるまい。制度化された正義のもとでは、被抑圧者が正義や権利に訴えても、それが正義や権利であることすら認められないからだ。それでも、この状況を打開するには、正義の倫理のほうがケアの倫理よりも実効的であるようにみえるかもしれない。けれども、そうみえるとすれば、それは私たちが支配者も被抑圧者も平等であることをすでに知っているからではないか。つまり、自分が支配者側に立っていないと前提しているからではないか。さらにいえば、たとえ自分が支配者側に属しているとしても、被抑圧者の立場に立つことができると考えているからではないか。しかし、もし、私たちが自覚しないまま支配者の側に立っているなら、口先だけ平等を是認したところで、実際には被抑圧者の立場に立つことはできていないはずであり、むしろ相手の立場に立てるという自負ゆえにかえって当の相手の主張に耳を貸すことすらできなくなっているのかもしれない。ケアの倫理が指摘しているのはまさにそういうことにほかならない。

五　ケア対正義論争のひとつの到達点

本章では、主としてオーキンとヘルドとを対比して論じてきた。本考察の一貫した姿勢は、ケアの倫理と正義の倫理との優劣を問うことではなく、合わせ鏡のようにして両者をいっそう的確に理解することにある。これまで示してきたように、両者のあいだでは、その自己と他者の概念が共約不可能なまでに異なっている。したがって、ケアを正義に完全に統合することはできない。その点からすれば、両者の視点を異質ながら編み合わせようとするヘルドの試みは、その内実がケアの倫理に与しているとしても、ケア対正義論争のひとつの到達点を示しているように思う。

第十一章　ケア関係における他者

第七章に記したように、本書にいう「ケアの倫理」とは、ギリガンの問題提起に始まり、正義の倫理とみずからを対比しながら展開してきた一連の倫理理論をさしている。しかし、ケアについての考察のすべてがケアの倫理に収斂するわけではないし、倫理学の分野におさまるものでもない。すでに第七章に、ケアについての哲学的ないし人間存在論的分析の例としてフランクファートの議論を説明した。哲学的ないし人間存在論的分析はケアの倫理が立脚するケア概念を理解し分節化する助けとなる。本章では、看護学者ベナーがルーベルとともに上梓したケア論を参看しよう（一節）。ベナーらは、ケアをハイデガーの概念である世界内存在の関心（Sorge）として捉えなおし(1)、また、認識の成り立つ基盤を身体に見出すメルロ＝ポンティの思想に依拠している。本章ではこの脈絡から、フッサール、ハイデガー、メルロ＝ポンティ、サルトル、レヴィナス、デリダによって形成された現象学の他者論について必要最小限ふりかえる（二節）。もとよりその浩瀚な問題系はここであつかいきれるものではないが、この系譜のなかには、二種の他者概念が属している。私たちが日常接する理解可能な（と少なくとも思われている）他者と、私の自我の意味づけによって対象化されることのできない（したがって、私と同化されてはならない）他者がそれである。これらの他者概念に照らして、ケア関係における他者概念を浮き彫りにすることが本章の目的のひとつである。さて、レヴィナスの絶対的他者の概念をうけつぎ、デリダは特殊な正義論を展開している。すなわち、通常の意味での正義、つまり同一集団のなかでの分配の規則を法と呼び、この法の適用されない外部の他者に応答することを正義と呼んで対置する正義論である。本章では、デリダの脱構築に依拠するコーネルをとりあげる。というのもコーネルは、ケアの倫理はジェンダー構造を強化するというマッキノンのギリガン批判に異議を呈する一方で、ギリガンの限界を指摘しているからだ（三節）。コーネル論を介して、本章の末尾では、ケアの倫理と脱構築の関係の可能性とケア関係における他者概念を明確化するとともに、ジェンダー構造をもつ社会のなかで支配的な側にある男性論者にとってのケアの倫理の意味を論じることにしよう（四節）。

一　ベナーのケア論

ベナーとルーベルが展開しているケア論は、看護学の文脈と現象学の系譜、さらにリベラリズムの個人主義的性質にたいする批判との交差するところに成り立つ。順次みていこう。

看護学は、看護を医学と関係づけながら、かつまた、医学と対比しつつ看護の本質を自己確認する作業につねに労してきた。医学は器官レベル、細胞レベル、さらには分子レベルへと病気の分析を進め、法則性を追求し、病状を技術的に操作する能力を発展させてきた。看護学の歴史もまた、医学のこの分析的手法と技術的操作の進展に呼応している。だが他方では、こうした分析的視点では欠落しがちな、患者をひとりの人間としてみる視点にこそ看護の本質をみる主張も提唱されてきた。(2) 後者はヒューマン・ケアリングと呼ばれ、レイニンガー、ワトソン、ローチらをこの系譜に数えることができる。これらの論者はそれぞれ自然科学的アプローチとは別の、患者を人間としてみるためのアプローチを探求してきた。レイニンガーは文化人類学の方法をとりいれて患者とその家族の価値観や人間関係のあり方の理解に努め（レイニンガー：36ff）、ワトソンは人間の主体性、有機体としての全体性、人間関係に焦点をあてる人間科学を提唱し（ワトソン：11ff；森下・品川）、ローチはキリスト教の伝統に依拠している（ローチ：36-47）。これにたいしてベナーらは、現象学こそが全人的看護の拠って立つ包括的な基盤を提供すると主張する（Benner/Wrubel：7）。「患者は症状を阻害、不便、健康への不安として体験する」（ibid.：8）。科学としての医学が分類した疾患は複数の患者に妥当する概念であるにしても、ひとりひとりの病人は疾患を「自分にとっての意味という視点から理解されたかぎり」（ibid.：131）でうけとめている。したがって、体験を記述する現象学は患者にとっての病気の主観的意味を捉えるのに最も適した方法を提供するというのである。

ケアすること、ケアリングは人間の本質的特徴である。なぜならケアリングは「世界内存在の基本的様態のひとつである」（ibid.：xi）からだ。ベナーらはここから出発する。ケアリングとは、何かを大切にすること、そのものと結びついていること、そのものとの関係のなかにまきこまれていることにほかならない。ひとは何かをケアしているからこそ、ケアしているものとのかかわりが病気によって阻まれるとストレスを感じる。「ケアするものがなければ、何事もストレスにはならない」（ibid.：1）。しかしまた、何かをケアしているからこそ、ストレスに耐え、対処することもできる。何かをケアしてきたひとは、これまでケアしてきた対象との関係を病気によって変更せざるをえないとしても、目下の状況で可能なしかたでその対象をケアし続けようとするだろうし、ケアを断念せざるをえない場合でさえも、程度の差はあれ、これまで大切にしてきた別のことを今後の生活の基軸にして態勢をくみたてなおそうとするだろう。第七章にみたように、フランクファートは、ケアするひとはケアをとおして自分の未来を思い描くと指摘していた。ベナーらにもこれと呼応する指摘がある。「極度の喪失を体験した患者も、傍観者が想定するような反応はしない。自分がおかれた状況にたいして患者は失ったものに拘泥するしかたで応答するとはかぎらない。かわりに、患者は依然として何かに関心をもち、意味づけようとする。未来が有限であるときですらそうである。（中略）死を目前にしても、生はなお続いている」（ibid.:15-16）。限られた選択肢のなかで、病人は投企する。病気への対処のなかには意味や関心の建てなおしが含まれているのだから、病気から治癒したときに、「世界が以前とまったく同じようにみえるということはけっして体験されない」[3]（ibid.:61）。病人が自分自身をある疾患の一事例、一患者とは考えないのと同様に、病人にとって、病気は普遍概念ではなく、不可逆な自分の生の流れの一部であり、その文脈のなかで固有の意味を帯びている。

だとすれば、ひとりの人間を全人的に看護するとは、患者をとりまく状況をその患者自身がどのようにみているか、目下の状況で何を大切にしているかを解釈し、何を大切にすることができるかを患者の視点から理解しようと努めることでなくてはならない。疾病に関する専門的知識はそのために役立てられる。一方、患者の個別の事情や人生を知るには、患者を注意しつつ見守り、可能であれば対話することが必要である。ところが、ベナーによれば、ナースの多くが看護の後者の側面を「患者とともにいる」（Benner:55）としか表現する語彙をもっていない。点滴を打ったり、包帯を巻いたりといった技術を駆使しているときと比べて、あたかも何もしていないかのように捉えがちである。「ナースは、患者のために何かをしているときが最も効力を発揮しているときであると教えられることが多い。けれども何人かのナースが気づいているように、肝腎なことは、まさに患者とともにいることなのである」（ベナー:41）。そこで、ベナーとルーベルは「ともにいる」という日常の表現をハイデガーの概念 Anwesenheit と Zugegensein の訳語 presence oneself（居合わせる）を介して捉えなおし、こう定式化する。「あなたが人間性を分かちもっていることを患者にわかるようなしかたで患者とともにいる能力、居合わせる能力こそが、ケアリングの実践としての看護の大部分にとっての基礎をなす」（Benner/Wrubel:13）。ナースがふだんしている仕事のなかで科学的分析や技術的操作を重視する観点からは否定的にしか評価されない側面について、現象学の概念によってその意味を分節化し、位置づける。それがベナーらの意図である。

すると、ナースが患者をケアするとき、ケアリングは入れ子構造をなしていることになるだろう。患者は何かをケアし、その患者をナースがケアする。図式的にいえば、ナースNは患者Pが目下の状況でXをケアしていることを理解し、(N自身にとってはXが大切だというわけではないとしても) PがXをよりよくケアできるようにPの状態とPをとりまく状況の改善を援助するということになろう。だが、PはNにとって他者である。そしてまた、何がXであるのかをP自身がはっきりと説明できない場合もしばしば起こる。NがP自身のケアリングを理解できる要因はどのように用意されているのか。

ベナーらは自分たちの人間観を現象学的人間観と呼び、その特徴を四点にまとめている (ibid.:42)。①人間が円滑に身をこなしたり道具を使いこなしたりできるのは、身体に根ざした知性が働いているからである。その働きはうまく機能しているときには注意されず、非明示的にしか意識されない。②人間は生まれたときから社会的文化的意味を教えられており、それによって世界を解釈する。社会的文化的意味は個人の生きている状況を記述するのに役立つばかりか、その状況を構成している (ibid.:22)。③ケアする能力。④人間は何かをケアすることで世界のなかにまきこまれ、その結果、状況がその人間がどのような人間であるかの一部を成すにいたる。「何が問題であり関心事であるかを律するもろもろの意味によって、ひとは創造される」(ibid.)。病人であれば、痛み、障害、予後、利用可能な医療手段・医療器具、保険、家族関係等々が病人である状況を形作っており、病人が大切にしてきたものを今後もケアする可能性や方途はそのなかから差し出されてくる。しかしながら、状況が帯びている意味は本人以外の者に閉ざされているわけではない。病人の周りにある物が他の人間にも同じ機能をもつ道具として理解されるように、「ひとは共通の意味を担う者」(ibid.:23) だからだ。病人の身体の動きにそのニーズを瞬時に悟ることができるのは、「ともに身体をもって世界に関与しているからこそ、知覚は共通共有のものとなり、自他に近づきうるものとなる」（ibid.）からである。つまり、私は他者を①と②ゆえに直接的に理解できる。はたして、ベナーらの記述が看護の実際をどれほど的確に描いているか。それについては、その身体概念が身体技能の習慣的な体得に偏り、そのつどの経験における可塑性に乏しい点や、分析が意識化、言語化できる浅層に留まっている点について、西村ユミが疑念を投じている（西村：224-234）。だがここでは、ベナーらが、他者を理解する可能性を①②によって根拠づけているという点の確認にとどめる。

ベナーらの現象学理解はハイデガー、メルロ＝ポンティ、この両者にたいするドレイファスの解釈に負っている。②の性格づけはハイデガーに由来する。ひとは世界のなかに投げ込まれており、しかもそこにはすでに施された解釈が公共的に流通している。この認識はベナーらのなかでリベラリズム批判に通じている。「近代の自己観と対照的に、人びとは自分の関心事の外に立ちはしない。自分が抱くべき関心や好みを一から決めて、それから、各人がばらばらの関心と能力に応じて問題や関心事や関係を選ぶわけではない」（ibid.：24）。「すべての意味の源泉たるような主観、自分ひとりで自分を構成する主観」（ibid.：49）は存在しない。この「すべての意味の源泉」という表現はテイラーに由来する。テイラーは、第九章に言及したように、「歴史、社会、自然」（テイラー：57）の枠組みのなかで自己同一性を語っていた。確認できていないが、ベナーらの著書の題名『ケアリングの優先』はサンデルがリベラリズムを評した「正義の優先」（サンデル：73）を意識していると思われる。とはいえ、ベナーらが特定の文化と伝統への帰属を強調する共同体主義者や共同体主義とほぼ重なり合う徳の倫理の主唱者かといえば、必ずしもそうとはいえない。第七章に言及したように、ベナーは徳の倫理と看護とを結びつけながら、しかし、ナースが職業的役割を意識しすぎると、ケアリングができなくなるおそれを指摘していた。たしかに、①に挙げられた身のこなしや道具の使用は文化と伝統のなかで培われ、文化と伝統によって浸透されている。

けれども一方で、ベナーらが①に挙げている身体の概念はメルロ＝ポンティから継承したものであって、「生まれたときに備えている前文化的身体」(ibid.:74) にまでさかのぼる。だとすれば、異なる文化と伝統に属す他者にたいしても、文化や伝統を共有する他者と同様に、まさに「ともに身体をもって世界に属している」ゆえに相手の知覚していることに近づく可能性が開かれているはずである。

その他者理解の特徴を他と対比するために、現象学の他者論の系譜を瞥見しよう。

二　現象学の他者論の系譜

二・一　フッサール――「あたかも私がそこにいるかのように」

現象学の他者論は現象学の創始者フッサールとともに始まる。私とは別の人間がいて、私もまた誰かからみれば他の人間のひとりである――これは日常、つまりフッサールのいう自然的態度にあっては自明のことにすぎない。けれども、フッサールの目的はデカルトと同じく、学の基礎づけにあった。そのためにデカルトに倣い、世界の存在についてエポケーする。それによって自然的態度は停止し、超越論的態度が切り開かれ、そこにおいて世界(の諸事物)を構成する我の存在がとりだされる。この我は単独の我であり、したがってその認識はたんに主観的である。たんに主観的であるかぎり、学の基礎づけは充たせない。だがもし、世界を構成する我としては私と同等で、しかも私と異なる我が存在するとすれば、そうではない。私の我と他の我によってたがいの認識を相互主観的に確証することができるからだ。けれども、自然的態度ではその存在が自明であった他者は世界の存在とともにエポケーされている以上、私と異なる我が存在している明証というはまだ得られていない。その明証は得られるのか。得られるとすれば、どのようにしてか。これにたいしてフッサールは『デカルト的省察』のなかで次のように答えた。エポケーによって獲得された私の一次的領域には、私によって意味づけられる対象である物体しか現われない。ただそのなかに際立った動きをする物体がある。私がこれこれの体験をしているときに私の身体はそのように動くだろうと思わせる動きである。私はその物体を私の身体と対を成すものとして捉える。すなわち身体として捉える。身体だとすれば、その物体は我と結びついていなくてはならない。だが、それは私の身体ではない。だから、その身体と結びついている我は他の我である。とはいえ、他我の体験は他我の身体と違い、私には体験されようはずがない。けれども、その動きと似た動きを私の身体がするときに私が体験しているだろう心的状態が他我に投入されるや、私は他我が今体験しているだろうことを把握する。

さて、このやり方で獲得された他我は「あたかも私がそこにいるかのように」(Husserl 1950:148) 把握された「類似者」(ibid.:144) にほかならない。ヘルトが指摘するように、接続法で把握されたこの他者は現実の他者には到達しない (Held 1972:37)。ヘルトによれば、「論者のほとんどが口を揃えて、フッサールが相互主観性の問題を解決しなかったという点で一致している」(ibid.:3)。しかしながら、むしろその議論の破綻からこそ、豊富な示唆が得られるのだ。たとえば、どうして自他の身体は対として捉えられるのか。他者の身体が私の身体と似ていることを把握できるためには、私は私の身体がどうみえるかを、つまり私の身体の現出を知っていなくてはなるまい。どこから知りうるのか。フッサールは『イデーン』IIのなかで、右手で左手にふれるとき、瞬時にして反転して左手が右手の触感を得る可能性を指摘している (Husserl 1952:144-147)。右手にふれられた左手が「柔らかい」と把握されるやいなや、左手もまた右手の同様の触感を得ることができる。私の身体(の一部)は私の意味づけを支える身体であることをやめないが、意味づけられる物体ともなりうる。それなら、ある物体が私の身体と似ていると把握されることもないとはいえまい。とはいえ、『デカルト的省察』の文脈に準拠するかぎりは、他者の身体は私の右手にふれられている私の左手とは違い、私はそれをとおして知覚することができない。それでも、その物体が、私の身体ときわめて精巧に似ているものの非身体として把握されるのでなくして、私の身体と対として捉えられるとすれば、すでにそれを物体ではなくして身体にしている他の我の存在が予知されているのではあるまいか。さらには、（右手といった身体の一部ではなく）私自身の身体全体をあたかも物体であるかのように客観化することができると思う時点ですでに、私と異なる主観である他我のまなざしが先取りされているのではあるまいか。もし、そうだとすれば、フッサールの想定とは逆に、他我は私の我と同じくエポケーの残余として等根源的にあたえられていなくてはならない。これはなるほど相互主観性の問題の解決ではない。けれども、相互主観性がまさにアポリアなるゆえんの核心部分がそれによって的確に示唆されたわけである。

二・二　ハイデガー――共現存在と各自の死

ハイデガーの課題はフッサールと違い、学の基礎づけにはなく、存在への問いであった。彼はデカルト的方法をとらず、現存在――人間のあり方を手引きとして存在の解明にむかった。とはいえ、その日常性と本来性の区別は後者の自然的態度と超越論的態度の区別と、内実は違うが、構造的に対応している。それゆえ日常性のなかで、他者が私と同等の現存在、「ともに存在（Mitsein）」している「共現存在（Mitdasein）」（Heidegger: 114）として把握されるのは当然である。自他の区別なきこの日常性における現存在のあり方は世人（das Man）と呼ばれる。しかし、自己の死の可能性が誰でもない私の死として露わになるとき、「現存在は本来的に自己自身でありうる」（ibid.: 263）。死は各自の死であるほかない。だから、私は他者の死を、他者は私の死を自己の死のようにうけとめることはできない。だが、だとしても、私が私の死の可能性を逃れられない最も確実な可能性として自覚するときにも、他者はやはりともに存在しているはずである。するとこの本来性と呼ばれる状況において、他者は私にたいしてどのように現われてくるのだろうか。ハイデガーではこの点が必ずしも明らかではない。ヴェルナー・マルクスはそれにたいする回答を試みている。「自分の確実な死にたいする驚愕がそのひとを孤立の気分に追いやるときに、共同態への憧れが呼び覚まされる」（Marx:21）。死を自覚した者は自分を助けてくれる者として他者に呼びかける。それは日常の打算的あるいは因習的な人間関係の延長ではない。死によってあらゆる投企の無意味を痛感した者には、他者もまた自分と同様に死すべき者として現われてくる。ここに「他者と運命を分かち合う可能性」が生まれる（ibid.:24）。それは「生そのもの」「生に属するうつろいやすさ」のなかで「ともに－苦しむ－可能性（Mit-leiden-können）」（ibid.）である。それによって他者も変容する。日常的には体験されないこの共苦（同情）や愛を投げかけられた側は「自分自身を共苦や愛にふさわしい（würdig）者として経験し、それによって自分がこれまで経験してこなかったこの尊厳（Würde）に応える心構えや願望が広がってくる」（ibid.:27）。マルクスは本来性における共現存在同士の関係をこう描いている。彼はそれを共苦という「気分に彩られた相互主観性」（ibid.:28）と名づけた。

現実に死を目前に控えたひとの訴えが聞き届けられがたい例（エリアス:4;Benner/Wrubel:14-15）を考えれば、マルクスの議論はあまりに楽天的に聞こえる。だが、ベナーのケア論から始めた目下の文脈では別の疑問が浮かぶ。病気、しかもときには死を目前に控えた状態を論じるベナーらは、なぜ、マルクスのしたように、死に関するハイデガーの分析に立ち入ることをしないのかという疑問である。「未来の可能性のひとつは死である」（ibid.:123）という言及はあるが、それは人生のさまざまな節目と並列されており、ハイデガーのいう「最も自己的な可能性」（Heidegger:251）という意味をもたない。

ベナーらのハイデガー理解はドレイファスを介している。ドレイファスは『存在と時間』の二つの文脈を切り分ける。現存在が世人に頽落せざるをえない構造的ないし実存論的意味を探究する文脈と、不安からの逃避のために他と同調して世人のなかに埋没するという心理的ないし実存的な意味を探求する文脈である。ドレイファスによれば、ハイデガーはこの二つの文脈を混同している（ドレイファス：259ff）。現存在は社会化するかぎり世人とならざるをえない。それによって日常性に流布した自他に共通の了解ができるようになる。ここにドレイファスは日常性の積極的な意味を強調する。この了解の成り立つ「「根拠」は共有された振る舞いでしかない」（同上：178）。日常性とは、この事実が徹底して隠蔽されている事態の謂いにほかならない。世人への埋没から脱した現存在がこの事実を徹底的に自覚することにこそ、本来性の意義はある。したがって本来性とは、「現存在する人が自分の文化において持っている平均的な「目的であるもの」」（同上：179）を捨て去ることではない。そのほかに選択肢はないからだ。実存的な文脈にしたがってこれまでをも逃避と呼ぶなら、「現存在は本質的に非本来的になってしまう」（同上：264）。本来性を平均的なものから切り離された状況として解釈すると誤解に陥る。ドレイファスによれば、孤独で孤立した「極限状況は真正でない本来性の状態」（同上：278）にすぎない。だとすれば、マルクスの描き出した事態もドレイファスからみればそうだろう。ベナーらが死の自覚とケア関係とを顕在的に結びつけなかったのは、ドレイファスの解釈を継承したからにちがいない。しかし、そのために、その分析は日常性を出ない印象を与えている。日常に成り立ちうるケア関係をそのまま肯定的に語っているようにみえるわけである。

次に、ベナーらがもうひとつの柱としているメルロ＝ポンティに移ろう。

二・三　メルロ＝ポンティ——相互身体性

メルロ＝ポンティはフッサールの『イデーン』Ⅱの記述を固有なしかたで解釈する。「私の身体が「感ずる」物であり、それが触発されうる——私の身体が、であって、単に私の「意識」だけのことではない——ということを学び知ることによって、私は、他の生命体や、おそらくは他の人間もいるということを理解する準備を整えたことになる」（メルロ＝ポンティ 1970:17）。フッサールが表明的には語っていないというよりもむしろデカルト的方法のもとでは語りえないことがすでに語られている。というのも、ダッシュで挟まれた挿入句からわかるように、メルロ＝ポンティでは、身体が我と不可分にエポケーの残余としてあたえられているからだ。人間は身体によって世界に内属している。こうしてメルロ＝ポンティはフッサールの議論から大きく踏み出す。他者と私は「同じ一つの相互身体性（intercorporéité）の器官」（同上:18）であり、だから「もし私が他人の手を握りながら、彼のそこにいることについての明証をもつとすれば、それは、他人の手が私の左手と入れかわるからであり、私の身体が（中略）他人の身体を併合してしまうからである」（同上）。だとすれば、身体は私の身体であっても、完全に他を排除した私に固有なものだというわけではない。メルロ＝ポンティは「私の有機体」を「無名の一般的な実存」（Merleau-Ponty:99）と呼ぶ。それは自他に区別された人格的実存を支えるものであり、危機的な状況にあって人格的実存が働かないときにすら働いているものである。私は人格的実存として「けっして他と比較できないような状況をもつ歴史的世界に生きているだけではなく、私の生は、私が選んだ存在のなかにはその理由を見出せないが私をとりまく万人共通の環境のうちに条件づけられたリズムを身につけている」（ibid.）。別の箇所では、このものは「その本来性をもつものであり、決して中断されることなく、成人のいかに大きな情念に対してもその支えとなって」（メルロ＝ポンティ 1970:29）いて、知覚のたびに甦える「根源的なひと（On primordial）」（同上）とも表現される。“primordial”（根源的、一次的）とはフッサールがエポケーによって得られた私の我に固有な領域に冠せた形容詞であり、「本来性」はもちろんハイデガーに由来する。つまり、この概念はフッサールのエポケーやハイデガーの本来性を連想させつつ、しかし両者にあってはその説明を見出しがたい自他に通じる相互主観を示唆しているといえよう。

さて、ベナーらはケアリングの基礎が「あなたが人間性を分かちもっていることを患者にわかるようなしかたで患者とともにいる能力」にあると説いていた。メルロ＝ポンティの議論を参照した今、あらためてその意味を解釈しよう。ここにいう人間性には、現象学的人間観からして、身体をもって生き、ケア能力を有することが必ず含意されている。なるほど、ケアする者とされる者が別個の人格的実存であるかぎり、当然、対立したり理解できなかったりする場合がありうる。しかし、身体が無名の一般的な実存である以上、身体は同じく身体をもつ他者の理解を可能にする根本的な基盤である。そしてまた、とりわけ看護の場では、身体は病気、さらには死に脅かされており、病人が危機的な状況に陥っている場合がある。こうした状況にあっても、身体は他者への最後の通路である。相手が必要としていることに気づくには、受容的であり（そうでなければ、ケアの押しつけになりかねない）、かつ反応的（そうでなければ、相手のニーズに気づくことはできない）でなくてはならない。第八章のノディングスにもみたように、このことはケアの倫理の論者の多くが指摘している。そのためには、ケアする相手を受容するなかで自分のなかにそれに反応するものが動き出すのを待たなくてはならない。その反応は身体をもって生きている人間の存在の最も根底的な次元において発動する。ベナーらはこの反応するものを、メルロ＝ポンティから継承した無名の一般的な実存、一次的なひとに見出したのである。

ところで、ベナーらの描き出すケア関係は、傷つきうる身体、死すべき生命という「人間の共通の運命を他者と分かち合う」（Benner/Wrubel:58）点でマルクスのいう共苦に通じる面がある。ただし、そこにはマルクスの分析には欠けている視点も存在する。ベナーらはこういう事例を紹介している（ibid.:19）。その病人は深い自己嫌悪から自傷癖があり、最初は意思疎通もできなかった。だが、その病人はあるきっかけからナースを信頼できるようになった。それに対応して、ナースのほうも病人を信頼するようになる。その結果、病人が自分自身を信頼できるようになった。そのきっかけとは、ナースが病人の飼っている亀の話をもちだしたことにあった。ケア関係は、ケアされる者がケア（大切に）しているものをケアする者が（自分自身はそれを大切に思わないとしても）尊重することで成り立つ場合がある。ケアされる者が何もケアするものをもっていないなら、まずはケアする能力を回復することがケア関係の目標となる。マルクスの共苦の可能性にはこの視点が欠けている。はたして人間が何らかの客観的なものを媒介せずに、マルクスのいうように、死の自覚だけを契機としてたがいの宥和を得られるものだろうか。ベナーらが指摘しているとおりに、死の直前まで投企が続くなら、病人にとって大切な何かがあるはずである。ケアする者はそれを支援する。ケアは、生がどれほどわずかな期間しか、またどれほど乏しい内容しか残されていないにしても、あくまで生にむかうものであって、死にむかうものではない。

二・四　サルトル――まなざしとしての他者

メルロ＝ポンティは自他の通底を示した。これと対蹠的にサルトルでは、自他の通路は断絶する。それはサルトルが、デカルトとフッサールの歩んだ道を歩み、世界の存在をエポケーするからだが、自他の対立はますます際立ってくる。というのも、サルトルは他方で、他者の存在がエポケーによって排去されず、私の我に劣らぬ勢位で存在しているという事態を認めるからである。「他者は私のではない超越としてなんらの媒介なしに私に現前している」(Sartre: 329)。他者が世界を意味づける私と異なる主観である以上、他者が出現するとは、私の意味づけていた世界が消え去り、私が意味づける主観ではなく意味づけられる対象と化すことにほかならない。他者にとっても、私の現前は他者にとって同じ事態をひきおこすだろう。だが、私と他者は、意味づける主観か意味づけられる対象かいずれかだから、「現前は相互的ではない」(ibid.)。私と他者は、いわば、世界をそれぞれの所有に帰するために相克する関係にある。他者はそのまなざしによって、他者が意味づけた私以外の何者でもないものとして私を釘付けにする。

二・五　レヴィナス――絶対的他者

意味づけする私の権能を他者のまなざしが奪い去る体験をサルトルがあざやかに描き出したのにたいして、レヴィナスは私が他者を私の視点で意味づけてしまう暴力性を剔抉する。他者は、フッサールでは類似者、ハイデガーでは共現存在というふうに私と同等の者として捉えられていた。しかし、他者が他であるかぎりは、けっして私と同化されることなく、「私の内なる他人の観念をはみだす」(レヴィナス 1989:60)「絶対的他者」(同上:40) でなくてはならない。私の内なる他人の観念をはみだしつつ、他人が現前するさまは顔と呼ばれる。したがって、顔は知覚される他者の身体の一部でもなければ、他者と私がともに担っている意味によって理解可能な他者の表情でもない。それは知覚や認識されるものではなく、つまり私の対象ではない。「他者の現前とは、私が嬉々として世界を所有することにたいして呈される異議にほかならない」(同上:103)。こうして問題は、それまでの現象学が他者を論じてきた認識論の次元でもなく存在論の次元でもなく、倫理的次元に引き移される。「〈同〉の審問が〈同〉の自我中心的自発性においてなされることはありえない。〈同〉の審問は〈他〉によってなされるのだ。他者の現前によって私の自発性が審問されることを倫理と呼ぶ」(同上:46)。レヴィナスはその初期の著作から、「他人とは、たとえてみれば、この私が力あるもの、富めるものであるに反して、弱きもの、貧しきもの、「寡婦にして孤児」なのである」(レヴィナス 1986:83) というふうに自他の非対称性を強調してきた。他人はこの非対称性ゆえに優先されなくてはならない。「慈悲と正義とのあいだの本質的な差異は、まさに正義の観点からすれば、正義にはもはやいかなる優先順位も不可能であるのにひきかえ、慈悲のほうは他者を優先する」(同上) 点にあるからである。

二・六　デリダ——正義と法

デリダはレヴィナスの他者概念をうけとめ、独自の正義論を展開していった。私たちは何らかの共通性や類似性によってたがいを結びつけ、その内部を治める規則、法をもっている。それはひとつのまとまりをもつ集団内部の法、つまり家（oikos）の法（nomos）である。それゆえ、法はまた経済（oikonomia）を意味している。すなわち、法の定める基準にしたがって、集団の内部の成員のそれぞれにその正当な取り分が公正に分配されるわけである。しかし、法は集団の外部、異邦人には適用されない。そのことは法が一転して不正義に陥りうることを意味している。私たちと異邦人との関係はレヴィナスの〈同〉と〈他〉の関係にある。ここからデリダは異邦人に「無条件の迎え入れを提供する」（デリダ 1999b:98）歓待を説く。法の埒外のものに応答することこそが正義である。正義とは「無限であり、計算不可能であり、規則に反抗し、対称性とは無縁であり、不均質であり、異なる方向性」（デリダ 1999a:52）をもっている。これにたいして、法ないし権利とは「安定させておくことのできる、規約にかなった、計算可能な装置として、また規則正しく整えられてコード化されたもろもろの指示の体系としてなされる正義の行使」（同上）にほかならない。

以上に素描した現象学の他者論の系譜のうち、ベナーらのケア論はメルロ＝ポンティを基盤としていた。はたして、ケア論やケアの倫理はレヴィナスとデリダによって倫理へと転回した流れとどのような関係にあるだろうか。コーネルはレヴィナスとデリダの他者と正義の概念に依拠している。次にコーネルによるケアの倫理にたいする評価と批判を介して、この問題に進もう。

三　ケアの倫理にたいするコーネルの評価と批判

ギリガンにたいするコーネルの評価は両義的である。ギリガンには、第九章に記したように、マッキノンが仮借なき批判を加えていた。コーネルはまず、マッキノンによるギリガン批判に反駁することでギリガンに一定の評価を下す。男性の観点によって女性が構築される構造を鋭く暴いた点で、マッキノンの功績はきわめて優れている。だが、マッキノンにしたがえば、いかなる理想もジェンダー構造のなかで構想されるかぎり、「理想はそれ自体男性支配に汚染されている」（コーネル 2003:298）。すると、女性についてのあらゆる語りをジェンダーに負荷された慣習的な女らしさ（femininity）を表現するものとして解するほかなくなる。その結果、マッキノンは「女性が私たちの性を適切に評価するいかなる可能性をも暗に否定」（コーネル 2000:111）する袋小路に陥ってしまう。このために彼女のギリガン理解も歪んでいる。コーネルによれば、ギリガンは「男性的な見方が規範と規定されている文脈に対する規範的批判」（コーネル 2003:310）を提起した。この点でコーネルはギリガンを評価する。

他方、コーネルはギリガンに批判も加える。ギリガンは、現在生きている現実の女性のあり方から共通の傾向を引き出し、しかもそこから規範的言明に進んだ。この道筋をとるかぎり、女らしさを再生産する危険を免れない。だがそれでは、コーネル自身は女性の現実以外のどこに拠点を求めうるのか。ここに援用されるのがデリダの脱構築の思想である。テクストはつねに開かれており、語の意味は特定のコンテクストによって規定しつくすことはできない。まだ書かれていないものが必ず残っている。この「まだない」は先取りされた未来ではない。先取りされるものならば既知の枠組みに回収されうるものだからだ。既存の女性観から導出されたのではない、このまだない女性を、コーネルは「女性的なもの（the feminine）」と呼んで女らしさと対置する。「女性的なものは現実の女性の生に還元したり同一化したりすることができず、男性的な言説以外のどこかとして的確に表すこともできない」（同上：333）。それはテクストの織物（テクスチャー）のなかにのみ到来する。この女性的なものの地点から書くことは「明瞭な倫理的主張を必然的に含んでいる」[4]（同上）。なぜなら、女性的なものは現行の男性支配にたいして他者の位置を占めているからだ。女性をめぐって現に流通している規範や解釈は正義と対置される意味での法に対応し、女性的なものは法から逸脱する異邦人に対応する。したがって、「男性たちが正義を望むつもりがあるなら、私たち女性の呼びかけに耳を傾けなければならない」（同上：263）。これとくらべれば、ジェンダー構造をもつ社会のなかで女性固有の価値を主張することは、それに成功したとしても、ジェンダー構造のなかに何がしか同化され併呑され、〈同〉の経済のなかでその価値基準に応じた分配を入手する条件闘争にとどまらざるをえない。

このようにコーネルはデリダの他者と正義の概念を援用することで、差異を主張すれば平等を入手しがたく、平等を主張すれば差異を失いかねないフェミニズムの隘路を切り抜けようとしている。コーネルを評価する論者たち（岡野 2003：216ff）とともに、ここに新たな可能性を確認することができよう。ただし、二点記しておく。

女性的なものは既存の男性支配にたいする他者である。だからこそ、男性支配が浸透している現在の社会に生きている現実の女性であるコーネルは女性的なものと自分とを同一化することはできない。そしてまた、現実の女性が紡ぎ出す言説のどこかで女性的なものが定義しつくされるわけではない。コーネルは注意深くそこに言及している。「私たちが女性的なものについての実定的倫理を発展させねばならないということにはならない。そんなふうにするとまたぞろ記述と規範を混同してしまうだろう」（コーネル 2003：268）。けれども、現実の女性がコーネルの示唆する女性的なものに何らかの点で通じていることもたしかである。それゆえ、コーネルは少なくとも現在の支配者としての男性と対立する点でこの他者と何らかの共通性をもつ者として自己規定せざるをえない。

だがそれでは、レヴィナスとデリダのいう意味での絶対的な他者性を掘り崩すことになるのではないか。この点を疑問なしとしない。あるいはむしろ、ここにこそデリダのいう意味での正義と法の関係をコーネルがどのように追求していくかという課題が示されていると考えるべきかもしれない。コーネルは「脱構築とフェミニズムの同盟」（コーネル 2003:197）を推進するとともに、一方では実定法の改正を提案し、分配的正義の体現者である「ロールズとの同盟」（コーネル 2006:248）を主張している。ここにコーネル自身が正義と法との対立しつつ相補的な関係をみずからの課題として抱えこんでいることは明らかだ。

もうひとつの問題はこうである。コーネルのいう女性的なものがレヴィナスとデリダのいう他者に通じるとしても、法の外側に存在すると思われる他者は女性だけではない。コーネルが他者として女性的なものをまずとりあげるのは、彼女がジェンダー構造をもつ社会に生きている女性だからである。「私とデリダとの主たる違いは、私たちは性差の内部から出発しなければならないということ、さらに具体的には、神話を語り直すこととそのメタファーを作り直すことを通して女性的なものを肯定する必要があるということに、私がこだわっているところにある」（同上:269）。だが、他者が女性的なものに収斂しない以上、女性が優先的な主題となるとはかぎらない。他者のなかに相互の比較を可能とするなんらかの同一性をもちこむことは許されない以上、他者を分類し、他者のあいだに優先順位をつけることはできない。他者は女性にかぎらないゆえに、たとえば、ポストモダニズムとケアの倫理との結合を考えるセヴェンヒュイセンは、『ポストモダン倫理学』の著者バウマンを論じたさいに、大文字の他者（デリダの文脈での他者）に女性を付け加えなくてはならなかった。「近代の倫理学では、バウマンのいうように、大文字の他者は私たち自身の抑圧された「裏面」を表わしている。それはバウマンのいうように動物であり、また――バウマンは挙げていないが、ボーヴォワール以降、私たちが知っておくべきように――女性である」（Sevenhuijsen:18）。女性と動物の並置をどのように解釈し評価しようとも、女性と動物（さらには自然〉が並置されるのは、どちらも〈同〉から外れた存在だったからである。だからこそ、本書の問題構成のなかに、第二章や第三章で論じたように、人間以外の動物、自然が入ってきたのだった。

四　ケア関係における他者

コーネルの議論を経た今、以下の三つの問いに答えを出す準備が整ったように思う。第一に、レヴィナスとデリダの議論はケアの倫理とどのような関係をもちうるか。第二に、その他者概念をケアの倫理は利用することができるか。第三に、マッキノンとコーネルによるケアの倫理批判に留意しつつ、ケアの倫理を支持する男性の論者のスタンスの問題である。

第一点。本書が「正義と境を接するもの」の表題のもとにケアの倫理を扱っているのは、第一章に記したように、一律の普遍的原則にもとづき、対等とみなされる成員間でのみ成り立つ規範のみを倫理の内実とみなす倫理理論にたいして、ケアの倫理が異議を申し立てるものだからである。同種の集団のなかでの分配的正義とは異質の倫理を提言する点で、ケアの倫理はデリダの正義観念と批判の対象を共有している。構造的には、ケアの倫理のいう正義の倫理はデリダの議論における法の位置を占め、ケアの倫理が正義の位置を占める。しかしながら、その倫理理論の内実は次に記す第二点によってはっきりと分袂する。

第二点。ケアの倫理の他者概念は、レヴィナスとデリダのいう意味での他者概念とは異質である。なぜなら、ケアする者とケアされる者とのあいだには、同一性や共通性を徹底して排除した他者概念を適用することはできないからだ。

ケアの倫理のなかには絶対的な他者概念の援用を試みる論者もいる。ノディングスがそうである。「ケアされる者の優先はレヴィナスの他者の優先と考え方が似ている。私たちは特定の他者に会うまえでさえ道徳的な責務を負っている」(Noddings 2002:304)。第八章にみたように、ノディングスはケアされる者に自分の理解を押しつけることを厳しく控え、ケアされる者のニーズを受容しようとしている。その脈絡から、ケアされる者の優先を説くことは彼女のもともともっていた立場から理解できる。さらに、上の引用は、第九章にみたように、ケアの対象を目前の他者から拡大した著作のなかでいわれていることである。それゆえ、そこにいう他者は身近な人びとを超え、共同体の外部、異邦人にまで及んでいるはずである。しかし、畢竟、ノディングスはレヴィナスと一致しないように思われる。こう続けているからだ。「ケアの見方からすると、「私」はケアされる者でありうる(実際、最初はそれであらざるをえない)という点に強調点の重要な違いがある。「私」はつねにただ応答する道徳的行為者であるとはかぎらない」(ibid.)。このような相互性を強調するかぎり、自己との非対称性を本質とするレヴィナスの他者概念と同視することはできない。

テクスト理論から出発したデリダの正義および他者の概念は、直接には生や身体に依拠することがなくても成り立つかもしれない。これにたいして、ケアの倫理の論者がそろって主張しているのは、人間の傷つきやすさがケアを要請するということである。ケアする者とケアされる者はこの傷つきやすさ、生のうつろいやすさを共有している。傷つきやすさは、畢竟、適切なケアなしには生が存続できないことを意味している。身体は生を維持する基盤だから、身体それ自体がケアの対象である。このように考えると、ラディックをはじめ、ケアの倫理の論者が母親と出生後間もない幼児との関係をケア関係の範型とみなすのは、生の損なわれやすさがそこに最も端的に示されているからだと解釈することもできるだろう。

自己と共通性をもつ他者は、レヴィナスやデリダの他者ではない。しかしまたサルトルの他者でもない。だとすれば、フッサールの自然的態度、ハイデガーの日常性における他者にすぎないということだろうか。ベナーらの議論は日常性を出ないように見えると先に記した。だが、そこにとどまるとはいいきれない。ベナーらは一方で、メルロ＝ポンティを援用してケア関係を分析する可能性を示している。メルロ＝ポンティは自然的態度と超越論的態度を峻別することができないことを指摘し、鷲田清一によれば、「自然的態度がじつは隠れた超越論的態度にほかならないことをあきらかに」(鷲田:112)した現象学者だった。前述の「根源的なひと(On primordial)」にそのことは端的に示されている。一方、ケア関係もまた日常的に自明な理解におさまるわけではない。しかし、現象学者の多くはまさに日常的な理解を突破するためにそれぞれに超越的契機を導入していた。フッサールではエポケー、ハイデガーでは死への先駆的企投、サルトルではまなざしとしての他者、レヴィナスやデリダでは絶対的他者性がそれである。いったい、ケアの倫理のなかに、日常の因習的な理解を断絶してケア関係を捉えなおすための超越的契機があるだろうか。あるとすれば、何がそれでありうるだろうか。第八章に示したように、ケアの倫理は生から離脱した超越を嫌う。そのケアの倫理に超越的契機があるとすれば、それは私たちがともに生きているというまさにこの生の現実への驚きにほかなるまい。最も深みに達したケア関係では、存在しないのではなく生きていること、出会わなかったのではなくともにここに居合わせていることそれ自身が超越としてうけとめられるにちがいない。これはこの理論の底部に届いた解釈だと私は考える。

しかしながら、ケアの倫理はもともと性差と結びついて展開されてきた。このように傷つきやすさ、生一般に論点を移してしまうと、その経緯を見失ってしまうのではないか。つまり、ケアの倫理を「脱ジェンダー化」(上野:33)しているのではないかという疑念が生じる。第三点、ケアの倫理を擁護する男性の論者のスタンスの問題に移ろう。

マッキノンの論法にしたがえば、女性と結びつけられたケアを女性が称揚することは既存の性差別を女性の側から強化する愚に通じる。この論法を男性にあてはめれば、女性によるケアの称揚は男性の論者にとってもともと自己利益にかなっている。そのうえ、ケアの倫理を脱ジェンダー化することは、ケアがこれまで女性に押しつけられてきたそのジェンダー構造を隠蔽かつ温存するのに役立つことになる。だが、既存の性役割は男性にとっても抑圧として働く面がないわけではない。ここで、コーネルがマッキノン批判のなかで用いた性差の隠喩表現を援用しよう。マッキノンは女性の欲望を男性支配にたいする順応として斥ける。これにたいして、コーネルは「なぜ身体を受容の位置として思い描かないのだろうか」「自ら閉じてしまうことは官能的な快楽を失うことである」（コーネル 2003：339）と反問する。「享楽を犠牲にして自己のための要塞を作り出す」（同上）のは男性的暴力性にほかならない。マッキノンでは、男性におけるのと同様、「自己主張が「硬くなること」と同一視＝同一化されれ」（同上：340）ている。欲望を論じる文脈だから、当然、勃起したペニスを含意している表現だが、硬直した自己同一性というこの姿勢は、ケアが重荷となるのを恐れてケアしない態度、したがって、第十章に言及したオーキンが諷刺したノージックのリバタリアニズムの態度、しかもオーキンに賛同するキムリッカの描くリベラリストの自律概念そのものではあるまいか。男性の論者（少なくともその一部）がケアの倫理に惹かれる契機には、こうした硬直した自己同一性にたいする疑念があると思われる。かたくなに強く自己を押し出す自分自身に暴力性を感じておぞましく思ったことはないか。それによってどうにか自己が守られうるものだとすればそれによって武装された内面はひょっとするとむなしいものなのではあるまいか。逆に、他者に応答することで自分が変容されていくことにみずみずしい驚きを覚えたことはないだろうか。思いがけなくもそこから得られる快楽がありはしないか。譲らぬ自己主張をとおして他者から自分が必要な人物だという承認をとりつけた功績を誇る以前に、心の底をたたけば、自分自身が他者に「必要とされることを自分が必要としている」（武井：177）のではあるまいか。一般化すればそこには、傷つきやすさと生のうつろいやすさの認識がある。(5) ケアする者の大半が歴史的に女性であったことは事実である。そのために男性がケアする者としての自分を見出しがたいとすれば、男性は、ケアする相手の受容を契機に自分のなかに「ケアする者」が動き出すのを見出さなくてはならない。セヴェンヒュイセンの言に耳を傾けよう。これからの道徳的主体に要請されるのは、「これまで学んできた「自分は依存しない」という考えをほぐして（unlearn）、自分自身の「ケアする声」に耳を傾けつつ、ケアのネットワークのなかで自分がつきあう人びとのさまざまな生きた声によって自分自身と他者とのあいだに横たわる空隙を満たしていく」（Sevenhuijsen : 19）ことなのである。

第十二章　むすび

本書は「正義と境を接するもの」という表題のもとに、第一部にヨナスの責任原理、第二部にギリガンに始まるケアの倫理をとりあげてきた。第一章に記したように、この二つの倫理理論をひとつの問題系のなかで論じることが本書の独自の視点である。最後に、本書がいかなる点に両者の共有する特徴をみたか、その共通の特徴は正義を基礎とする倫理理論のもつ特徴とどのような点で対照的かについてふりかえる。

一　責任原理とケアの倫理が共有する特徴

責任原理は責任（Verantwortung, responsibility）を、ケアの倫理はケア（care, Sorge/Fürsorge）を基礎とする。まずは、一方の倫理理論のなかで他方の倫理理論の基礎はどのように語られているのか、みてみよう。

ケアの倫理において、責任を果たすことはケアすることそのもののなかにすでに含まれている。発達モデルとしてのケアの倫理がめざす理想は、誰かが誰かによってケアされており、誰もがそこからもれることのないケアのネットワークを樹立することである。したがって、応答（response）することができること（responsibility）、すなわち責任を担うことがケアの成り立つ基礎であり、逆に、呼びかけを無視することがケアの倫理では根本的に悪である。他方、責任原理にいう責任が行為の事後に発生するものではなく、未来にむけて配慮し、ケアする責任（Fürsorgeverantwortigkeit, Fürsorglichkeitverantwortlichkeit, Sorgeverantwortigkeit）（レンク：144）であることもしばしば指摘されている。ヨナス自身、ケア（Sorge）に言及している箇所もある。ヨナスはそこで、ケアが第一にめざすのはケアされる対象の福利だが、それと同時に、ケアする者もまたケアをとおして善となりえ、かつまた、善となる責めを負っていると説いている[1]。第八章にみたように、ノディングスは、ケアは倫理的自己の維持と成長を内に蔵し、しかも倫理的自己は他者へのケアをとおしてのみ成立すると説明していた。両者の符合をみるのはたやすい。

しかし、以上のように個々の概念を比較したところで、それだけでは、たんに責任とケアの両概念の親和性を証拠立てる結果を得るにすぎないだろう。本書では、二つの倫理理論を「正義と境を接するもの」という表題のもとに論じている。したがって、正義に基礎づけられた倫理との対比によって両者の共有する特徴をあげなくてはならない。それを箇条書きにまとめれば、以下のとおりである。

（一）　責任原理にいう責任は、責任を担う者と責任の対象とのあいだの非対称的な力関係に成り立つ。ケアの倫理にいうケア関係も、ケアされる者がケアする者の援助を要するので非対称である。近代の倫理理論の多くは対等で相互的な関係に依拠し、そこに成り立つ正義や権利によって基礎づけられる。責任原理とケアの倫理はこの点で近代の倫理理論の正統的なタイプとは鋭い対照をなしている。

（二）その結果、対等で相互的な関係にもとづく倫理理論のなかでは（歴史的には）せいぜい周縁的にしか位置づけられてこなかった存在者を、二つの理論は主題的にとりあげることができた。責任原理では、未来世代と人間以外の自然がそれであり、ケアの倫理では、女性、子ども、老人、病人がそれである。むろん正義に依拠する倫理理論も、未来世代、女性、子ども、老人、病人などを論じられないわけではない。だが、正義にもとづく倫理はその存在者に尊重されるべき権原を授与するために、現実の非対称性を捨象し、その存在者を対等な関係にまで「上昇」（Baier:28）させ、その結果、変容してしまう。たとえば、アーペルのように、未来世代の存在を反事実的に先取りすることは可能だが、この場合には世代間の不可逆な時間の違いを捨象してしまわざるをえない。また、人間以外の自然については、人間同士の対等で相互的な関係を基礎とするかぎり、人間の福利を実現するための手段としてしかみなされない。これらの存在者についてその特殊性を保ったまま主題化するには、正義ではなく他の概念を要する。それが責任やケアなのである。したがって、これらの存在者を適切なしかたで配慮することができず、場合によっては、人間以外の自然の例のように尊重すべき範囲から排除してしまう点で、責任原理やケアの倫理は正義の倫理にたいして異議を申し立てているわけである。

（三）責任原理とケアの倫理が非対称的な関係を重視するその根底には、人間の傷つきやすさ、生のうつろいやすさについての鮮烈な認識がある。

（四）ヨナスは乳飲み子を責任の範型とした。ラディックやノディングスは子育てをケア関係の範型とした。これは偶然の一致ではない。乳飲み子は、最も傷つきやすく、生を奪われやすい存在だからである。

（五）ケアの倫理はすでに生まれている子どもの育成に力点をおく。これに比べて、責任原理はさらに遠い未来世代を思い描く傾向にある。だが、いずれにしても、両者が倫理の範型におく乳飲み子への配慮は、当然、次世代の存続への配慮に通じている。これにたいして、対等な関係にもとづく正義の倫理からは、次世代を産み、育てるべしという当為を導出することはできない。だとすれば、正義にもとづく倫理は正義の存続を責任原理やケアの倫理に依存していることになる。

（六）とはいえ、責任原理やケアの倫理が乳飲み子の成育に力点をおくのは、それが今は尊重すべき条件を欠いているけれども、いずれ将来の正義の共同体の成員となることが約束されているという理由からではない。それだけなら、二つの理論は正義の倫理の補完部分にすぎなくなってしまうだろう。責任原理を論じた第五章に記したように、人間の尊重すべき側面（本体としての人間）を尊重するにはまるごとの人間（現象としての人間を含めた全体）が守られなくてはならない。ケアの倫理もまた「経験界の存在としての、新生児を畏敬の対象とする」（Held 2006:92）と明言している。責任原理とケアの倫理がこの共通の態度を示すのは、（三）に記した点から類推されるように、一切を支える基盤として生そのものをそれ自身として尊重しているからである。

（七）ケアの倫理はケアする相手のニーズをくみとるために推論能力よりも感受性を重視する。責任原理は、未来への因果的影響を推測するために入念な推論を要請するが、その倫理の範型である乳飲み子の例でわかるように強い感情をともなう直観的な把握を重視する。この点も合理的推論や理性に依拠する近代の多くの倫理理論と、両者が異質なところである。

二　分配的正義への回収は可能か

しかし、二つの理論が、つまるところ、生の損なわれやすさや傷つきやすさに注視するものだとすれば、正義の倫理の擁護者は、正義こそがそれらにたいしても的確な対応ができると主張するだろう。その反論の根拠はこうである。まず、非対称的な関係の根底には対称的な関係がある。およそ尊重されるべき存在者があるなら、その存在者同士はそれが尊重されるべき理由においては同等でなくてはならない。健常な成人、乳飲み子、子ども、病人、老人は人間であることにおいて平等であり、この点に非対称性を顧慮する必要はない。つぎに、生の損なわれやすさ、傷つきやすさを守るためには資源、財ないし善（goods）が必要である。すべての人間は、人間であるかぎり、生きてゆくために必要に応じて財を供給されるに値する。必要な財を各人に適切に供給することこそ、まさに分配的正義が近代において意味を変容しつつめざしてきた課題だった、と。実際、第九章に記したように、権利をニーズに基礎づけようとするケアの倫理側からの発想と、正義の倫理の擁護者のなかの、積極的自由を実現するために必要な財を個々人に再分配することを支持する論者の発想とは重なり合う。したがって争点は、人びとにそれぞれの必要とするものを供給することの是非ではない。ただ、その根拠を正義の倫理の諸観念を用いて語るのが適切なのか、別の語り口で語るほうが適切なのか、がそれである。

正義の語り口で語ってみよう。誰しも自分が生きていくのに必要な財に値するということは、各人がその財を入手する権原をもち、権利をもつということにほかならない。さて、人格Pがxへの権利をもつとき、その権利がP以外の人格に課す義務には二つの種類がある。ひとつは、人格Pがxを獲得しようと努力するとき、他人はその努力そのものを妨害してはならないという場合である。ただし、他人もまたxへの権利をもつかぎりは、公正な競争をつうじてP以外の人間がxを入手することは不正ではない。たとえば、被選挙権のあるPが選挙に出馬するとき、被選挙権のある他の人間は、Pの選挙運動を妨害してはならないが、自分も出馬して結果的にPが当選する障害となることは許される。もうひとつは、人格Pがxを入手するためにP以外の（一部の指定された）人格は積極的にPに助力しなくてはならないという場合である。たとえば、Pが義務教育をうけるのに、Pの親はたんに妨害をしないだけではなく、Pの権利の充足に努めなくてはならない。ところで、生存は爾余の権利が成り立つための先行条件である。それでは、生存への権利は、生存に必要な財を供給する義務を他者に課すほど強い権利だろうか。しかしながら実質的には、不当に殺されない権利にとどまるほかあるまい（Thomson:45ff）。なぜなら、資源は有限だからである。第四章に言及した医療資源の分配はまさに資源の有限性を前提として成り立つ問題だった。延命に必要な資源を供給する義務を解除するには、正義の倫理の内部で語るかぎり、人間の一部を人格、すなわち生存への権利の保有者から外すことになるだろう。ここに、「できない」が「しなくてもよい」に変換される。だが、それが事態の適切な表現だろうか。権利と正義の語り口で語ることは、生きるためのニーズを保証するのに強い武器を提供するとともに、反面、その正義が現実に遂行されえないときには、今述べたような論理に通じてしまう。そこに問題が残る。

留保しておかなくてはならないことに、正義の倫理の擁護者がみな、傷つきやすさや生の損なわれやすさを分配的正義によって守ろうと主張するわけではない。本人が自分の運のうえに努力と能力でかちえたもののみが、分配の基準である功績《メリット》に数えられるべきだという議論もある。第十章に言及したリバタリアニズムがそれである。それによれば、分配されるべき財がもともと特定の誰かが作り出したものである以上、すべての人間が共通にもっているような性格は分配の基準にはならない。傷つきやすさは共通の性格に含まれる。さらにいえば、人間の尊厳もそうである。尊厳を有することが分配の根拠にならないという議論は不合理といいきれない。財が市場価値で計られるかぎり、それに対応する人間の価値は市場価値や感情価値であって、尊厳という内的価値ではないからだ（Kant 1968a : 434-435）。これはそれなりにすっきりした説明である。しかし、人間の傷つきやすさは厳として存在する。鋭敏なノージックは、当然、そこに気づいていた。『ヴェニスの商人』のなかで裁判官に扮したポーシャがシャイロックを諭す台詞、「慈悲が正義をやわらげる（Mercy seasons justice）」（Shakespeare 2003 : IV,1,193）を想起させるかのように、ノージックは「しかし、正義は思いやりによってやわらげられるべきではないか（But isn't justice to be tempered with compassion?）」（Nozick : 348）と註に書き記す。正義を超えたものがここに顔を出しているわけである。だが、正義の倫理のなかでは、慈悲や思いやりは不完全義務としていずれにしても副次的なものとして位置づけられる。これにたいして、責任原理やケアの倫理はいっそう根底的な観念として責任とケアとを打ち出したのである。

以上述べてきた議論では、ニーズを満たすための物質的資源の供給が争点であった。しかし、第一章に確認したように、もともと分配的正義のもとで分配されるのは、物質的資源ではなくて政治に参加する資格だった。だとすれば、問題を別のしかたでくみたてることもできるだろう。すなわち、争点は、満たさなくてはならないニーズを基準として、それに比例して資源を分配すべきかどうかということではない。むしろ、傷つきやすい立場の主張を公共的な議論の場に載せることが保証されているかどうかという点にある、と。議論をそのように展開するとどうなるだろうか。正義の倫理の擁護者はまさに正義の倫理こそがそれを保証していると主張するだろう。女性や老人はもちろん発言権を保証されている。子どもや、さらには未来世代、人間以外の自然についてさえも、発言権を保証されている者の誰かが代弁者となってその利害を主張するつもりがあれば、その発言を保証される、と。一方、ケアの倫理の擁護者は、その権利は形式的であって、実際には、ケアの不可欠性を主張する「もうひとつの声」が聞き届けられることはなかったし、今もそうではないと論駁するだろう。第十章にとりあげたヘルドはまさにそのゆえに、共同体の成立の場面にさかのぼって論じているわけである。

こうして、第六章に示した論点にたちもどる。第六章に記したところでは、責任原理は未来世代や人間以外の自然にまなざしをむけることで、討議倫理学のいう正義が確立されている討議共同体の外部から異議を申し立てるという機能を果たしている。だが同時に、責任原理が指摘する傷つきやすさ、生のうつろいやすさは共同体の成員に共通の性格でもあるゆえに、責任原理の主張は討議の内部でも機能する。それは討議の内部で機能するかぎり、多数の見解のなかのひとつとして、その異質性が看過されたり、過小評価されたりする傾向をもつ。ケアの倫理についても同様である。それは次代の存在を要請することで、正義の倫理では導出できない、正義の倫理の外部から異議を申し立てるという機能を果たしている。だが同時に、すべての人間はケアされる必要のある相互依存的関係にあると主張することで、正義の倫理が妥当している共同体の成員が共有する性格を指摘し、正義を補完する役割を果たしてしまうのである。とりわけケアの倫理は責任原理以上に、内部化してあつかわれやすい。というのも、それはすでに正義の倫理の擁護者からすれば正義の倫理が妥当している共同体の成員として認められているはずの「女性」の声として主張されてきたからである。この点に関連してホネットの議論を参照しよう。

三　「正義の他者」と「正義と境を接するもの」

ホネットの関心は、討議倫理学にたいするポストモダンの倫理学による（と彼がまとめている）批判とそれへの応答にある。討議倫理学は「カントにさかのぼる道徳理論の伝統全体と共通の前提」（Honneth：140）、すなわち「すべての人間が相互に自由で等しい人格として尊重されるべきだ」（ibid.：141）という確信から出発している。[2]ところが、この倫理理論の枠組みでは「特殊性の契機が脅かされている」（ibid.：134）と、ポストモダンの倫理学は異議を申し立てる。その指摘する特殊性の内容によって三つの立場に分かれる。言語行為の単独性（リオタール）、すべての人間存在のあいだの廃棄しえない差異（ホワイト）、個々の人間は助けを必要としていることをぬきさしならぬ構成要素としていること（デリダ）がそれである。ホネットによれば、最後の立場のみが「カントの伝統に立つ近代の倫理理論にたいする真の挑戦」（ibid.：135）である。というのも、デリダの主張は正義にかわるものに依拠しているからである。ホネットのまとめによれば、デリダは「道徳にとっての要点である特殊性の契機に顧慮を保証するのは、正義の視点の拡大ではなく、正義の他者、人間的なケア（Fürsorge）である」（ibid.）と主張している。だとすれば、その争点は明らかに本書がたどってきたケアの倫理（ないし責任原理）による正義の倫理への異議申し立てそのものではないか。しかも、本書の表題が「正義と境を接するもの」であるのにたいして、ホネットはデリダの文脈におけるケアについて「正義の他者」という表現を用いている。しかし、本書ではすでに第十一章において、デリダの議論とケアの倫理との違いを論じていた。また、のちにみるように、ホネットのデリダとギリガンとにたいする評価はかなり異なる。したがって、ホネットの評言をとりあげることで、本考察の主題としてきたケアの倫理、さらに責任原理の性格づけを再確認する助けとなるだろう。

ホネットはデリダの立論をおよそ次のように概括する。デリダは友愛の分析において他者との関わりの二つの次元を指摘している。ひとつには、「他者が具体的で代替できない個別の人格として現われる次元」であり、ここでは相手の独自性ゆえに「非対称的な性格をもつ責任の原理が支配している」（ibid.：156）。だが、これだけではその他者との関係は友愛ではなく愛になってしまう。そこで友愛にはもうひとつ、他者が「一般化された他者の役割を帯びて登場する」(ibid.:157)次元がある。ここでは自他の一般性ゆえに「社会の内部を規制する制度化された道徳原理」(ibid.)が支配している。この二つの責任の緊張関係から友愛は成り立つ。第十一章に言及した正義と法の関係はこの両者の関係に対応する。一方に、計算や対称性と無縁な正義があり、他方に、社会の規則として妥当する法としての正義がある。だが、両者はたんに対置させられたのではない。「具体的な他者の「無限性」にむかう正義」「個別の人格の「絶対的他性」にむかう正義」(ibid.:159)こそがデリダにとって主導的な理念である。デリダは「その代理できない個別性のために計算しがたく、それゆえに、無限の援助を私につきつけてくる人格」(ibid.:162)というレヴィナスの他者観念を継承しているからだ。だが、ホネットは両者に違いもみる。「デリダにとって、平等な処遇とケアは道徳的志向の二つの異なる源泉であって、そのあいだに連続的移行は不可能である。レヴィナスのほうは連続的移行を仮定しているようにみえる」(ibid.:164)。だとすれば、デリダはレヴィナス以上に正義の倫理にたいするいっそう厳しい論敵であることになるはずである。ところが、ホネットはデリダの指摘した対立を生産的と評価している。「なぜなら、修正を加えつつ一歩一歩、平等な処遇を実現していく実践的な試みの方向づけを可能にする道徳的理想を、ケアの視点はたえず繰り返し開示するからである。というのも、個別の人格に愛情のこもった注意をむけるなかで形作られる種類の責任のみが、他のすべての人間が被りうる苦しみを知覚しうる道徳的センスを生ぜしめるからだ」(ibid.:165)。ホネットのこの理解は適切だろうか。法と厳しく対比された正義によるたえざる問いかけを「一歩一歩、平等な処遇を実現している実践的な試み」というふうに予定調和的に語ることができるだろうか。むしろ、同はつねに他の審問にさらされており、同が拡充、充実すればするほど、他の審問によるその顚倒の脅威はますます衝撃度を増すのではないか[3]。こうした疑問が生じてくる。ホネットが右のように理解したのは、法と対比された正義を統制的理念のように捉えているからである。その理解はレヴィナス理解にも窺われる。「道徳的なものの二つの異なる視点が、しかし、ともに「正義」

の態度として特徴づけられ、だから、正義はたえず正義自身を超え出てゆくという驚くべきテーゼを定式化することができた」(ibid.:163)。たしかに、二つの視点はともに正義に属す。けれども、この解釈ではその点を強調するかわりに、デリダやレヴィナスが峻烈に提起した、超え出られてゆく正義と超え出るように迫る正義との鋭い対比は背景に退いてしまう。けれども、デリダ、レヴィナス解釈の当否にこれ以上立ち入るのをやめて本書の主題にもどろう。

　個別の他者に傾注することで他者の苦しみにたいする感受性を増すというのであれば、ホネットは同じ理由からケアの倫理も評価するようにみえる。しかし、その評価は一転して辛い。ホネットはまず、「相互的な義務づけを顧みずに具体的他者に注意をむけ、自発的に具体的他者を助け、支えるという道徳的態度が、カントにさかのぼる討議倫理学のアプローチでは等閑視されている」(ibid.:165-166)というふうにギリガンらの非難をまとめ、しかし、この抗議は「体系上の重要性をもたない」(ibid.:166)と切って捨てる。なぜか。「どの人格も代替できない個人として実践的討議のなかにひきいれられるが、討議の対称性の前提の要求からして、特殊なつながりは捨象され、したがって、ケアの視点は背景に退けられる」(ibid.)からである。とりわけ競合する利害のなかで合意を形成する討議では、「同情や好意といった感情は作動しない」(ibid.)ようにしなくてはならない。したがって、それらの感情の根底にある非対称的な責任は排除されるというわけである。

　ケアの倫理の視点からみれば、ホネットのケアの倫理の理解はかなり浅薄である。ホネットはケアや非対称的な責任を固定した人間関係に結びつけてしまう。あたかも、ケアする人間は討議する以前から特定の人間の意見にのみ傾聴し、討議の進捗とかかわりなくその人間の主張や利害を重視するように決定づけられているかのようである。ホネットの描くケアの倫理の体現者は身びいきの強いかたくなな人間にすぎない。しかし、ケアの倫理の支持者からすれば、たとえば、他者を「代替できない個人」としてみるためにも、「競合する利害」の当事者各人の事情に耳を傾けるためにも、ケアする態度が必要である。たしかに、ある相手に傾聴しているあいだは、他のひとを同じ程度に気づかうことはできない。ケアする能力には限界がある。だが、今は注意をむけていない誰かがケアの対象になる可能性は開かれている。ケアは正義と対比されるが、だからといって、党派心やえこひいきと同義ではない。とはいえ、ホネットもケアの意義を認めぬわけではない。彼は、第十章でとりあげたオーキンと同様、幼時における教育効果を期待する。他者を無条件に平等に処遇する感受性が発達するのは、正義から逸脱した「際限なくケアされた経験」(ibid.:169)がある場合だけかもしれないからだ。だが、ホネットはそのまえにこう記している。非対称的な種類の「責任をすべての人間に同じしかたで要求するわけにはいかない」(ibid.)。ケアの倫理を支持するフェミニストならば、ここに、社会の営みに不可欠なケアワークを一部の人間だけに押しつける、本人が無意識に吐露してしまった言い逃れをみるだろう。ホネットのような犀利な論者が、なぜ、このような理解を示すのだろうか。ケアを「自発的な」援助と捉えるその理解から推測されるように、ホネットはケアを慈愛や親切等と同視している。それらは正義のように必ず要請されるわけではない。不完全義務にとどまる。そう考えるかぎり、倫理の基礎は正義かケアかという論争は重大な選択を迫られる問題とはなりえない。しかも、ケアする誰かがいるということは、ホネットにとって所与の事実なのだろう。非対称的責任は万人には要請できないとしつつ、子育てにおけるその意義を語るくだりには、誰もケアする者がいなくなるというような危機意識はみられない。それゆえ、ケアが存在しないときに人間関係や人間の共同体がどうなるかといった問いに深く立ち入らないのである。

それに比べてハーバマスは、ギリガンらによるコールバーグへの異議申し立てをはるかに自分の問題としてうけとめている。それについては、ブルクハルトからの引用に関連してすでに第六章四節に言及しているが、ここに説明を加えておこう。ギリガンの道徳性発達モデル(ケアの倫理)における最も成熟した段階では、自分自身を含めて誰もが誰かにケアされるべきだというふうに、特定の相手にむけられたケアと普遍性への顧慮とが統合する。ギリガンらの異議申し立てにたいして、コールバーグもまたその発達モデルの最も成熟した段階に、正義と善意の統合の導入を試みた。ただし、正義と善意とを異なる原理として抱え込むのでは、理論の統一が崩れる。コールバーグはそれを避けるために平等な尊敬という観念によって両者を結びつける。いかにしてその段階に到達するか。それは、第七章に記したように、彼の発達モデルにおける成長の徴、すなわち他者の役割に身をおく能力の成熟によってである。行為者は個別の他者の役割を取得していくが、すべての他者を平等に処遇することで、原理的にはどの他者の役割も取得できるようになる。その結果、個別の他者へのケアは普遍的他者、つまり他者一般の幸福を配慮する善意へと昇華される。コールバーグはこうした発達過程を描き出した。ところが、コールバーグのこの解決はハーバマスを満足させなかった。「自律的な行動能力をもつ主体一般としてどの人格も等しく尊敬することは正義を意味する。生活史によって個体化された個別の主体としてどの人格も等しく尊敬することは、（中略）平等な処遇とは別のことを意味しうる」（Habermas 1991:67-68）、つまり正義とは別のことを意味しうる。だとすれば、コールバークの議論では人格が主体一般と個別の主体のいずれをも意味しており、両義的である。ハーバマスはまずこの点を指摘する。だが、ハーバマスにとっていっそう看過できないのは次の点である。正義が対等で相互的な関係に立脚する以上、統合すべきは（一方的で自発的なものとみなされる）善意ではない。連帯でなくてはならない。「義務倫理学的に把握された正義は、正義の他者として連帯を要請する」（ibid.:70）。「正義は、代理できない、自己規定する個人の平等な自由に関わり、連帯は相互主観的に共有された生活形式において親しく結びついた同朋の幸福に関わる」（ibid.）。生活形式の共有が条件である以上、連帯は特定の共同体において形成されざるをえない。しかし、「普遍主義的道徳の構成要素としての連帯は、もちろん、他の集団にたいして自民族中心的に閉じた集合内部の関係に特殊に制限された意味を失う」（ibid.）。歴史的に形成されてきた共同体がここにいう連帯へと脱却するのは、共同体の成員が実際に等しくあつかわれる討議によってである（ibid.:71）。血縁でも地縁でもなく、討議こそが共同体全体の意志形成を生み出し、競合する利害を有する成員の結合を維持する。すなわち社会的妥当から道徳的妥当へと移行するというわけである。

ケアの倫理は——また責任原理も——次の世代の存続を主題としてきた。これにたいして、正義の倫理からは世代の存続を指示する当為を導出できない。そこがひとつの争点だった。ハーバマスの右の議論は、正義の倫理が妥当する共同体が成立してゆく経緯を説明したものといえる。その説明はそれ自体、コールバーグの発達モデルを踏襲している。ひとは狭隘な社会集団のなかに生まれ、そのなかでしだいに他者の役割を取得する能力を身につけ、ついには慣習的なものへの随順を脱却し、普遍妥当的な原理原則的思考に到達する。そういう発達過程が描かれている。しかし、その説明は責任原理やケアの倫理と違い、ひとが生まれる時点、生まれるまえにまではさかのぼらない。したがって、生まれない、つまり存在しない可能性が視野に入るわけではない。さらにまた、生まれてきたものが存在しなくなる可能性も主題ではない。一言でいえば、生の損なわれやすさ、うつろいやすさは主題ではない。ここでふたたび第六章五節に記した論点にたちもどることとなる。そこで責任原理について記したのと同様に、ケアもまた正義とは異質な原理である。それは、対等で相互的な関係にはない存在者、したがって正義が妥当する共同体の外部として性格づけられる存在者との関係を表わしている。けれども一方で、ケアの倫理がすべての人間はたがいに依存していると宣言するとき、それが適用される対象の外延は正義の共同体内部の成員も含むことになる。それとともに、ケアは人間に共通する性質にもとづく共感として内部化され、(4)特殊な対象にのみ適用される善意や好意等として周縁化され、正義の要件が満たされたうえで機能するものとして軽視される。デリダの文脈におけるケアやハーバマスのいう連帯は正義にとって異質なものでありながら、しかもまた、前者はそれ自体が正義を名乗り、後者は広義の正義の文脈のなかで無視できない位置を占めている。

だからこそ、ホネットとハーバマスはそれらを「正義の他者」と呼んだ。これにたいして、責任原理とケアの倫理は正義にとって異質ではあるが、正義が所与として前提している存在することそのことに関わっている。存在している人間は生きている者ばかりだから、生という主題はある意味で陳腐でさえある――「生きるなんて、だれにだってできるじゃないか」(ヤンソン:109)。だから、生のうつろいやすさ、損なわれやすさは鮮烈にうけとめられるとはかぎらない。一方、慈悲や思いやりのようになじみの観念と同種とみられるかぎりは正義にとっての他者ではない。こうして、責任原理とケアの倫理は、その異質性の点では正義の外部にあり、一方、その提唱する規範が正義の倫理のなかに内部化されるか、あるいは、両立しうるものとして処理できるかぎりはなじみの隣人のようにあつかわれる傾向にある。両者のこの微妙な位置づけを、本書は「正義と境を接するもの」と呼んできたわけである。

　しかし、存在することは――人間が生き物である以上、生きることは――依然として何よりも先になくてはならない。そのかぎりで、責任原理とケアの倫理の問題提起を否定することはできない。

　もちろん、この共通点とは別に、二つの理論のあいだには無視できない違いもある。その最大の違いは、ケアの倫理がその出発点において性差と結びついており、一方、責任原理は特殊な形而上学と結びついているという点である。本書はこの違いを無視して、一方を他方に還元しようとも、両者が同根だとも、両者を統合した統一理論が形成できるとも主張しているわけではない。責任原理はヘルドの指摘するような相互承認のプロセスにたいするまなざしを共有しておらず、ケアの倫理は責任原理の背景に控えるような生の哲学へのまなざしを共有していない。けれども、責任原理が受け容れられるためには、一挙に人類全体の視点に立つのではなく、責任を担う「われわれ」を形成する契機が必要だろう。ケアの倫理が生のもろさを強調し、かつまた、これまで正義の外部におかれてきた存在をとりあげるなら、人間の母子関係から出発するだけではなく、その背景に生と生き物に関わる問題系が広がっているだろう。二つの理論を「正義と境を接するもの」というひとつの視点のもとでみるとき、今後展開されるかもしれぬこうした可能性も示唆されてくるのである。

私たちの生は、人間同士のあいだで成り立つ正義が妥当する次元、ともに他の人間の必要とする相互依存の次元、そして、生き物としての次元を含んでいる。その順に、正義の倫理、ケアの倫理、責任原理があてはまるわけではない。生は多面的でありながら統一を成しており、それぞれの倫理理論はそれぞれの視点からその全体を別様に描き出す。本書は「境を接する」とか「合わせ鏡をみるようにして」といった比喩をくりかえし用いてきた。というのも、本書の意図は異なる理論の異なる視点からみえてくるもの、逆にまた、視野の外におかれてしまうものを描き出すことにあったからである。

註

第一章　問題の位置づけ

（1）高田三郎訳は訳語「配分」をあてているが、原語 dianemetikon が distributional と英訳されることから、経済学の訳語の慣用にしたがって、ここでは「分配」と記す。「配分」という訳語は allocation にあてる。
（2）アダム・スミスが市場をつうじた分配をきわめて肯定的に語ったことを、国家介入を最小限にとどめる現在のリバタリアニズムのレッセ＝フェールの主張と同視することは、フライシャッカーによれば、時代錯誤である（Fleischacker:4）。というのは、十八世紀には、現在の分配的正義の概念はまだできていなかったからである。
（3）アリストテレスが矯正的正義について説明するなかで、加害者の利益と被害者の損害とを単純な算術的比例によって回復する困難を指摘している点は、現代でも依然として問題である。とくに加害者が国家の定める刑罰によって償うことが被害者のための救済にとって無力であるという指摘から、被害者の精神的な快復、加害者と被害者および共同体のメンバーとの関係の回復を目標とする修復的正義という主張が生まれてきた。修復的正義については、第九章「ケアの倫理、法、ニーズ」に言及する。

第二章　ヨナス『責任という原理』の問題提起——自然、環境、人間

（1）本章は、関西哲学会第五十一回大会シンポジウム（共通課題「環境としての自然」、一九九八年十月十一日、大阪大学）における報告をもとにしている。それを活字化（品川 1999a）したさいに紙幅の都合で割愛した引用箇所を註のなかに加筆した。
（2）「世界があるべきかという問いは、神的な創造主にとっても、世界のあるべきことが善の概念からして創造の根拠であるという仮定、すなわち、神が世界があるべきだとみなしたから神は世界を意志したという仮定を含んだ世界の創造についてのあらゆるテーゼからも分けられる」（Jonas 1984:92）。
（3）「自我は空間的な位置に関しては零である。すなわちそこからみて私の身体をも含めた一切のものが、より近くあるいはより遠く「そこに」位置しているような零である。（中略）この体験によって私は、身体にたいして、動物にはない距離を保つことになる。（中略）動物はそのからだである」（Plessner:56）。
（4）「精神的存在はそれゆえもはや衝動や環境に拘束されておらず、環境から自由であり、われわれの名づけるところでは世界に

開かれている。そのような存在は世界をもつ。さらには、動物のみがもっていてそのなかに脱自的に関わっているような自分の環境の、根源的に与えられている抵抗の中心や反応の中心を対象に高め、この対象のかくかくしかじかのありかたそのものを把握することができる」(Scheler : 32)。

(5)「土地倫理は、ヒトという種の役割を、土地という共同体の征服者から、たんなる一構成員、一市民へと変えるのである。これは、仲間の構成員に対する尊敬の念の表われであると同時に、自分の所属している共同体への尊敬の念の表われでもある」(レオポルド : 314)。

(6)「われわれは地球の生態学を混乱させ、無数の生き物を絶滅させ、地球の気候さえ変えている。こうした結果を避けるように、行動を抑制しようとすべきか。もちろん、われわれの生息地を保存し人類の存続を保証したいならそうすべきである。これは実践の知恵だ。しかし、これは人間中心主義の考え方である」(Watson : 252)。

(7) 個人の選好のままに自然を搾取することを是認する強い人間中心主義と、長期的視野からそれを抑制する弱い人間中心主義とを分け、後者を主張する立場がある。たとえば、ノートンがそれである。「弱い人間中心主義は、個人が感じた選好が合理的な場合もあれば、(合理的な世界観と調和しないと判断されることができたならその意味で) 合理的でない場合もあるということをわきまえている。ここから弱い人間中心主義は自然をただ搾取するような価値体系にたいする批判の土台を提供する」(Norton : 135)。

(8) 人間の立場は牧人にも庭師にも例えられる。「(アダムに代表される) ひとは神によってエデンの園に「園を美しく保つ」ためにおかれた。「園を美しく保つ」ことは、牧畜の「スチュワードシップ」の比喩の園芸版である」(Callicott 1994 : 16)。

(9) ワトソンが人間中心主義を支持する「理由のひとつは、われわれは人間中心主義的道徳宇宙によって考えるからである。他の生き物はどれも道徳的に中立なものとみなされる。その行動はよくも悪くもない。われわれはただ人間の行動だけを道徳によって評価する」(Watson : 253)。

(10) ネスはディープ・エコロジーを擁護する論文をこうしめくくっている。「最後に、私はプロタゴラスの「人間は万物の尺度」ということばのなかには測られるものについてはなにもいわれていないといっておくのが適切かと思う。人間は、人間だけがものさしをもつという意味で万物の尺度かもしれないが、人間が測るものは人間自身や人間の存続より大きいかもしれぬ」(Naess 1984 : 270)。

(11) キャリコットによる土地倫理批判がその例である。「アルド・レオポルドの土地倫理におけるように、ひとびとが「生命共同体の一構成員、一市民にすぎな」いことが (中略) 生命共同体の他の構成員、市民と生命共同体にたいする倫理的責務を生み出すなら、他の生き物は同様に構成員、市民であるのに、どうして他については、生き物の私たちにたいする、あるいは、生き物同士への同様の責務が生じないのか、説明しなくてはならない」(Callicott 1994 : 22)。ヨナスはまさにこの説明を用意している。

(12)「世界が一つになったように見える今では、異なる文化の刺激が自然の特殊性を圧倒し去ろうとするかに見える。しかしながら自然の特殊性は決して消失するものではない。人は知らず識らずに依然としてその制約を受け、依然としてそこに根をおろしている。かかる過去の伝統から最も勇敢におのれを解放したかに見えるロシア的日本人たちでさえも、その運動の気短い興奮性においていかによく日本の国民性を示していることだろう。変化に富む日本の気候を克服することは恐らくブルジョアの克服よりも困難である。我々はかかる風土に生まれたという宿命の意義を悟り、それを愛しなくてはならぬ。かかる宿命を持つということはそれ自身「優れたこと」でもなければ「万国に冠」たることでもないが、しかしそれを止揚しつつ生かせることによって他国民のなし得ざる特殊なものを人類の文化に貢献することはできるであろう」(和辻 1979 : 243-244)。「ロシア的日本人」とは、もちろん、当時の日本のマルクス主義者を諷した表現にほかならない。これにたいして、戸坂潤は「誰か自分の運命を愛しないものがあらう。自分を愛せよ、と云ふ場合には、すでに何かの伏線があるのだ」(戸坂 : 156)と批判する。戸坂の解釈では、和辻哲郎が前提とするその伏線とは、「科学的な分析は日本的現実を分析し得ないといふ、極めて卑俗な迷信」(同上)である。

(13)「同情、あわれみ、(中略)愛はここでは問題ではない。私の考えているのはまさに、ここでは、たんに存在として現にあるもの(ontisch Daseiende)の存在すること(Sein)が、他者にとっての当為を内在させ、明らかに含んでいるということであり、かりに自然が力強い本能と感情をとおしてこの当為の手助けをしないとしても同様であろうということである」(Jonas 1984. : 235)

(14)この一節はヨナスの人間理解の核心を伝えている。「人間が人間らしく責任をとる候補者であるという点で優れているとしても、だからといって、人類がこの地上で行ったことの帳尻とはなんの関係もない。ソクラテスの存在やベートーベンの交響曲は、全体の正当化のためにまことに引き合いに出されてしかるべきだが、今後も並べ立てられよう「人間の手による」ぞっとすることども(それを形容するさいに人間は動物の名を侮辱してはならない)と突きあわせてみれば、評価者の傾向によっては、帳尻がマイナスになることも十分にありうる。(中略)しかしながら、人類の実在がつねに最初に来る。(中略)責任が存在する可能性が、なにより先行している責任だからである」(ibid. : 186)。

(15)「有機体のどの器官もある目的をもっており、機能によってその目的を果たす。個別の機能が仕えている統括的な目的は、有機体が全体として生きるということである」(ibid. : 130)。

(16)「生物学者は、たとえば分子レベルのような、生の基礎的な過程を研究するときには、あたかもその過程が進行している有機体があることを知らぬかのようであり、低次の有機体を研究するときには、あたかも高次の有機体があることを知らぬかのようであり、高次の有機体を研究するときには、あたかも主観性がそれに備わっていることを知らぬかのようであり、最も高次の有機体（その脳）を研究するときには、思考がその存在を規定していることを知らぬかのようである。（中略）これは一種のフィクションである。フィクションに方法上の利点があるのはもちろんである。（中略）しかし、方法上の利点と存在論上の決定とを混同してはならない。（中略）［高次のものを］知りたいから基礎的なものに関心をもつのである。（中略）しかし、それゆえ、生物学者は（中略）精神、主観性、関心なるものを自然のなかに働く原理として認めているのである」（ibid.: 136-138）。

(17)「次第に意識にまで成長した主観的生物が存在するというこの証拠から窺えることは、それを生み出した物質と意志とが決して異なるものではないこと、（中略）つまり、物質にはなるほど計画性はないにせよ、何か傾向のようなもの、意志へとむかう憧れのようなものがあり、それが世界内の偶然の中でチャンスを摑み、それをさらに促進するという解釈です」（ヨナス 1993: 65）

(18)「一般に目的をもつ能力のうちに、われわれは善それ自体をみることができる。存在がなんらの目的をも欠いているよりはるかに優れていることが、そこにたしかに直観される」（Jonas 1984: 154）。

(19)「責任概念は当為概念を含んでいる。まず初めに、あるものがあるべしという概念を、ついで、このあるべしへの応答として、ある者のなすべしという概念を含んでいる」（ibid.: 234）。

(20)「善はわれわれの願望や思惑とは独立のものとして理解される。価値はだれにとってのとかどれほどという問いとたやすく結びつく。すなわち、価値という語はみつもりと交換の領域から生じる」（ibid.: 160）。

(21)「どの生き物も、それに固有な、それ以上の正当化の不要な目的をもっており、この点では、人間は他の生き物より優れている点はなにもない。ただし、人間のみが、他の生き物にたいしても、つまり、それら他の生き物の自己目的の保護にたいして責任をもつ」（ibid.: 185）。他の生物は「自然の目的に厳密に、しかし十分に支配されているので、存在の内的な当為がおのずとかなえられている。ただ、人間においてのみ、知と恣意によって、力が全体から解放されている。（中略）それゆえ、人間にあってのみ、働く力を自ら意識的にコントロールするという当為が掲げられる」（ibid.: 232）。

(22)未来の人類への義務と自然への義務という「二つの義務を、われわれは人間への義務という指導概念のもとでひとつのものとして扱える。そうしたからといって、人間中心的な狭隘化に陥るわけではない。（中略）真に人間的な視点では、自然は、われわれの力の恣意に対置するそれ自身の尊厳をもっている。われわれは自然によってもたらされたものとして、自然の生み出した親しき全体にたいして誠実である責を負い、そのなかでもわれわれ自身の存在への誠実さがその頂点をなしている」（ibid.: 245-246）。

ヘスレは、ヨナスが根本におく公理は「私は、個々の目的から身を離すことができるが、目的をもつという原理からは離れられない。目的をもつということは、目的をもたないあらゆる存在よりも、価値論からすると優れている構造をもっている」ということであり、そこから「目的を果たそうとする存在（有機体）や、目的について考える存在（人間）を含む世界を破壊すること」が「道徳にたいする最大の背反」と結論されるとまとめている（Hösle 1994：114）。

(23) ヨナスでは「責任が問われる審級と責任の領域がひとつになっている」（Werner：311）。

(24) およそ人間なるものすべての自殺を想定するこの推論は、それがいかに非現実的であれカントの議論に背馳するものではない。『人倫の形而上学の基礎づけ』のさらに後の箇所、目的それ自体の観念が導入されたくだりで、カントは「私は自分の人格のなかにある人間を殺すように処理することはできない」（ibid.：429）という根拠から自殺を禁じている。ここにいう「人間」は一個の人間ではなくて、普遍的な人間性を示唆している。人間性の意味については、第四章五節にとりあげる。

(25) ある特定の個人が自分と異なる倫理的見解の個人にむかって、「人類は存続すべきではない」と主張するだけなら、ここにいう遂行論的矛盾が生じるわけではない。（ましてや「私は存続すべきか、すべきでない」という主張は、悲痛ではあっても、自己矛盾ではない。この主張は、存在すべき者たる基準を自分が満たしていないと絶望しているが、その裏面には、私とは別に、存在するにふさわしい者があるという確信がある。こう主張するひとが自殺を試みたとすれば、本人の意思にむしろ合致していることになろう）。ここでの議論は人類全体をひとつの判断主体として想定している。カントの場合は、格率が普遍化可能であるかどうかの吟味によって、すべての理性的存在者があたかもひとりの判断主体となるかのような事態が想定される。ヨナスの場合、「人類は存続すべきか」にたいして判断を下す主体には、私の理解では、はじめから人類が想定されている。だが、それでは、人類と同様の――つまり、責任を必ずひきうけるとはかぎらないが、責任を求める声に異論をはさめないような――倫理的存在者が人類とは別に存在していたなら、人類は滅んでもよいことになるのか。たとえば、倫理的な未知の生物が宇宙のどこかに存在しているなら、地球上の人類は滅んでもよいのか。またしても現実離れした想定ではあるが、これにたいする答えは、ここでは、人類という概念の定義――その未知の生物を人類（人間性 Menschheit）とみなすかどうか――しだいだと答えるにとどめる。なお、以上の議論で、カント的枠組みにおける人類の自殺の禁止とヨナスのいう人類の存続の当為とを類似的に語ってきたが、後者は未来世代を指示している点に留意しなくてはならない。その違いについては、第五章のアーペル批判のなかで言及する。

(26) ヨナスの責任の観念のもっている過剰な要素は「そもそも倫理に属しているのか？ そうではないといえる多くの点がある。第一に、それは、どの倫理にも中心となる要素、正義と自律と緊張関係にある。ついで、やらずもがなの努力

(Supererogatorisches) としかいえないようなもの、したがって、ひとが実際には責任がとれないもの、道徳的な義務づけの領域を超えているものを問題としているような印象がある」(Kuhlmann : 299)。

(27) 「討議倫理学は超越論的遂行論による論証という権威によって［人類全体の］集団的自殺を倫理的に誤りだと排除する。この点に関するかぎり、私はヨナスの命令、《人類あるべし》にまったく賛成する。それにもかかわらず、私は同時に、ヨナスの存在論的で進化論的なアプローチが、明らかに、かつ、あえてカントによる存在論的形而上学にたいする批判よりまえに戻ってしまっており、存在論によって倫理を根拠づけられるなどけっしてゆるされないということを特徴的に示しているという点を確信している」(Apel 1994 : 389)。

(28) ヨナスは自分の考えが「現代の最も牢固たるドグマに反している」ことを認めてこういう。「すなわち、形而上学的真理はないというドグマと、存在から当為は引き出されないというドグマである。後者はけっしてまともには吟味されてこなかったし、そこにいう存在はすでに価値から自由なものとしてそれに対応する中立化によって考えられているのだから、そうした存在の概念から当為が引き出されないというのは同語反復による帰結にすぎない。――しかし、それを進めていくと、それ以外の存在の概念はないとか、そうして（究極的には自然科学によって獲得され）根拠づけられた存在概念が存在の真の存在概念であり、存在概念はそれしかないという主張の普遍的公理になる。それゆえ、存在と当為を分けるのは、そのような存在概念を前提としているから、すでに特定の形而上学を反映している」(Jonas 1984 : 92)。

第三章　環境、所有、倫理

(1) 山内得立によれば、この一節はノートの古さから「金沢時代」の断想と推定される。西田幾多郎が第四高等学校教授だったのは、明治三十二年（二十九歳）から明治四十二年（三十九歳）までで、この時期、西田は日露戦争で弟を失い、のちの『善の研究』の一部を印刷し、大徳寺孤蓬庵に参禅して無字の公案を許され、五子を得、二子を失い、本人も肋膜炎にかかっている。
　引用部分のまえには、ヘーゲルについての論評につづいて、「人は小なり、理事一致は到底完全に実現する能はざる理想なり。人は之に達せず、故に人生に悲哀多し」と「運命と自己。運命は外より来るにあらず、実に吾人の心内にあり」という断想がならんでおり、直後には「老いて益々其光輝を発する者は人格なり。人格より出る行為は老いても衰へず」とあって、そのあとに決定論についての論評がつづいている。前後四つの断想からは強い内省の志向と状況の悲痛さが窺われるが、引用した断想にいう「斯の如き世」がどのような事情をさしているかはさだめがたい。

（2）これについてのまとまった議論は、ピーター・シンガー『実践の倫理』第三章と第五章。

（3）これについてのまとまった議論は、レーガンが展開している（Regan : 82ff）。

（4）セールは社会契約にかえて自然との契約を主張している。かれが環境という語を避けるのは、環境はすでに人間を中心におくことを前提しているからである。

（5）環境の擁護者としてのロックをその『教育論』のなかの「すべての被造物にたいする義務」を説いている箇所に見出そうとする試みもある（Squadrito : 258-259）。

（6）自然が人類の共有物であるという主張は、周知のように、アダムを「全世界の主権者」とみなすことを論拠としたフィルマーの王権神授説を論駁するものである。

（7）註（6）を参照。

（8）もっとも、神学的前提を認めるからこそ、自然を管理するという発想を批判する論者もいる。支配（dominion）と訳されているヘブライ語 radah が聖書のなかでは「正統性をもった支配」という意味で用いられていることを指摘してホワイトを批判したステフェンがそうである（Steffen : 65-78）。ステフェンによれば、アダムが楽園において人間以外の被造物を命名したことが象徴しているように、支配とはことばと理性とによって自然の秩序を保つことを意味している。それにしたがえば、管理者（スチュワード）という発想は、自然から疎外された人間が自然を力で支配するさまを含意している点で誤っている。

（9）ロールズは健康を自然的基本財とみていたが、マニングによれば、健康が医療・公衆衛生・環境汚染規制などによって管理されうる以上、社会的基本財であって、だから健康に必要な環境への配慮は社会正義の領域に属す（Manning 1981 : 161-164）。

（10）しかし、自然的な意味での善と倫理的な意味での善とを分けることは、価値と存在とを分けることに直接はならなくても、その区分に近づくことになる。生態系中心主義者のなかには、その区分自体を否定する論者もいる。

第四章　生命の神聖——その失効とその再考

（1）ドイツにおけるその動向は松田純が入念に追っている（松田 : 3-48）。その一方で、クローニング技術の発達により、ヒトに由来する遺伝物質をヒト以外の動物種の細胞に入れてできるキメラを作るなどによって、この問題を技術的に回避する方法が開発されている。

（2）「技術的発見という事実によって、当初は思ってもみなかった、ときには偶然的に生み出されたさまざまな目的が生活にとって必要なものとなっていく」(Jonas 1987 : 20)。

(3) クーゼの『生命の神聖性説批判』は、生命の神聖を擁護する論者が援用する不作為/作為、死ぬにまかせる/殺す、予見していただけの結果/意図した結果、間接的/直接的の区別について検討し、その区別の論拠を掘り崩す労作である。ただし、その議論は、生命の神聖と生命の質との両立不可能を標的に据えた批判であり、本章との論点の相違は本章二・二に記している。なお私見によれば、クーゼの議論は、患者本人の自己決定・自律、医療資源の分配的正義についての考察を掘り下げる必要がある(品川 2006c)。

(4) ヨナスの似像観も、神の像であることは出発点ではなく、人間のめざすものである。「地上の生き物のなかで人間のみが自分の行為の卓越した重要性を知りうるのだから、道徳的責任は、われわれが神の像としてではなく、神の像にむけて作られていることの証である」(Jonas 2001 : xviii)。ただし、ヨナスの神観念は創造において力を消尽した神という特異な神である。「われわれは、みずからの創造の約束を自分自身では実現できない無力な神をケアするために、世界を治すために召されている」(ibid.)。

(5) もちろん、この提言が現実に適用されるには、大脳皮質機能の永久喪失について少なくとも全脳死と同程度の客観的な判定基準がなくてはならない。大脳死の判定は死の規準として曖昧すぎるという根拠からその採用に反対している議論には、やや古いが、ラムの議論を参照(Lamb)。また、西村ユミは看護者の視点から、植物状態患者とのコミュニケーションが成立する可能性を示唆している(西村 : 9-174)。

(6) 応用倫理学がたんに既存の倫理理論の応用ではすまされないことについては、たとえば、ブラウンの指摘が啓発的である(Brown : 215-226)。

(7) 道徳と倫理の区別については(Habermas 2001 : 124)。

(8) ハーバマスによるヨナスからの引用は論文「人間をクローニングするのか。優生学から遺伝工学へ」に集中している。「技術に支配されたものとして、自然はいまや、(これまで)技術のなかで主人として自然に対置していた人間をふたたびくみいれる」(Habermas 2001 : 85; Jonas 1987 : 168)という一節は、たしかに、人間は主体であって操作されるだけの客体とされるべきではないという点で、ハーバマスとヨナスが最も支障なく合致する箇所である。だが、ハーバマスは自然への生物学的な技術的介入が無生物への技術操作と違う点を説明するさいにもヨナスから引用している。「無生の質料では、製作者は受動的な物質に行為するばかりである。有機体では活動が活動に関わる。生物学的技術は、能動的な物質の自己活動、新たな決定子が組み入れられるべき自然に機能する生物システムと協働する。(中略)技術の働きは介入というかたちをとる。構築というかたちではない」(Habermas

2001:84; Jonas 1987:165)。この箇所の背景にはヨナスの自然哲学がある。ハーバマスは文化と自然の区別という自分の論拠からこの箇所を引用したのだろうが、人間の尊厳論のなかで、ハーバマスは意外なほど抵抗なくヨナスに接近している。ヨナスのクローニング論文については第六章にとりあげる。

(9) 時間のなかで意識される自己が今の私と同一の自己として把握されるのにたいして、空間のなかに現われる身体は他の物体と同様に、「己れの外なるもの」として把握される。このことから、和辻は、「時間は超越論的人格性が客体において己れを意識する道であり、空間は同様に他者を意識する道であるとも言えよう」(和辻 1962:347)と指摘している。現象学の他者論のなかで身体が他者構成に果たす役割は第十一章に言及するが、和辻の洞察はそれと通じるものの、超越論的な意味作用に身体が寄与する機能を認めた議論をしているわけではない。

(10) 同様に、マルセルにおいては受肉が驚嘆すべき神秘である――山田晶は「人の子は神である」ということを受け容れる者がキリスト者であると記している(山田:56)が、そのことはまさに神秘にほかなるまい。デカルトにおいては心身の統合が驚嘆すべき神秘であったろう。いずれにしても、ここに私が示唆しようとしているのは、その存在領域(カントでいえば、神聖とはいえない個々の人間)では説明できないまったく異質なもの(神聖な人格性)がそこに現われてしまうという超越にたいする驚嘆である。なお、メルロ=ポンティはマルセルの区別を形而上学に限定せず、哲学一般の特徴に敷衍している。「ガブリエル・マルセルはこう言っておりました。哲学は、彼の言葉によれば神秘に関わるものであって、問題に関わるものではないという特徴を呈し、この特徴によって他のあらゆる種類の学問から区別されることになるのだと」(メルロ=ポンティ 1988:101-102)。

(11) 興味深いことに、ハーバマスはカントとちがって、人間にとっての不利益の回避のためではなく、動物にたいする動物それ自身のための義務(たとえば、虐待しない)が人間にはあることを認めている(Habermas 1991:220)。だが、ハーバマスは言語によるコミュニケーションを範型とする相互的な承認に基礎づけられた規範のみを道徳(Moral)として認める枠組みを固持する。すると、動物にたいする義務はどのように基礎づけられるか。ハーバマスによれば、動物は「表出能力と人間に注意をむける能力」(ibid.:225)をもつゆえに人間とコミュニケーション可能だからである。この論法では、人間が義務を感じる動物の範囲は家畜等に限られることになるだろう。もっとも、植物や種全体にむけた人間の責任を、ハーバマスは否定するわけではない。ただし、それは、私たちが生まれ育った文化や伝統のなかで身につけていく、つまり生活形式に根ざした、ハーバマスのいう意味での倫理的(ethisch)なものであって、道徳のレベルに達するものではない(ibid.:225-226)。動物への義務に関する議論は討議倫理学に寄せられうる人間中心主義という批判に応答するために試みられたものだが、本章にとりあげたのちの論考に通じていく道を示唆しているようにみえる。ハーバマスにとって、もともと道徳は傷つきやすさに対処する「保護装置」(ibid: 14) だった。彼のいう傷つきやすさはまず、社会化する過程のなかで人格がこうむる傷つきやすさを意味している。これにたいして、動物やヒト胚をめぐる文脈では、当然、力点は身体の傷つきやすさに移行していることになろう。

第五章　人間はいかなる意味で存続すべきか――ヨナス、アーペル、ハーバマス

(1) 本章は、関西哲学会第五十七回大会シンポジウム (共通課題「人間は特異な存在者か」、二〇〇四年十月二十四日、立命館大学) における報告をもとにしている。

(2) ヨナスのこの見解は、みずから志願してユダヤ人収容所に赴き、そこで死んだ女性エティ・ヒレスムが一九四二年七月十二日の日記に書きつけた次のことばに由来する。「神が私を助け続けることができないなら、私が神を助けねばならない」(Hillesum: 173)。ヨナスは、しかし、ヒレスムからの引用に続けてこう述べている。「私がこの引用で終えることは許されない。哲学的討議を読者の心情をかきたてたまま終えることは許されないからだ」(Jonas 1992: 248-249)。そこで彼は「哲学が思弁的であることは許されるか」と問うている。本章末尾に、ヨナスが形而上学に架橋するミュートスを語る理由に言及するのは、本章が設定した主題の文脈のなかでこの問いをとりあげる意図からである。

第六章　責任原理の一解釈――正義と境を接するもの

(1) グノーシス主義と比較することで、ハイデガーがいかに読み解けるかということについては、的場哲朗が、ヨナスの『グノーシスの宗教』第三章とハイデガーの『存在と時間』の構造の対応を綿密に追いながら、説明している (的場: 234-241)。

(2) 「時間から逃避することは、キリスト教の思想家からみれば――のちの、ハイデガーの弟子のなかで最も著名な倫理学者であるハンス・ヨナスからみてもそうであるように――まさに無責任である。われわれの時間性を受容することこそが倫理学の研究を構築する」(Hösle 2006: 438)。(いうまでもなく、ヨナスはユダヤ系の哲学者である。ヘスレは彼をキリスト教の思想家に数えているわけではない)。なお、近年、旺盛な執筆活動を進めているヘスレについては、その輝かしい経歴とともにヨナスに好意的な論者として、尾形敬次が紹介している (尾形 1999a: 2-3)。

(3) 「自己運動の原理としての魂は志向性をもった (gerichtet) 運動の根拠である。無生物における志向性をもたない運動さえ、世界を支配する世界の魂の有機的原理に関連づけられる」(Spaemann und Löw: 31)。この箇所への註に「この理論は少なくともシェリング、このうえなく緻密なしかたでそれをとりあげたヨナスに至る長い伝統をもつ」(ibid.262)と記されている。

(4) 盛永審一郎は「存在するものをそのものとして開披する」(盛永 1998:59)ハイデガーの存在論的(真理論的)自由の観念のヨナスへの適用を試みている。存在論的関心を強くとった解釈で、ベッキの解釈と対照をなす。ちなみに、ベッキはハイデガーの技術論について、科学技術がもたらす「危険を目に見えるようにしたとはいえ、そこから逃れる道は倫理学が示す道から遠く離れていた」(Becchi:36)と批判し、ヨナスのほうを評価している。ハイデガーとの違いが「ヨナスが「存在」をたんに実存論的だけではなく、物理的実存的意味で解そうとした点にある」(Hadorn:105)という点からすると、盛永の解釈の成立は、この違いを超えて存在論的分析の共通性がいえるかどうかにかかっていよう。一般的にいえば、ベッキの解釈では、存在論、形而上学、自然哲学が脱落してしまうが、盛永の右の解釈では、ヨナスが環境危機や先端医療技術に具体的な提言をした事実が背景に退いてしまう。いずれにしても、ヨナスがもっている多面性を説明する困難が窺われる。ヨナスにおける人間の役割を「存在の番人」と位置づけるとすれば、ハイデガー的な存在論との関連を模索することができるとともに、貴重な生態系をトラストとして管理する、第二章に言及したスチュワードシップの環境倫理のような実践的活動との関連を模索する可能性も開かれてくることになるだろう。

(5) アーレントとヨナスの比較に今は立ち入ることはできないが、この一節は、アーレントの「誕生に固有の新しい始まりが世界で感じられるのは、新来者が新しい事柄を始める能力、つまり活動する能力をもっているからにほかならないからである」(アーレント:21)を連想させる。

(6) ベッキと私の質疑のやりとりは、ベッキの講演会における質疑応答とともに活字化されて収録されている(ベッキ他:150-153)。

(7) レンクはその浩瀚な責任論のなかで、事前の配慮責任という新しい責任概念の提唱者として、主としてラッドをとりあげ、関連してヨナスをとりあげている。ただし、責任概念と責任の構造の解明が主目的であるその著作では、ヨナスの存在論に立ち入った批判は展開されない(レンク:128-132;176-177)。

(8) ブルクハルトがとりあげているハーバマスによるコールバーグ批判は、コールバーグが道徳的発達の最終段階に我-汝関係における他者への配慮をとりいれた点にむけられる。コールバーグがそのように自分の理論を修正したきっかけは、ギリガンによる問題提起にあった。ギリガンのケアの倫理については、次章以下に論じる。ハーバマスのコールバーグ批判は第十二章で再説する。

(9) はたしてヨナスのいうとおり、自由は人間の本質と不可分だから現実に消滅することはなく、ただ一時的に公共空間から排除されるだけだろうか――。ヨナスの主張の政治的「甘さ」を指弾する論者にたいしては、ヨナスこそアウシュヴィッツのもつ意味を考えぬいた哲学者のひとりであることを指摘しなくてはならない。

第七章　ケアの倫理の問題提起

（1）コールバーグ、ギリガン、いずれの発達理論も、すべての人間が全段階を経験して最終段階まで成熟するということを含意していない。一生、低い段階にとどまる可能性もある。発達の諸段階が意味しているのは、（n＋1）段階に成熟するにはそのまえにn段階を通過しなくてはならないという順序性である。そのさい、（n＋1）段階はn段階の道徳的態度を否定しつつ、みずからのうちに統合していく。

（2）ここに指摘した区別は議論を整理するのに役立つ。中村直美はケアの倫理とパターナリズムの問題を結びつけた興味深い論考のなかで立山善康を批判しているが（中村：101）、私のみるところ、立山はケア（正義）にもとづく倫理の統合を否定し（立山：359）、中村は規範としてのケア（正義）の両立を主張しており、両者のあいだに真の対立はない。

（3）レイニンガーは患者を全人的にみるには患者の文化的背景の理解が不可欠だと主張する。その主張は、「ハイテク医療とキュア」（レイニンガー：12）とは異なる価値観に依拠した看護観――ヒューマン・ケアリング――に展開していく一方、原理原則的思考に依拠した看護倫理学の批判にも通じていく。「すべての患者が同じ倫理的道徳的な人間らしいケアについての価値観をもっており、同じようにあつかわれなければならないという、看護する側の期待、地球規模の想定、神話が暗黙のうちに存在している。（中略）看護倫理学者のなかにはわざと文化という概念を避けて、そのかわりに、人間行動についての倫理的原理、綱領、契約、基準を想定する者がいる」（Leininger：51）。患者の文化的背景を知るには、患者の送ってきた人生をさかのぼることが必要であり、したがって、ケアには物語的な理解がしばしば必要とされる。

（4）ケアの倫理の主唱者ではないがケアの視点には肯定的なクーゼも、「本人の性向となるまで身についたケア（dispositional care）（Kuhse：150）の必要性を説いて、徳性への接近を示している。だが、その内容を充分に展開しているとはいえない。クーゼは功利主義者である。功利主義は行為の結果に注目し、通常、行為者の性格には言及しない。そのなかで、行為を触発する要因として性格の陶冶に言及しても、その内容を敷衍する用意はなかったからだと思われる。

（5）山形浩生は、フランクファートが愛（ケア）を規範の源泉とする一方、愛を個人の趣味と捉え、フランクファート自身が批判する「誠実さ」とどれほど違いがあるかと疑問を呈している（山形：87）。だが、フランクファートが批判するのは、他との関係を捨象して自己自身の誠実性を主張する思想である。ケア（愛）の対象をぬきにして自己自身について語ることはできないとする点で、フランクファートは山形の批判する対象と異なる（品川 2006a）。

第八章　ノディングスの倫理的自己の観念

（1）バベックの批判の標的は、ケアの倫理と正義の倫理の双方の論者がメタ倫理学のレベルでの対立点に固執するあまり、二つの倫理の内容的な関連を問う議論が進展しない点にある。これについては第十章に論じる。

（2）日本の社会に少なからずこうした神秘主義者がいることを思えば、私はケアリングの倫理が流布することを手放しで支持するものではない。

第九章　ケアの倫理、ニーズ、法

（1）本章は、日本法社会学会二〇〇五年度学術大会全体シンポジウム「法主体のゆくえ」第二分科会「主体・ケア・物語」（二〇〇五年五月十五日、専修大学）での報告を活字化した論文「ケアの倫理、ニーズ、法」（品川 2006b）に大幅に加筆したものである。

（2）ウォーカーによれば、修復的正義はアメリカ社会に注目され、徐々に受容されつつあるのにたいして、ケアの倫理はフェミニズムとの連想ゆえに忌避される。ケアは無償労働や低賃金労働でまかなわれ、女性や有色人種（および、その両方であるひと）の搾取によって成り立っているというその告発は、搾取から利益を得ている社会の支配層（男性、白人、中流以上の階級）がケアの倫理を危険視するのに十分だった。これにたいして、修復的正義はコストの問題と無縁であり、誰の身にも関係するものとも想像されにくく、しかも現在のアメリカ社会では表面的には尊重されやすい先住民の文化である、といった受容されやすい要因を複数もっている。ウォーカーはフェミニズムへの反動のために「ケアの倫理はアメリカ社会では別の名によるほうがうまく機能するかもしれない」（Walker: 153）とすら記している。

（3）ここでデリダの歓待論に言及しておく必要があるだろう。デリダによれば、法は実効性をめざすかぎり、特定の集団の内部を射程とし、権原に応じた分配を行なう。集団の外部に対してそれは不法である可能性を免れない。外部から到来する者を歓待するとは、不法への転化を阻むことである。この歓待の要請は実定的な法を超越する次元の正義に由来する。これにたいして、ケアの倫理が相手の資格を問うことなく応答するように勧めるのは、人間の壊れやすさに気をもみ、いとおしむ思いからである。だから、脱構築論者からみれば、ケアの倫理はその社会内部での実践的関心ゆえにせいぜい既存の正義の補完物とみなされようし、ケアの倫理の支持者は脱構築論を生身の人間から遊離した抽象的・原則的な思考とみなすだろう。この問題については、しかし、第十一章に再説する。

第十章　ケア対正義論争——統合から編み合わせへ

（1）バベックによれば、ブライアン・ベリーのこの発言の典拠は、LSE（the London School of Economics and Political Sciences）で行なった講義である。

（2）メタ倫理学の価値中立性への疑念はマッキンタイアをみよ（マッキンタイア：4-5）。

（3）もっともノージックは、意図して海水にトマトジュースをこぼしたら、ジュースが広がった分だけ、海を所有していいのかという卓抜な問いかけによって、ロックの労働の定義に疑問を投じてもいる（Nozick：175）。

（4）もっともノージックは註のなかで、思いやり（compassion）によって正義が緩和される可能性に言及している（ibid.：348）。第十二章二節を参照。

（5）山根純佳はケアの倫理の問題提起を「性別役割分担のもとでの再生産責任の分配という文脈」（山根：147）に限定して考える解釈を提唱している。この解釈も出産と子育てを所与の前提としてくみたてられた議論である。

（6）いうまでもないことだが、ここでの争点は、家庭をもち子どもを育てることをよしとするかどうかというだけの問題ではない。妻や子どもを自分の手で養うことを男の任務（甲斐性？）と考える男性は、当然、家庭と子育てを是認するが、その発想は、家庭や子育てを自律にたいする脅威とみなす（とくにリバタリアン的な）正義の倫理から距離をおいているとともに、男女の分業と公私の領域の区別を自明視している点でオーキンが、そしてまた、ケアの倫理が批判する対象でもあるからだ。

（7）家族の特殊な意義を強調すると、伝統的な一夫一婦の異性婚制度の特権化につうじることになるのだろうか。これは難しい問題である。ケアの倫理はすべての人間の傷つきやすさ、相互依存を指摘する点で、伝統的な形態の結婚を特権化する必要はない。だが、子育ての重視と子育てが現実になされる場を考えた場合、ケアの倫理が家庭として思い描いているのが一夫一婦の異性婚であることは事実である。

第十一章　ケア関係における他者

（1）ベナーらの用語では、難波卓志も訳註に示すように、ケア（care）と関心（事）（concern）はハイデガーの関心（Sorge）に対応し、ほぼ互換的に用いており、しかもハイデガーでは区別される道具的存在者への配慮（Besorgen）と他者にたいする顧慮（Fürsorge）とが等しくconcernで表わされ、区別されていない（ベナー／ルーベル：456）。以下の引用は原著による。

（2）看護職のアイデンティティが医師の「小間使い」から「ミニ・ドクター」へ移ってきた経過、そしてまたそれらと異なる位置づけを模索する試みについては、レイニンガー（レイニンガー：4-24）、クーゼ（Kuhse：199-219）等を参照。

（3）ベナーらは言及していないが、その議論はカンギレムの発見と共通点をもつ。カンギレムは、病気を統計に立脚した正常からの逸脱ではなく、患者にとっての生涯という意味から分析し、かつまた、病人は病気が治癒したのちも残る変化や障害を含んで別の内実をもった正常へと移行すると指摘しているからだ（カンギレム：130-151,160-181）。

（4）それにしても、「まだない」ところから書くとはどのようなことか。コーネルはその具体的な方途として、ヒステリー患者や魔女のように異常視されてきた女性のイメージを読みなおす試みや、イリガライなどにみられるメタファーのもつ効果を示唆している。

（5）ギリガンは年配の男性ではケア志向が強まると指摘している。また、「中間管理職以上に昇進しなかったひとは家族やコミュニティの暮らしに身を入れるようになったのにたいして、昇進したひとはいっそう仕事に身を入れるようになった」（Benner／Wrubel：129-130）という指摘もある。これらの指摘する実態は、現行の（先進国の）社会で男性になった人間にとって、ケアがどれほど異質かを示している。硬い自己同一性が強さの証として称賛されるかぎり、男性のケア志向は硬さの足らぬ無能力《インポテンツ》と揶揄されるかもしれぬ。ケアの倫理をどう評価するにせよ、それはこうした硬直した姿勢をほぐす効果をもつだろう。「なぜ、男性はかなり狭い視野での成功をあれほどたやすくうけいれ、称賛できるのか」（Gilligan 1982：16）。規則に従って勝負を争うゲームのように「自分の男性の伴侶も人生をみているのかという不安」（Noddings 1984：118）。これらの指摘は、ヒエラルキーの階段を登る一方、個人としての親しい関係は築けないまま生きてゆくタイプの男性（だけではないが）にとって、一種の治癒効果がないだろうか——ただし、ケアが関係である以上、本人が誰かをケアしたいと思うようになっても、相手がそのひとにケアされるのを望まない場合もあることを予測しておかなくてはならないが。

第十二章　むすび

（1）「責任をよびおこす客体——（人格であれ状態であれ）世界のなかの「私の」外にある非我——にとっての善をケアするなかで、本人の人格が善くなることができ、また、善くなることが課せられている。第一に意志されているものは、世界のなかの相手の福利でなくてはならない。だが、自分の人格が善くなる可能性とそうなるべき賦課も、ひそかにまた公然と、意志されている。主観のこの自己への影響があって初めて、世界への関係という道徳的にすぎないものが人格に要求される倫理となる。他者にむけられた第一の意志は運がよければかなうだろう。だが、反省的に同時に意志されている、自己の自己自身へのケアはつねに満たされず、懐疑の印を刻まれる」(Jonas 1992：226)。このように、ヨナスによれば、ケアの対象はまず非我である。だが同時に、ケアはケアする本人の善をもたらす。ただし自分にとっての善をめざす自己へのケアは副次的でなくてはならない。道徳と倫理の区別は、ここではこの世界(世間)に通用する規範と私が世界にどのように対しうるかの違いを意味している。自己へのケアがつねに懐疑にさらされるのは、自分自身が他へのケアをつうじて善き人間になったという思いあがりはつねに戒められなくてはならないからである。「善への自由は悪への自由でもある。悪は千の仮面をつけて善へのあらゆる意志のなかに潜んでいる」(ibid.)。

(2) 討議倫理学がカントと大きく異なるのは「人間の言語的相互主観性」(Honneth：141)に立脚する点である。この点については第五章三節に言及した。

(3) 「顔について、ただ助けを要する人間、したがって「貧者」や「よそ者」の顔だけを問題にすべきか、あらゆる人間主体の顔を問題とすべきかを、レヴィナスは明らかにしていない」(ibid.：161)と、ホネットは指摘する。だが、これは本質的な問題ではあるまい。世界をわが家とする私によってすでに他者はその主体性を奪われているからだ。

(4) 本考察は討議倫理学をカントの継承者としてあつかってきたが、加藤泰史はホネットの指摘するポストモダン倫理学による正義の倫理への批判を論じた論文のなかで、ケアの倫理とともに討議倫理学もカントにたいする異議申し立てと捉え、ハーバマスの連帯観念とケアの倫理について批判を加えている。そのスタンスのとり方からも注目に値する論文である。だが、そのケアの倫理の把握は、ケアの倫理の擁護者ベイアーからベイアーの依拠するヒュームにさかのぼる文脈に立脚しているためにケアと共感の親近性を強調するあまり(加藤 2004：130-132)、ケアの倫理内部にある共感とケアの区別(それについては第七章一節に指摘した)を看過しており、他者の個別性を強調するあまり、ケアの対象の傷つきやすさを充分に捉えていない。他者への開けをカントの良心にみるその主張(同上：136ff)は、本体としての人間が現象としての人間である自己にとっての他者である点では説得的だが、その開けが私と別の現象としての人間である他者(正義の倫理への批判が主題とする他者)に通じているかは保証しがたい。

あとがき

もともとはフッサールの現象学から研究を始め、生命倫理学の文献が日本につぎつぎと紹介されるようになった一九八〇年代を大学院生として過ごしためぐり合わせから、応用倫理学の研究に関わるようになり、それを契機として倫理学全般に少しずつ関心を広げてきた私にとって、本書にとりあげるヨナスの責任原理とギリガンに始まるケアの倫理とを論じるようになった経緯は、ある程度、偶然のことだった。かりに応用倫理学の諸分野に議論を限定するなら、責任原理は環境倫理学における未来世代の問題として注目されるにすぎず、（ケアの倫理というよりも）ケア論は自律を基底とする種類の生命倫理学にたいして異なるアプローチのひとつとして注目されるにすぎないだろう。しかし、患者の自律と医療資源の分配的正義がもっぱら論ずべき課題の位置を占めているようにみえた一時期のアメリカの生命倫理学にたいする疑問や、人類と人類以外の自然との関係を問う環境倫理学の視座に触発されて、私のなかでは、応用倫理学そのものよりも自律や正義といった倫理の基本的概念の再検討のほうに関心が移ってきた。そうした背景のもとで、二つの理論を正義や権利を基底とする倫理理論と対比するという本書の構想がしだいに姿を現わしてきた。

本書に収めた各章は、次のような経緯で成り立っている。

第一章「問題の位置づけ」。部分的に、「正義と境を接するもの　責任という原理とケアの倫理」（『二〇〇三年度関西大学重点領域研究報告書『現代の倫理的諸課題に対処しうる規範学の再構築』研究代表者品川哲彦、研究分担者植村邦彦・木岡伸夫・齊藤了文・寺島俊穂・角田猛之、関西大学、二〇〇四年三月二十日）と重複するが、ほぼ全面的に書きあらためた。

第二章「ヨナス『責任という原理』の問題提起——自然、環境、人間——」。一九九八年十月十一日に大阪大学で行なわれた関西哲学会第五一回大会共通課題シンポジウム「環境としての自然」でのパネリストとしての報告をもとにして、『アルケー』七号（関西哲学会、一九九九年七月二十六日）に掲載した論文「自然、環境、人間——ハンス・ヨナス『責任という原理』について」に若干の加筆修正を施した。「環境としての自然」というあたえられたテーマに触発されて責任原理を論じたものだが、このとき論じきれなかったヨナスの形而上学、存在論が以後の課題となった。本書に収めた論稿のなかで最も早くに書いたものである。

第三章「環境、所有、倫理」。所有をテーマとした特集を組んだ『思想』九二三号（岩波書店、二〇〇一年四月五日）に掲載したものに若干の加筆修正を施した。労働と所有、人間と人間以外の自然との関係について根本から考えてみたいと思い、執筆した。文中、宮沢賢治の「フランドン農学校の豚」の校長が「その身体は全体みんな、学校のお陰で出来たんだ」と豚を叱る場面について、「人間は自然物を無から創造できない。それゆえ、人間の労働は豚の「全体みんな」を作り出したわけではない」と書いているあたりで、「この論文を読むひとはここを読んで「とことん考えている」と思うだろうか。それとも、「こんなことを大真面目に論じているとは、なんと愚かな著者だろう」と思うだろうか、あるいは、「少しおかしいのじゃないかしら」と思うかもしれない」という考えがふと頭をよぎった。著者としては最初の反応が望ましいが、世の中は思いどおりにはならないので後二者のいずれかだとすれば、研究者にとってどちらがましだろう、とも考えた。さいわいこの論文は、二〇〇一年四月二十六日付朝日新聞夕刊論壇時評にとりあげられ、的場昭弘氏から「自然と人間との関係を古典を通して新しい角度で展開して見せてくれる」という評をいただいた。研究生活を続けていると、思いもかけない方面から励ましをいただくことがときにあるが、そのひとつの例である。

第四章「生命の神聖——その失効とその再考——」。中岡成文編『応用倫理学講義1　生命』（岩波書店、二〇〇四年七月八日）に収録したものに、五節「付論　人間性と人格——和辻哲郎の「人類性と人格性」」を加筆し、その他若干の加筆修正を施した。

第五章「人間はいかなる意味で存続すべきか——ヨナス、アーペル、ハーバマス——」。二〇〇四年十月二十四日に立命館大学で行なわれた関西哲学会第五七回大会共通課題シンポジウム「人間は特異な存在者か」でのパネリストとしての報告をもとにして、『アルケー』十三号（関西哲学会、二〇〇五年六月三十日）に掲載した同名の論文に若干の加筆修正を施した。

第六章「責任原理の一解釈——正義と境を接するもの——」。新たに書き下ろした。

第七章「ケアの倫理の問題提起」。『文学論集』五一巻三号（関西大学文学会、二〇〇二年一月十九日）に掲載した「〈ケアの倫理〉考（一）」に大幅に加筆修正を施した。

第八章「ノディングスの倫理的自己の観念」。『文学論集』五三巻四号（関西大学文学会、二〇〇四年三月三十日）に掲載した「〈ケアの倫理〉考（二）——ノディングスの倫理的自己の観念」に若干の加筆修正を施した。

第九章「ケア、ニーズ、法」。二〇〇五年五月十五日に専修大学で行なわれた日本法社会学会二〇〇五年度学術大会全体シンポジウム「法主体のゆくえ」第二分科会「主体・ケア・物語」にパネリストして報告したものをもとにして、『法社会学』六四号（有斐閣、二〇〇六年三月三十日）に掲載した同名の論文を大幅に書きあらためた。

第十章「ケア対正義論争——統合から編み合わせへ——」。新たに書き下ろした。

第十一章「ケア関係における他者」。新たに書き下ろした。

第十二章「むすび」。新たに書き下ろした。

この経緯からも明らかなように、本書は、最初からヨナスなり、ケアの倫理なりについて一貫した計画を立てて進めてきた研究ではなく、あたえられたいろいろな機会に応えるなかでできあがってきたものである。

京都大学大学院文学研究科教授陣の伊藤邦武氏、水谷雅彦氏、出口康夫氏からは、本論考のさまざまな点について理解ある批判と助言をいただいた。そのひとつ――本書は、責任原理とケアの倫理について、それにたいする反論に抗して、それが有している意義を強調するほうに力点をおいているが、正義の観念をもっとふくらみのあるしかたで描くこともできるのではないか、という点については、今後あらためてとりくむべき課題として残っている。

研究を進めるにあたって、科学研究費補助金（二〇〇二―二〇〇三年度萌芽研究「ケアの倫理の基礎づけ」、二〇〇四―二〇〇六年度基盤研究（C）「ケア・責任・正義の相補的連関に関する倫理学的研究」）の援助をうける幸運に恵まれた。とはいえ、二〇〇三年から二〇〇六年にかけて勤務先の学長補佐の職にあって、思うように研究を進捗させることができたとはいいがたい。幸か不幸か、提案した教養教育改革に逆風が吹いて任期中に頓挫することがなかったら、そちらに時間を割かれて現時点でも本書をまとめることはできなかったかもしれない。そうしたなか、竹市明弘京都大学名誉教授からは、研究を早く一冊の本にまとめるようにとつねに強く勧奨をいただいた。編集の労をとってくださった津久井輝夫氏から「本を出すことを考えてみませんか」といわれたのは、もう二十年近くまえになる。こうした長く見守ってくださった方々がなければ、本書はできなかったろう。お名前をここにあげなかった方々を含めてお礼を申し上げたい。

そういうわけで、本書は私にとって初めての単著である。子どものころ、ロフティングのドリトル先生シリーズで本を読むことの楽しさを本格的に知った。自分もまた一冊の本を出すことができたことはうれしいかぎりである。もっとも、ドリトル先生シリーズの一巻『秘密の湖』のなかには、毎年、何百万冊もの本を出版している国家の繁栄ぶりについて「その上、もっと悪いことには、本を読んでいない人があるとすれば、その人は本を書いているのでした」と評するくだりがある。——小学生の私はそこで哄笑したが、今の私は苦笑せざるをえない。いずれにしても、このささやかな成果も私の生きてきたあかしにはちがいない。母、安と亡父、正一にこの本を贈りたい。

二〇〇七年初夏　ケルンにて

品川哲彦

木鐸社，1993年
————(1996)『哲学・世紀末における回顧と展望』尾形敬次訳，東信堂，1996年
レイニンガー，マデリン・M.『レイニンガー看護論——文化ケアの多様性と普遍性』稲岡文昭監訳，医学書院，1995年
レヴィナス，エマニュエル（1986)『時間と他者』原田佳彦訳，法政大学出版局，1986年
————(1989)『全体性と無限——外部性についての試論』合田正人訳，国文社，1989年
レオポルド，アルド『野生のうたが聞こえる』新島義昭訳，森林書房，1986年
レンク，ハンス『テクノシステム時代の人間の責任と良心——現代応用倫理学入門』山本達・盛永審一郎訳，東信堂，2003年
ローチ，シスター・M・シモーヌ『アクト・オブ・ケアリング　ケアする存在としての人間』鈴木智之・操華子・森岡崇訳，ゆみる出版，1996年
『ロマ人への書』『舊新約聖書』日本聖書協会，1982年
鷲田清一『メルロ＝ポンティ　可逆性』講談社，1997年
和辻哲郎（1962)『和辻哲郎全集』第9巻，岩波書店，1962年
————(1979)『風土』岩波書店，1979年
ワトソン，ジーン『ワトソン看護論——人間科学とヒューマンケア』稲岡文昭・稲岡光子訳，医学書院，1992年

1971年
宮沢賢治「フランドン農学校の豚」『宮沢賢治全集』第7巻，筑摩書房，1985年
メイヤロフ，ミルトン『ケアの本質——生きることの意味』田村真・向野宣之訳，ゆみる出版，1997年
メルロ＝ポンティ，モーリス（1970）『シーニュ』2，竹内芳郎監訳，みすず書房，1970年
————（1988）『知覚の本性——初期論文集』加賀野井秀一編訳，法政大学出版局，1988年
森下雅一・品川哲彦「人間科学としての看護　ワトソン看護論を読む」『エマージェンシー・ナーシング』15巻4号，メディカ出版，2002年
森村修（2000）『ケアの倫理』大修館書店，2000年
森村進（1997）『ロック所有論の再生』有斐閣，1997年
盛永審一郎（1993a）「未来方位的倫理学——責任の概念をめぐって」『思索』26号，東北大学哲学研究会，1993年
————（1993b）「もう一つのバイオエシックス——責任主義の試み」『医学哲学医学倫理』11号，日本医学哲学・倫理学会，1993年
————（1997）「状況的責任から配慮責任へ——世代間倫理の原理へむけて」『研究紀要　富山医科薬科大学一般教育』18号，富山医科薬科大学，1997年
————（1998）「当為の存在論的基礎づけ——ヨナスの哲学的生命論」『思索』31号，東北大学哲学研究会，1998年
モーリヤック，フランソワ『テレーズ・デスケイルゥ』杉捷夫訳，新潮社，1972年
山形浩生「解説」フランクファート『ウンコな議論』山形浩生訳・解説，筑摩書房，2006年
山岸明子『道徳性の発達に関する実証的・理論的研究』風間書房，1995年
山田晶『トマス・アクィナスのキリスト論』創文社，1999年
山根純佳『産む産まないは女の権利か——フェミニズムとリベラリズム』勁草書房，2004年
ヤンソン，トーベ『ムーミンパパの思い出』小野寺百合子訳，講談社，1980年
ユクスキュル，ヤーコプ・フォン／クリサート，ゲオルク『生物からみた世界』日高敏隆・野田保之訳，思索社，1984年
ヨナス，ハンス（1993）「精神・自然・創造——宇宙論上の事実とそこから推測できる宇宙の開闢」ツィンマリ，ヴァルター・Ch.／デュール，ハンス＝ペーター編『精神と自然　自然科学的認識と哲学的世界経験の間の対話』尾形敬次訳，

射程』九州大学出版会，2001年
西田幾多郎『西田幾多郎全集』第13巻，岩波書店，1952年
西野基継「アメリカにおける人間の尊厳論の諸相」三島淑臣・稲垣良典・初宿正典編『人間の尊厳と現代法理論――ホセ・ヨンパルト教授古稀祝賀』成文堂，2000年
西村ユミ『語りかける身体――看護ケアの現象学』ゆみる出版，2001年
パスカル，ブレーズ『パンセ』前田陽一訳，中央公論社，1973年
パスモア，ジョン・A.「市民的正義とその敵手たち」カメンカ，ユージン／テイ，A・イア＝スーン編『正義論』田中成明・深田三徳監訳，未来社，1989年
ハート，ハーバート・L.A.『法の概念』矢崎光圀監訳，みすず書房，1976年
原田慶吉『ローマ法』上，有斐閣，1949年
ベッキ，パオロ他「パオロ・ベッキ「ハンス・ヨナスの『責任という原理』における理論と実践」講演会記録」『生命科学における倫理的法的社会的諸問題Ⅲ』平成16年度科学研究費基盤研究（B）(1)，財団法人ファイザーヘルスリサーチ振興財団平成15-16年国際共同研究（B），代表者飯田亘之，帝京平成大学，2006年
ベナー，パトリシア『ベナー看護論――達人ナースの卓越性とパワー』井部俊子・井村真澄・上泉和子訳，医学書院，1992年
ベナー，パトリシア／ルーベル，ジュディス『現象学的人間論と看護』難波卓志訳，医学書院，1999年
ベルク，オギュスタン『地球と存在の哲学――環境倫理を超えて』篠田勝英訳，筑摩書房，1996年
ベルナール，クロード『実験医学序説』三浦岱栄訳，岩波書店，1970年
ホワイト，リン『機械と神――生態学的危機の歴史的根源』青木靖三訳，みすず書房，1972年
間瀬啓允『エコロジーと宗教』岩波書店，1996年
マッキンタイアー，アラスデア『西洋倫理思想史』上，菅豊彦・岩隈治子・甲斐博見・新島龍美訳，九州大学出版会，1985年
マッキノン，キャサリン『フェミニズムと表現の自由』明石書店，1993年
松田純『遺伝子技術の進展と人間の未来――ドイツ生命環境倫理学に学ぶ』知泉書館，2005年
的場哲朗「ハイデガーとグノーシス主義」大貫隆・島薗進・高橋義人・村上陽一郎編『グノーシス　異端と近代』岩波書店，2001年
マルセル，ガブリエル『マルセル著作集』第2巻，渡辺秀・広瀬京一郎訳，春秋社，

―――― (2006c)「書評　クーゼ『生命の神聖性説批判』」『週刊読書人』2651号，2006年
島尾敏雄「夢の中での日常」『その夏の今は・夢の中での日常』講談社，1972年
シュライバー，ハンス＝ルートヴィッヒ「生命倫理に関する欧州人権協定と法の基礎」吉岡剛彦訳，三島淑臣・稲垣良典・初宿正典編『人間の尊厳と現代法理論　ホセ・ヨンパルト教授古稀祝賀』成文堂，2000年
シュレーダー＝フレチェット，K. S.「テクノロジー・環境・世代間の公平」シュレーダー＝フレチェット編『環境の倫理』上，京都生命倫理研究会訳，晃洋書房，1993年
シンガー，ピーター『実践の倫理』山内友三郎・塚崎智監訳，昭和堂，1991年
ゼア，ハワード『修復的司法とは何か――応報から関係修復へ』西村春夫・細井洋子・高橋則夫監訳，新泉社，2003年
セール，ミッシェル『自然契約』及川馥・米山親能訳，法政大学出版局，1994年
武井麻子「感情労働としてのケア」川本隆史編『ケアの社会倫理学　医療・看護・介護・教育をつなぐ』有斐閣，2005年
竹山重光「ケアの倫理」加藤尚武・加茂直樹編『生命倫理学を学ぶ人のために』世界思想社，1998年
立山善康「正義とケア」杉浦宏編『アメリカ教育哲学の動向』晃洋書房，1995年
ティックナー，J. アン『国際関係論とジェンダー――安全保障のフェミニズムの見方』進藤久美子・進藤榮一訳，岩波書店，2005年
テイラー，チャールズ『〈ほんもの〉という倫理――近代とその不安』田中智彦訳，産業図書，2004年
デリダ，ジャック（1999a）『法の力』堅田研一訳，法政大学出版局，1999年
―――― (1999b)『歓待について――パリのゼミナールの記録』廣瀬浩司訳，産業図書，1999年
トゥーリー，マイケル「嬰児は人格を持つか」『バイオエシックスの基礎　欧米の「生命倫理」論』加藤尚武・飯田亘之編，東海大学出版会，1988年
戸坂潤『社会と文化　戸坂潤選集』第5巻，伊藤書店，1948年
ドーキンス，リチャード「クローニング，何が悪い」ナスバウム，マーサ・C.／サンスタイン，キャス・R.編『クローン，是か非か』中村桂子・渡会圭子訳，産業図書，1999年
ドレイファス，ヒューバート・L.『世界内存在――『存在と時間』における日常性の解釈学』門脇俊介監訳，産業図書，2000年
中村直美「ケア，正義，自律とパターナリズム」中山将・高橋隆雄編『ケア論の

———（1995）『現代倫理学の冒険――社会理論のネットワークへ』創文社，1995年
———（1997）『ロールズ　正義の原理』講談社，1997年
———（2005）編『ケアの社会倫理学――医療・看護・介護・教育をつなぐ』有斐閣，2005年
カンギレム，ジョルジュ『正常と病理』滝沢武久訳，法政大学出版局，1987年
クーゼ，ヘルガ『生命の神聖性説批判』飯田亘之・石川悦久・小野谷加奈恵・片桐茂博・水野俊誠訳，東信堂，2006年
クンデラ，ミラン『存在の耐えられない軽さ』千野栄一訳，集英社，1998年
ゲーテ，ヨハン・ヴォルフガング・フォン『ファウスト』第二部，森林太郎訳，岩波書店，1996年
ゲーレン，アルノルト『人間学の探究』亀井裕・滝浦静雄・古田惇二・細谷貞雄・荒井武・新田義弘訳，紀伊國屋書店，1970年
コーネル，ドゥルシラ（2000）「なぜ法なのか？」長尾洋子訳，『現代思想』28巻2号，青土社，2000年
———（2003）『脱構築と法――適応の彼方へ』仲正昌樹監訳，御茶の水書房，2003年
———（2006）『イマジナリーな領域――中絶，ポルノグラフィ，セクシュアル・ハラスメント』仲正昌樹監訳，御茶の水書房，2006年
コールバーグ，ローレンス（1987）『道徳性の形成――認知発達的アプローチ』永野重史監訳，新曜社，1987年
コールバーグ，ローレンス／ヒギンズ，アン『道徳性の発達と道徳教育――コールバーグ理論の展開と実践』岩佐信道訳，麗澤大学出版会，1987年
サンデル，マイケル・J.『自由主義と正義の限界』第2版，菊地理夫訳，三嶺書房，1992年
品川哲彦（1999a）「自然・環境・人間――ハンス・ヨナス『責任という原理』について」『アルケー』7号，関西哲学会，1999年
———（1999b）「生命と倫理――生命倫理学と倫理学の生命」有福孝岳編『エチカとは何か――現代倫理学入門』ナカニシヤ出版，1999年
———（2000）「生命倫理学における自由主義の検討」上廣倫理財団研究助成報告論文集，第11集，上廣倫理財団，2000年
———（2006a）「書評　フランクファート著，山形浩生訳・解説『ウンコな議論』」『週刊読書人』2629号，2006年
———（2006b）「ケアの倫理，ニーズ，法」『法社会学』64号，有斐閣，2006年

池川清子『看護——生きられる世界の実践知《フロネーシス》』ゆみる出版，1991年
稲垣良典「「神の像」再考——人間の尊厳の理論的基礎づけの試み」三島淑臣・稲垣良典・初宿正典編『人間の尊厳と現代法理論——ホセ・ヨンパルト教授古稀祝賀』成文堂，2000年
上田閑照『西田幾多郎——人間の生涯ということ』岩波書店，1995年
上野千鶴子「ケアの社会学　序章 ケアとは何か」『at』1号，太田出版，2005年
内山勝利編『ソクラテス以前哲学者断片集』第1分冊，岩波書店，1996年
ウォルツァー，マイケル『正義の領分——多元性と平等の擁護』山口晃訳，而立書房，1999年
江藤淳『決定版　夏目漱石』新潮社，1979年
江原由美子『フェミニズムのパラドックス——定着による拡散』勁草書房，2000年
エリアス，ノルベルト『死にゆく者の孤独』中居実訳，法政大学出版局，1990年
尾形敬次（1996）「訳者解説」ヨナス『哲学・世紀末における回顧と展望』東信堂，1996年
————（1999a）「存在から当為へ——ハンス・ヨナスの未来倫理」『哲学年報』46号，北海道哲学会，1999年
————（1999b）「人間の尊厳と生命倫理」『生命倫理』通巻10号，日本生命倫理学会，1999年
————（2002）「形而上学と倫理学」『現代の生命観と自然観に対する哲学・倫理学的再検討』平成12・13年度科学研究費補助金（基盤研究（B）（2））研究成果報告書（研究代表者 坂井昭宏）北海道大学，2002年
岡野八代（2003）『シティズンシップの政治学——国民・国家主義批判』白澤社，2003年
————（2005）「繕いのフェミニズムへ」『現代思想』33巻10号，青土社，2005年
加藤尚武（1991）『環境倫理学のすすめ』丸善，1991年
————（2000）「訳者による解説」ヨナス『責任という原理　科学技術文明のための倫理学の試み』東信堂，2000年
加藤尚武・加茂直樹編『生命倫理学を学ぶ人のために』世界思想社，1998年
加藤泰史（2004）「自律とケアの間——「倫理学的転回」の中のカント哲学」関西哲学会『アルケー』12号，2004年
カメンカ，ユージン「正義とは何か」カメンカ，ユージン／イア＝スーン・テイ編『正義論』田中成明・深田三徳監訳，未来社，1989年
川本隆史（1994）「正義と平等」宇都宮芳明・熊野純彦編『倫理学を学ぶ人のために』世界思想社，1994年

Thomson, Judith Jarvis, "A Defence of Abortion", in *Applied Ethics*, edited by Singer, Peter, Oxford: Oxford University Press, 1986（「人工妊娠中絶の擁護」エンゲルハートほか『バイオエシックスの基礎――欧米の「生命倫理」論』加藤尚武・飯田亘之編，東海大学出版会，1988年）

Toulmin, Stephen, "The Tyranny of Principles", in *Hastings Center Report*, vol.11, no.6, 1981

Tronto, Joan, C.（1987）, "Beyond Gender Difference to a Theory of Care", in *Signs Journal of Women in Cultures and Society*, vol.12, no.4, 1987

――――（1993）, *Moral Boundaries A Political Argument for a Ethic of Care*, London: Routledge, 1993

Veatch, Robert M., *The Basics of Bioethics*, 2nd, Upper Saddle River: Prentice Hall, 2000（『バイオエシックスの基礎』品川哲彦監訳，メディカ出版，2004年）

Walker, Margaret, Urban, "The Curious Case of Care and Restorative Justice in the U.S. Context", in *Socializing Care*, edited by Hamington, Maurice, & Miller, Dorothy, C., Lanham; Rowman & Littlefield Publishers, Inc., 2006

Watson, Richard A., "A Critique of Anti-Anthropocentric Biocentrism", in *Environmental Ethics*, vol. 5, 1983

Werner, Micha H., "Dimension der Verantwortung: Ein Werkstattbericht zur Zukunftsethik von Hans Jonas", in *Im Diskurs mit Hans Jonas*, hrsg. von Böhler, Dietrich, München, Verlag C. H. Beck, 1994

Wille, Bernd, *Ontologie und Ethik bei Hans Jonas*, Dettelbach: J.H. Röll, 1996

Wolin, Richard, *Heidegger's Children: Hannah Arendt, Karl Löwith, Hans Jonas, and Herbert Marcuse*, Princeton: Princeton University of Press, 2001（『ハイデガーの子どもたち――アーレント/レーヴィット/ヨーナス/マルクーゼ』村岡晋一・小須田健・平田裕之訳，新書館，2004年）

アウグスティヌス『教師論』石井次郎・三上茂訳，明治図書，1981年

秋葉悦子「出生前の人の尊厳と生きる権利」三島淑臣・稲垣良典・初宿正典編『人間の尊厳と現代法理論――ホセ・ヨンパルト教授古稀祝賀』成文堂，2000年

アームソン，J. O.『アリストテレス倫理学入門』雨宮健訳，岩波書店，1998年

アリストテレス『ニコマコス倫理学』上，高田三郎訳，岩波書店，1971年

アーレント，ハンナ『人間の条件』志水速雄訳，筑摩書房，1994年

イグナティエフ，マイケル『ニーズ・オブ・ストレンジャーズ』添谷育志・金田耕一訳，風行社，1999年

College, 1999（『現実をみつめる道徳哲学——安楽死からフェミニズムまで』古牧徳生・次田憲和訳，晃洋書房，2003年）
Raphael, D.D., *Concepts of Justice*, Oxford: Oxford University Press, 2001
Rawls, John, *A Theory of Justice*, Cambridge: Harvard University Press, 1971（『正義論』矢島鈞次監訳，紀伊国屋書店，1979年）
Regan, Tom, *The Case for Animal Rights*, Berkley: University of California Press, 1983
Rolston, Holms III, "Are Value in Nature Subjective or Objective?", in *Environmental Ethics*, vol.4, no.2
Ruddick, Sara, *Maternal Thinking: Toward a Politics of Peace*, Boston: Beacon Press, 1989
Sartre, Jean-Paul, *L'être et le néant*, Paris: Gallimard, 1950（『存在と無』松浪信三郎，人文書院，1960年，ほか）
Scheler, Max, *Späte Schriften, Gesammelte Werke*, Bd.9, Frings, Manfled, Bonn: Verlag Bouvier, 1995（『宇宙における人間の地位——哲学的世界観』亀井裕ほか訳，白水社，1977年）
Schülz, Reinhard, "Organismus und Freiheit: Hans Jonas phänomenologische Interpretation moderner Biologie", in *Hans Jonas - von der Gnosisforschung zur Verantwortungsethik*, hrsg. von Müller, Wolfgang, Ehrlich, Stuttgart: Verlag W. Kohlhammer, 2003
Sevenhuijsen, Selma, *Citizenship and the Ethics of Care: Feminist Considerations on Justice, Morality and Politics*, London: Routledge, 1998
Shakespeare, William（1996）, *King Lear*, Cambridge: Cambridge University Press, 1996（『リア王』小田島雄志訳，白水社，1974年，ほか）
————(2003), *The Merchant of Venice*, Cambridge: Cambridge University Press, 2003（『ヴェニスの商人』小田島雄志訳，白水社，1983年，ほか）
Singer, Peter, *Unsanctifying Human Life*, edited by Helga Kuhse, Oxford: Blackwell, 2002
Spaemann, Robert und Löw, Reinhard, *Natürliche Ziele. Geschichte und Wiederentdeckung des teleologischen Denkens*, Stuttgart: Klett-Cotta, 2005
Squadrito, Kathleen M., "Locke's View of Dominion", in *Environmental Ethics*, vol. 1, no.3, 1979
Steffen, Lloyd H., "In Defense of Dominion", in *Environmental Ethics*, vol. 14, no.1, 1994

Locke, John, *Two Treatise of Government*, in *The Works of John Locke*, vol. V, Tübingen: Scientia Verlag Aalen, 1963（『統治論』『ロック　ヒューム』大槻春彦責任編集，中央公論社，1968年，ほか）

MacIntyre, Alasdair（1982a）, "Comments on Frankfurt", in *Synthese*, no.53, 1982

――――（1982b）, *After Virtue*, 2nd. London: Duckworth, 1982（『美徳なき時代』篠崎榮訳，みすず書房，1993年）

Manning, Rita C.（1998）, "A Care Approach", in *A Companion to Bioethics*, edited by Kuhse, Helga and Singer, Peter, London: Blackwell Publishers, 1998

Manning, Russ（1981）, "Environmental Ethics and Rawls' Theory of Justice", in *Environmental Ethics*, vol. 3, no.2, 1981

Marx, Werner, *Ethos und Lebenswelt*, Hamburg: Felix Meiner, 1986

Merleau-Ponty, Maurice, *Phénoménologie de la perception*, Paris: Gallimard, 1976（『知覚の現象学』竹内芳郎・小木貞孝訳，みすず書房，1967年）

Naess, Arne（1973）, "The Shallow and the Deep, Long-Range Ecology Movement. A Summary", *Inquiry*, vol.16, 1973

――――（1984）, "A Defense of the Deep Ecology Movement", in *Environmental Ethics*, vol. 6, 1984

Noddings, Nel（1984）, *Caring: A Feminine Approach to Ethics and Moral Education*, Berkley: University of California Press, 1984（『ケアリング――倫理と道徳の教育　女性の観点から』立山善康ほか訳，晃洋書房，1997年）

――――（2002）, *Starting at Home: Caring and Social Policy*, Berkley: University of California Press, 2002

Norton, Bryan G., "Environmental Ethics and Weak Anthropocentrism", in *Environmental Ethics*, vol. 6, 1984

Nozick, Robert, *Anarchy, State and Utopia*, New York: Basic Books, Inc., Publishers, 1974（『アナーキー・国家・ユートピア』嶋津格訳，木鐸社，1985年）

Okin, Susan Moller（1989a）, "Reason and Feeling in Thinking about Justice", in *Ethics*, vol.99, no.2, 1989

――――（1989b）, *Justice, Gender, and the Family*, New York: Basic Books, Inc., 1989

Plessner, Helmuth, "Der Mensch als Lebewesen für Adolf Portmann", in *Philosophische Anthropologie heute*, Bollnow, Otto, Friedrich, und Plessner, Helmuth（hrsg.）, München: Verlag C.H.Beck, 1972（ボルノウ，プレスナーほか『現代の哲学的人間学』藤田健治訳，白水社，2002年）

Rachels, James, *The Elements of Moral Philosophy*, 3rd. Boston: MacGraw-Hill

――――(2003), *Erinnerungen*, Frankfurt am Main: Insel Verlag, 2003

Kant, Immanuel (1968a), *Grundlegung zur Metaphysik der Sitten, in Kants Werke: Akademie-Textausgabe*, Bd.4, Berlin: Walter de Gruyter & Co. 1968 (『道徳の形而上学の基礎づけ』宇都宮芳明訳, 以文社, 2004年, ほか)

――――(1968b), *Die Kritik der praktischen Vernunft, in Kants Werke: Akademie-Textausgabe*, Bd.5, Berlin: Walter de Gruyter & Co. 1968 (『実践理性批判』波多野精一・宮本和吉訳, 岩波書店, 1948年, ほか)

――――(1968c), *Die Metaphysik der Sitten, in Kants Werke: Akademie-Textausgabe*, Bd.6, Berlin: Walter de Gruyter & Co. 1968 (『人倫の形而上学』樽井正義・池尾恭一訳, 岩波書店, 2002年, ほか)

Keenan, James F., "The Concept of Sanctity of Life and Its Use in Contemporary Bioethical Discussion", in *Sanctity of Life and Human Dignity*, edited by Bayertz, Kurt, Dordrecht: Kluwer Academic Publishers, 1996

Kohlberg, Lawrence, *Essays on Moral Development, vol.II, The Psychology of Moral Development*, New York: Harper & Row Publishers, 1984

Kuhlmann, Wolfgang, "<Prinzip Verantwortung> versus Diskursethik", in *Im Diskurs mit Hans Jonas*, hrsg. von Böhler, Dietrich, München: Verlag C. H. Beck, 1994

Kuhse, Helga (1997), *Caring :Nurses, Women, and Ethics*, Oxford: Blackwell Publishers, 1997 (『ケアリング――看護婦・女性・倫理』竹内徹・村上弥生監訳, メディカ出版, 2000年)

Kuhse, Helga and Singer, Peter, "Allocating Health Care Resources and the Problem of the Value of Life", in *Unsanctifying Human Life*, edited by Kuhse, Helga, Oxford: Blackwell, 2002

Kymlicka, Will, *Contemporary Political Theory: An Introduction*, Oxford: Clarendon Press, 1990 (『現代政治理論』千葉眞・岡崎清輝訳者代表, 日本経済評論社, 2005年)

Lamb, David, *Organ Transplants and Ethics*, Aldershot: Avebury, 1996

Larrabee, Marry Jeanne (ed.), *An Ethic of Care*, New York: Routledge, 1993

Leininger, Madeleine M. (ed.), *Ethical and Moral Dimensions of Care*, Detroit: Wayne State University Press, 1990

Lenk, Hans, "Macht und Verantwortung", in *Ethik für die Zukunft. Im Diskurs mit Hans Jonas*, hrsg. von Böhler, Dietrich, München: Verlag C. H. Beck, 1994

Levy, David J., *Hans Jonas: The Integrity of Thinking*, Columbia: University of Missouri Press, 2002

von Böhler, Dietrich, München: Verlag C. H. Beck, 1994
———(2002), "Zum Verhältnis von Metaphysik des Lebendigen und allgemeiner Metaphysik. Betrachtungen in kritischen Anschluss an Schopenhauer", in *Metaphysik. Herausforderungen und Möglichkeiten*, hrsg. von Hösle, Vittorio, Stuttgart: Frommann-Holzboog Verlag, 2002
———(2006), *Der philosophische Dialog*, München: Verlag C.H.Beck, 2006
Hume, David, *An Enquiry concerning the Principles of Morals*, edited by Beauchamp, T. L. (ed.), Oxford: Oxford University Press, 1998（『道徳原理の研究』渡部峻明訳，哲書房，1993年，ほか）
Husserl, Edmund（1950）, *Cartesianische Meditationen und pariser Vorträge, Husserliana* Bd.1, den Haag: Kluwer Academic Publishers, 1950（『デカルト的省察』浜渦辰二訳，岩波書店，2001年，ほか）
———(1952), *Ideen zu einer reinen Phänomenologie und phänomenologischen Philosophie*, Bd.II, Husserliana Bd.IV, den Haag: Martinus Nijhoff, 1952（『イデーン』II-1, 立松弘孝・別所良美訳，みすず書房，2001年）
Jagger, Alison, "Caring as a Feminist Practice of Moral Reason", in *Justice and Care*, edited by Held, Virginia, Boulder: Westview Press, 1995
Jonas, Hans（1963）, *The Gnostic Religion. The Message of the Alien God and the Beginnung of Christianity*, 2nd., Boston: Beacon Press, 1963（『グノーシスの宗教——異邦の神の福音とキリスト教の端緒』秋山さと子・入江良平訳，人文書院，1986年）
———(1973), *Organismus und Freiheit: Ansätze zu einer philosophischen Biologie*, Göttingen: Sammlung Vandenhoeck, 1973
———(1984), *Das Prinzip Verantwortung. Versuch einer Ethik für die technologische Zivilisation*, Frankfurt am Main: Suhrkamp, 1984（『責任という原理——科学技術文明のための倫理学の試み』加藤尚武監訳，東信堂，2000年）
———(1987), *Technik, Medizin und Ethik: Zur Praxis des Prinzips Verantwortung*, Frankfurt am Main, Frankfurt am Main: Suhrkamp, 1987
———(1992), *Philosophische Untersuchungen und metaphysische Vermutungen*, Frankfurt am Main: Insel Verkag, 1992
———(1997), *Das Prinzip Leben. Ansätze zu einer philosophischen Biologie*, Frankfurt am Main: Suhrkamp, 1997
———(2001), *The Phenomen of Life: toward a philosophcal biology*, Evanston: Northwestern University Press, 2001

Frankfurt am Main: Suhrkamp, 1983（『道徳意識とコミュニケーション行為』三島憲一ほか訳，岩波書店，1991年）
――――（1991）, *Erläuterungen zur Diskursethik*, Frankfurt am Main: Suhrkamp, 1991（『討議倫理』清水多吉・朝倉輝一訳，法政大学出版局，2005年）
――――（1999）, *Die Einbeziehung des Anderen Studien zur politischen Theorie*, Frankfurt am Main: Suhrkamp, 1999（『他者の受容――多文化社会の政治理論に関する研究』高野昌行訳，法政大学出版局，2004年）
――――（2001）, *Die Zukunft der menschlichen Natur. Auf dem Weg zu einer liberalen Eugenik*, Frankfurt am Main: Suhrkamp, 2001（『人間の将来とバイオエシックス』三島憲一訳，法政大学出版局，2004年）
Hadorn, Gertrude Hirsch, "Verantwortungsbegriff und kategorischer Imperativ der Zukunftsethik von Hans Jonas", in *Hans Jonas - von der Grosisforschung zur Verantwortungsethik*, hrsg. von Müller, Wolfgang Erich, Stuttgart: Verlag W. Kohlhammer, 2003
Halwani, Raja, *Virtuous Liaisons: Care, Love, Sex, and Virtue Ethics*, Chicago: Carus Publishing Company, 2003
Hankivsky, Olena, *Social Policy and Ethic of Care*, Vancouver: UBC Press, 2004
Heidegger, Martin, *Sein und Zeit*, Tübingen: Max Niemeyer Verlag, 1979（『有と時』辻村公一訳，河出書房新社，1967年，ほか）
Held, Klaus（1972）, "Das Problem der Intersubjektivität und die Idee einer phänomenologischen Transzendentalphilosophie", in *Phänomenologica*, Bd.49, den Haag: Martinus Nihhoff, 1973
Held, Virginia（1995）(ed.), *Justice and Care*, Boulder: Westview Press, 1995
――――（2006）, *The Ethics of Care Personal, Political, and Global*, Oxford: Oxford University Press, 2006
Hillesum, Etty, *An Interrupted Life: Letters from Westerbork*, New York :Henry Holt and Company, 1996
Hobbes, Thomas, *Leviathan, The Collected Works of Thomas Hobbes*, vol.1, London: Routledge/ Thoemmes Press, 1992（『リヴァイアサン』水田洋訳，岩波書店，1982年）
Honneth, Axel, *Das Andere der Gerechtigkeit. Aufsätze zur praktischen Philosophie*, Frankfurt am Main: Suhrkamp, 2000（『正義の他者――実践哲学論集』加藤泰史・日暮雅夫訳，法政大学出版局，2005年）
Hösle, Vittorio（1994）, "Ontologie und Ethik", in *Im Diskurs mit Hans Jonas*, hrsg.

Diels, Hermann, *Die Fragmente der Vorsokratiker*, Bd.1, Berlin: Weidmannsche Buchhandlung, 1922
Digesta Iustiniani Augusti, vol.1, Berlin: Weidmannsche Buchhandlung, 1962
Dworkin, Ronald, *Life's Dominion*, London: Harper Collins Publishers, 1993（『ライフズ・ドミニオン――中絶と尊厳死そして個人の自由』水谷英夫・小島妙子訳，信山社，1998年）
Engelhardt, Hugo T., “Sanctity of Life and Menschenwürde: Can these concepts help direct the use of resources in critical care?”, *Sanctity of Life and Human Dignity*, edited by Bayertz, Kurt, Dordrecht: Kluwer Academic Publishers, 1996
Fleischacker, Samuel, *A Short History of Distributive Justice*, Cambridge: Harvard University Press, 2004
Flanagan, Owen and Jackson, Kathryn, “Justice, Care and Gender: The Kohlberg-Gilligan Debate Revisited”, in *Ethics*, vol.97, no.3, 1989
Frankfurt, Harry G.（1982）, “The importance of what we care about”, in *Synthese*, vol.53, 1982
――――（1997）, *The Importance of What we Care about*, Cambridge: Cambridge University Press, 1997
――――（2004）, *The Reason of Love*, Princeton: Princeton University Press, 2004
Fraser, Nancy, “Toward a Discourse Ethic of Care of Solidarity”, in *Praxis International*, no.5, 1986
Fry, Sara T., “The Philosophical Foundations of Caring”, in *Ethical and Moral Dimensions of Care*, edited by Leininger, Madeleine M., Detroit: Wayne State University Press, 1990
Gethmann-Siefert, Annemarie, “Ethos und metaphysische Erbe. Zu den Grundlagen von Hans Jonas' Ethik der Verantwortung”, in *Philosophie der Gegenwart ? Gegenwart der Philosophie*, hrsg. von Schnädelbach, Herbert und Keil, Geert, Hamburg, Junius Verlag, 2000
Gilligan, Carol（1982）, *In a Different Voice; Psychological Theory and Women's Development*, Cambridge: Harvard University Press, 1982（『もうひとつの声――男女の道徳観の違いと女性のアイデンティティ』生田久美子・並木美智子訳，川島書店，1986年）
――――（1995）, “Moral Orientation and Moral Development”, in *Justice and Care*, edited by Held, Virginia, Boulder: Westview Press, 1995
Habermas, Jürgen（1983）, *Moralbewußtsein und kommunikatives Handeln*,

Contemporary Ethics, Cambridge: Polity Press, 1992（マーチン・ジェイ編『ハーバマスのアメリカ・フランクフルト学派』竹内真澄訳，青木書店，1997年）
Benner, Patricia（1997）, "A dialogue between virtue ethics and care ethics", in *The Influence of Edmund D. Pellegrino's Philosophy of Medicine*, edited by Thomasma, David C., Dordrecht: Kluwer Academic Publishers, 1997
Benner, Patricia and Wrubel, Judith, *The Primacy of Caring: Stress and Coping in Health and Illness,* Menlo Park: Addison-Wesley Longman, 1989
Bentham, Jeremy, *An Introduction to the Principles of Morals and Legislation, The Collected Works of Jeremy Bentham,* London: Oxford University Press, 1982（「道徳および立法の諸原理序説」山下重一訳『ベンサム　ミル』関嘉彦責任編集，中央公論社，1979年）
Blum, Lawrence A., "Gilligan and Kohlberg: Implications for Moral Theory", in *Ethics*, vol.98, no.3, 1988
Böhler, Dietrich（Hrsg.）, *Ethik für die Zukunft: Im Diskurs mit Hans Jonas,* München: Verlag C. H. Beck, 1994
Brown, James M., "On applying ethics", in *Applied Ethics: Critical Concepts in Philosophy*, vol.1, edited by Ruth Chadwick and Doris Schroeder, London: Routledge, 2002
Bubeck, Diemut Elisabet, *Care, Gender, and Justice*, Oxford: Clarendon Press, 1995
Burckhart, Holger（2001）, "Bildung im Diskurs als Herausbildung von Mitverantwortung", in *Prinzip Mitverantwortung: Grundlage für Ethik und Pädagogik*, hrsg. von Apel, Karl-Otto, und Burckhardt, Holger, Würzburg: Königshausen & Neumann, 2001
――――（2002）, "Überwindung der metaphysisch-heuristischen Grundlegung der Verantwortungsethik bei Hans Jonas durch eine dialogisch-diskursive Zukunftsethik der Mitverantwortung",（『現代の生命観と自然観に対する哲学・倫理学的再検討』平成12・13年度科学研究費補助金（基盤研究（B）(2)）研究成果報告（研究代表者 坂井昭宏）北海道大学，2002年）
Callicott, J. Baird（1980）, "Animal Liberation: a Triangular Affair", in *Environmental Ethics*, vol. 2, no.4, 1980
――――（1994）, *Earth's Insights*, Berkeley: University of California Press, 1994
Card, Claudia, "Care and Evil", in *Hypathia*, vol.5, no.1
Clement, Grace, *Care, Autonomy, and Justice: Feminism and the Ethics of Care*, Boulder: Westview Press, 1996

引用参照文献一覧

文献を引用するにあたっては，本文中に著書と引用頁を括弧に入れて記してある。同一著者ないしは同姓の著者から複数の文献を引用している場合には，著作の出版年によって弁別し，著者名に続けて年号を記す。コロンのあとに引用頁数を記す。アリストテレス，カントのように慣例の頁付けがある場合には，それにならう。アリストテレスからの引用は Aristotelis Fragmenta Selecta（Ross）の断片番号，カントからの引用はアカデミー版の頁を記し，聖書からの引用は章・節，シェークスピアからの引用は幕，場，行数を，ゲーテからの引用は部，幕，行数を記した。

Apel, Karl-Otto（1976）, “Das Apriori der Kommunikationsgesellschaft und die Grundlage der Ethik”, in *Transformation der Philosophie*, Frankfurt am Main: Suhrkamp, 1976（『哲学の変換』磯江景孜ほか訳，二玄社，1986年）

———（1994）, “Die ökologische Krisis als Herausforderung für die Diskursethik”, in *Ethik für die Zukunft: Im Diskurs mit Hans Jonas*, hrsg. von Böhler, Dietrich, München: Verlag C. H. Beck, 1994

———（1997）, *Diskurs und Verantwortung*, Frankfurt am Main: Suhrkamp, 1997

———（2002）, “Diskursethik als Antwort auf die Situation des Menschen in der Gegenwart”, in *Diskursethik und Diskursanthropologie*, hrsg. von Apel, Karl-Otto, und Niquet, Marcel, Freiburg: Verlag Karl Alber, 2002

Baier, Annette C., *Moral Prejudices*, Cambridge: Harvard University Press, 1994

Barry, Robert L., *The Sanctity of Human Life and its Protection*, Boston: University Press of America, 2002

Bayertz, Kurt, “Human Dignity: Philosophical Origin and Scientific Erosion of an Idea”, in *Sanctity of Life and Human Dignity*, edited by Bayertz, Kurt, Dordrecht: Kluwer Academic Publishers, 1996

Becchi, Paolo（1996）, “Die Stellung der Ethik im Zeitalter der Technik. Ansätze zu einer Kritik an Karl-Otto Apel und Hans Jonas”, in *Rechtsphilosophische Hefte*, Nr.6, 1996（「技術時代における倫理の位置　カール－オットー・アーペルとハンス・ヨナスに対する批判的アプローチ」品川哲彦訳『応用倫理学研究』4号，応用倫理学研究会，2007年刊行予定）

———（2004）, “Theorie und Praxis des Prinzips Verantwortung bei Hans Jonas”, Manuskript für den Vortrag am 31. Oktober 2004 in Shibaura Kougyou Daigaku

Benhabib, Seyla, *Situating the Self: Gender, Community and Postmodernism in*

ナ　行

ハ　行

マ　行

ヤ　行

ラ　行

タ　行

サ　行

事項索引

151-154, 165-167, 173, 179, 181, 207, 241, 243, 292, 293
ブルクハルト　Burckhart, Holger　131, 276, 291
ブルトマン　Bultmann, Rudorf K.　3, 115
フレイザー　Fraser, Nancy　238
プレスナー　Plessner, Helmuth　34
ブレンターノ　Brentano, Franz　118
フロイト　Freud, Sigmund　142
ブロッホ　Bloch, Ernst　39
プロタゴラス　Protagoras　282
プロティノス　Plotinos　128
ベイアー　Baier, Annette C.　106, 144, 160, 164, 296
ヘーゲル　Hegel, Georg Wilhelm Freidrich　286
ヘスレ　Hösle, Vittorio　119, 285, 290
ベッキ　Becchi, Paolo　121, 122, 124-126, 291
ベナー　Benner, Patricia　27, 150, 151, 154, 166, 207, 241, 246, 250-254, 256, 261, 262, 294, 295
ベリー　Barry, Brian　215, 294
ヘルト　Held, Klaus　248
ヘルド　Held, Virginia　27, 197, 198, 219, 226-231, 234, 240, 272, 279
ベルナール　Bernard, Claude　48
ベンサム　Bentham, Jeremy　19
ベンハビブ　Benhabib, Seyla　161, 162, 164
ボーヴォワール　Beauvoir, Simone de　259
ホッブズ　Hobbes, Thomas　14, 15, 80, 160
ホネット　Honneth, Axel　272-276, 279, 296
ホワイト（ハイドン）　White, Hayden　273
ホワイト（リン）　White, Lynn　60, 287

マ　行

マッキノン　Mackinnon, Catherine　193, 242, 257, 262, 263
マッキンタイア　MacIntyre, Alasdair　144, 166, 167, 236-238, 294
松田純　287
的場哲朗　290
マニング　Manning, Russ　287
マルクス（ヴェルナー）　Marx, Werner　250, 251, 253, 254
マルクス（カール）　Marx, Karl　13, 36, 283
マルセル　Marcel, Gabriel　92, 93, 289
宮沢賢治　68
ミル　Mill, John Stuart　202
メイヤロフ　Mayeroff, Milton　154, 175
メルロ゠ポンティ　Merleau-Ponty, Maurice　241, 246, 247, 251-254, 256, 262, 289
森村進　59, 63
盛永審一郎　120, 291

ヤ　行

ヤスパース　Jaspers, Karl　120
山内得立　286
山形浩生　292, 293
山岸明子　159
山田晶　289
山根純佳　294
ユクスキュル　Uexküll, Jakob Johann von　33
ヨナス　Jonas, Hans　*i-iii*, 3-5, 21-23, 26-29, 32, 33, 36-44, 46, 47, 71-74, 76, 90, 95, 98-106, 108-132, 134, 135, 137, 138, 207, 265-267, 283, 285, 286, 288-290, 296

ラ　行

ラディック　Ruddick, Sara　160, 197, 203, 261, 267
ラッド　Ladd, John　291
ラム　Lamb, David　288
リオタール　Lyotard, Jean-François　273
ルーベル　Wrubel, Judith　154, 241, 242, 244
レイニンガー　Leininger, Madeleine　150, 242, 243, 292, 295
レーヴ　Löw, Reinhard　119
レヴィナス　Levinas, Immanuel　27, 241, 242, 255, 256, 259-262, 274, 275, 296

シュヴァイツァー　Schweitzer, Albert　79
シュペーマン　Spaemann, Robert　119
シュレーダー＝フレチェット　Shrader-Frechette, Kristine　21
シンガー　Singer, Peter　19, 78-80, 82, 84, 287
シンプリキオス　Simplikios　7
ステフェン　Sttefen, Loyd H.　287
ストッカー　Stocker, Michael　144
スミス　Smith, Adam　281
スロート　Slote, Michael　144
ゼア　Zehr, Howard　211
セヴェンヒュイセン　Sevenhuijsen, Selma　197, 259, 264
セール　Seeres, Michel　26, 47, 57, 69, 287

タ　行

高田三郎　8, 281
立山善康　292
チョドロウ　Chodorow, Nancy　148, 190
ティックナー　Tickner, Ann J.　213
テイラー　Taylor, Charles　204, 207, 208, 246
デカルト　Descrates, René　112, 247, 249, 252, 254, 289
デリダ　Derrida, Jacques　27, 241, 242, 256-262, 273-275, 278, 293
ドゥオーキン　Dworkin, Ronald　86-88, 94
トゥーリー　Tooley, Michael　38
トゥールミン　Toolmin, Stephen　165
戸坂潤　36, 283
トマス　Thomas, Aquinas　80, 144
ドレイファス　Dreyfus, Hubert L.　246, 250, 251
トロント　Tront, Joan C.　196-200, 217, 218, 238

ナ　行

中村直美　292
難波卓志　294
西田幾多郎　49, 286
西村ユミ　246, 288
ヌナー＝ウィンクラー　Nunner-Winkler, Gertrud　170
ネス　Naess, Arne　34, 67, 282
ノージック　Nozick, Robert　15, 16, 59, 220, 221, 234, 263, 271, 294
ノディングス　Noddings, Nel　27, 145, 148, 150, 154, 157, 158, 161, 165, 166, 168, 172, 173, 174-195, 197, 201-212, 215, 217, 220, 226, 238, 253, 260, 261, 266, 267
ノートン　Norton, Bryan　282

ハ　行

バイエルツ　Bayertz, Kurt　80
ハイデガー　Heidegger, Martin　3, 112, 115, 116, 118, 120, 128, 241, 244, 246, 249-252, 255, 261, 262, 290, 291, 294
バウマン　Bauman, Zygmund　259
パスカル　Pascal, Braise　116
パスモア　Passmore, John　15
ハドルン　Hadorn, Gertrude Hirsh　128-130, 135, 137
ハーバマス　Habermas, Jürgen　5, 26, 27, 74, 86, 88-90, 94, 95, 107, 108, 111, 131, 133, 136, 144, 207, 237, 276-279, 288-291, 296
バベック　Bubeck, Diemut Elisabet　159, 188, 189, 215, 216, 293, 294
ハリス　Harris, John　82
ハンキフスキー　Hankivsky, Olena　197, 214, 215, 218, 238
ピアジェ　Piaget, Jean　142, 222
ピュタゴラス　Pythagoras　10
ヒューム　Hume, David　41, 144, 159, 177, 296
ヒレスム　Hillesum, Etty　290
フィルマー　Filmer, Sir Robert　287
フッサール　Husserl, Edmund　3, 115, 118, 241, 247-249, 251, 252, 254, 255, 261, 262
フライ　Fry, Sara T.　150
フライシャッカー　Fleischacker, Samuel　13, 14, 281
ブラウン　Brown, James M.　288
ブラム　Blum, Lawrence A.　144, 157
フランクファート　Frankfurt, Harry G.

人名索引

ア　行

アウグスティヌス　Augustinus　183
アナクシマンドロス　Anaximandros　7, 70
アーペル　Apel, Karl-Otto　23, 27, 44, 95, 102-108, 111, 125, 127, 128, 134, 267, 285
アリストテレス　Aristoteles　8-15, 18, 117, 128, 144, 151, 164, 165, 281
アレクセイ　Alexy, Robert　133
アーレント　Arendt, Hannah　291
イグナティエフ　Ignatieff, Michael　204-207, 225
稲垣良典　79
イリガライ　Irigaray, Luce　295
上田閑照　49
ヴェルナー　Werner, Micha H.　42
ウォーカー　Walker, Margaret Urban　211, 293
ウォーリン　Wolin, Richard　4
ウォルツァー　Walzer, Michael　224, 235
ウルピアヌス　Ulpianus　7
エンゲルハート　Engelhardt, Hugo Tristram　89, 92
尾形敬次　120, 127, 290
オーキン　Okin, Susan　27, 145, 218-224, 226, 231-240, 263, 276, 294

カ　行

カード　Card, Claudia　144, 145, 195, 201
加藤泰史　296
加藤尚武　21
川本隆史　141
カンギレム　Canguilhem, Georges　295
カント　Kant, Immanuel　*ii*, 13, 14, 23, 35, 36, 42, 44, 80, 89, 91-93, 96, 103, 105, 106, 108, 110, 120, 122, 125, 126, 137, 144, 145, 159, 161, 165, 176, 178-180, 183, 189, 207, 210, 227, 273, 275, 285, 286, 289, 296
キムリッカ　Kymlicka, Will　157, 159, 234, 235, 239, 263
キャリコット　Callicott, Baird J.　282
ギリガン　Gilligan, Carol　*i*, *iii*, 3-5, 23, 27, 140-145, 147-150, 154, 156, 157, 159, 161, 163, 165, 166, 169, 170, 172, 186, 190, 193, 194, 196, 197, 215-218, 222, 224, 229, 241, 242, 257, 265, 273, 275-277, 291, 292, 295
キルケゴール　Kierkegaard, Søren, Aabye　119
クーゼ　Kuhse, Helga　82, 84, 145, 166, 168, 190, 288, 292, 295
クレメント　Clement, Grace　195, 197, 198, 199, 200, 218, 224-226
クンデラ　Kundera, Milan　191, 192
ゲートマン゠ジーフェルト　Gethmann-Siefelt, Annemarie　130
ゲーレン　Gehlen, Arnold　96
コーネル　Cornell, Drucilla　27, 193, 242, 256-260, 263, 295
コルヴィッツ　Kollwitz, Käthe　*iv*
コールバーグ　Kohlberg, Lawrence　4, 5, 23, 131, 141-144, 154-156, 159-163, 169-171, 173, 181, 182, 184, 193, 217, 222, 276-278, 291, 292

サ　行

サルトル　Sartre, Jean-Paul　166, 241, 254, 255, 261, 262
サンデル　Sandel, Michael J.　166, 219, 236, 246
シェーラー　Scheler, Max　34
シェリング　Schelling, Friedrich Wilhelm Joseph　290
島尾敏雄　48
ジャガー　Jagger, Alison　144, 145

■著者略歴
品川哲彦（しながわ・てつひこ）
1957年　神奈川県に生まれる。
1981年　京都大学文学部卒業
1987年　京都大学大学院文学研究科博士課程単位取得退学
現　在　関西大学文学部教授。哲学・倫理学専攻。京都大学博士（文学）
著　書　『倫理学の話』（ナカニシヤ出版，2015年），『倫理学入門――アリストテレスから生殖技術，AIまで』（中央公論新社，2020年），『科学技術と環境　21世紀の教養１』〔共編著〕（培風館，1999年），『自己と他者』〔共編著〕（昭和堂，1994年）『哲学は何を問うべきか』〔共著〕（晃洋書房，2005年），『エチカとは何か――現代倫理学入門』〔共著〕（ナカニシヤ出版，1999年），H.ヨーナス著『アウシュヴィッツ以後の神』〔翻訳〕（法政大学出版局，2009年），R. M.ヴィーチ著『生命倫理学の基礎』〔監訳〕（メディカ出版，2004年），アレク・フィッシャー著『クリティカル・シンキング入門』〔共訳〕（ナカニシヤ出版，2005年），R.J.バーンスタイン著『客観主義と相対主義を超えて』〔共訳〕（岩波書店，1990年），他。

正義と境を接するもの
―責任という原理とケアの倫理―

2007年10月25日　初版第１刷発行
2022年５月31日　初版第４刷発行

著　者　品川哲彦
発行者　中西　良
発行所　株式会社　ナカニシヤ出版
〒606-8161　京都市左京区一乗寺木ノ本町15
TEL（075）723-0111
FAX（075）723-0095
http://www.nakanishiya.co.jp/

製本・印刷／シナノ

ISBN978-4-7795-0164-7　Printed in Japan

リベラル優生主義と正義

桜井　徹

子孫の遺伝的特徴を選択する可能性を探ることは道徳的にゆるされるのか。21世紀における最重要課題であるリベラル優生主義が内包する人間の福利追求の功罪を、歴史・理論・倫理の視点から分析・探究した労作。

三〇〇〇円＋税

道徳の哲学者たち【第二版】

―倫理学入門―

リチャード・ノーマン、塚崎智・石崎嘉彦　監訳

プラトン、ヒューム、カントなどを始め古代から現代まで主要な倫理学説の諸潮流を紹介し、事実と価値問題、功利主義、内在主義と外在主義など今日的テーマも詳述したいわば倫理学の総決算書とも言うべき密度の高い入門書。

三八〇〇円＋税

道徳の中心問題

マイケル・スミス、樫則章　監訳

道徳判断の客観性と実践性を、ヒュームに由来する人間の心理に関する標準的な見解と調和させることができるのかという「道徳の中心問題」を平易に詳述し、英米系の倫理学界に多大な影響を与えた独創的なメタ倫理学入門。

三八〇〇円＋税

悪と暴力の倫理学

熊野純彦・麻生博之　編　【叢書＝倫理学のフロンティアXVIII】

「悪と暴力」が関連する多様な現象を歴史的・現在的に鋭く切り取り、その問題圏を考察。一方、時代と社会を表出する「悪と暴力」の思考や現場を哲学・倫理学の存在論的根源性として真正面から問い直した類書のない倫理学書。

二四〇〇円＋税

表示は二〇二二年五月現在の価格です。